나는
**혁명가
대통령**을──
원한다

나는 혁명가 대통령을 원한다

발행일	2017년 4월 26일

지은이	조 남 수		
펴낸이	손 형 국		
펴낸곳	(주)북랩		
편집인	선일영	편집	이종무, 권혁신, 송재병, 최예은
디자인	이현수, 김민하, 이정아, 한수희	제작	박기성, 황동현, 구성우
마케팅	김회란, 박진관		
출판등록	2004. 12. 1(제2012-000051호)		
주소	서울시 금천구 가산디지털 1로 168, 우림라이온스밸리 B동 B113, 114호		
홈페이지	www.book.co.kr		
전화번호	(02)2026-5777	팩스	(02)2026-5747

ISBN	979-11-5987-537-3 03340 (종이책)	979-11-5987-538-0 05340 (전자책)

이 도서의 국립중앙도서관 출판예정도서목록(CIP)은 서지정보유통지원시스템 홈페이지(http://seoji.
nl.go.kr)와 국가자료공동목록시스템(http://www.nl.go.kr/kolisnet)에서 이용하실 수 있습니다.
(CIP제어번호: CIP2017010088)

대한민국의 새 대통령에게 고하는 글

나는
혁명가
대통령을
원한다

조남수 | 지음

북랩 book Lab

 사주에 문창성이 있어 그런지, 평소에 글쓰기를 좋아했습니다. 다듬어지지 않고 사족도 많은 글이지만, 목표 하나만은 분명했습니다. 중심을 찾아가는 것, 미래지향적인 것, 도덕을 회복하는 길을 항상 염두에 두었습니다. 그것은 개인으로 추구해야 할 자유로움도 사실은 다수의 공동체와 조화를 이루어야 하기 때문에 어쩔 수 없는 당연한 선택이었습니다. 국가가 있기에 내가 있고 성장이 있기에 복지가 있다는 상보적인 사상은 오늘날의 보수와 진보 대립에도 해답을 줄 것으로 생각하고 있습니다.

 오래전 틈틈이 써온 글들을 추려 책으로 출간하려 했으나 하지 못했다가 이번 대통령 탄핵으로 결심한 것으로 이는 나만의 생각을 내가 아닌 우리 모두의 생각으로 만들고 싶었기 때문입니다. 난초는 봄에 피고 국화는 가을에 핍니다. 사람도 다 때가 있다는 말에 공감했기에 늦게나마 책으로 내놓습니다. 트위터 시대인 오늘날, 짧게 보내는 것이 미덕인 세상에, 너절한 어휘가 감흥을 주지 못할 것 같지만, 그래도 읽다 보면 이 글이 한 사람의 글이 아닌 우리 모두의 글이 되리라 생각하고 있습니다. 이 시대를 같이 살아가는 사람들과 더 좋은 세상을 위하여!

우리 사회가 이대로 되어서는 안 되겠다는 사람들에게 먼저 이 글을 드리고 싶습니다. 격려보다 비판에 더 귀 기울이겠습니다.

2017년 4월

조남수

詩(시)
하나가 되어

없음이 있음이요

있음이 없음이니

하나가 여럿이고

여럿이 하나더라

인간과 자연이 하나이듯

사람도 서로가 하나이다

지난날 우리는 남몰래 순치되어

입자와 파동이 갈라서 보여주니

자유와 평등이 사실은 하나인데

진보와 보수로 서로를 나누었네

이념과 사상이 기본은 같은데도

좌파와 우파는 싸움이 끝이없네

우리 모두 같이 사는 하나이거늘

우리에 내가 있고

내안에 우리 있다

여에도 야가 있고

야에도 여가 있다

사실은 하나를 구분한건

너와나 비교한 상생이네

너무나 우리가 모르게 순치되어
대립과 분열로 세상을 살아왔네
소통과 화합이 너와나 살길인데
우파는 진보를 종북에 매도하고
좌파는 보수를 친일로 공격하면
그러면 나라가 끝장날 세상밖에
우리 모두 같이 사는 하나이거늘

음에는 양이 있고
양에는 음이 있어
흑에도 백이 있고
백에도 흑이 있다
하늘과 대지가 하나이듯
마음과 내 몸도 하나이다.
그동안 우리는 얼마나 순치되어
공익은 선이요 사익은 악이되네
성장과 복지는 사실은 하나인데
이분법 논리로 서로를 적대하니
패권과 적폐로 날마다 싸워 왔네
그래서 국민은 힘들게 살고 있네
우리 모두 같이 사는 하나이거늘

조남수

차례

1장 / 나는 혁명가 대통령을 원한다

4장 / 언론·시민 운동

7장 / 지역 발전

8장 / 경제, 금융

9장 / 사회, 교육

10장 / 새만금

11장 / 지난 글로 마무리하며

1장

나는 혁명가 대통령을 원한다

내 어머니의 소망처럼

어머니는 살아 계실 적 "내가 책 한 권 써야 하는데…" 하고 항상 읊조리셨다. 어머니는 꽃다운 31세 때 병상의 지아비를 살리기 위해 손가락 하나를 절단하여, 철철 흐르는 피로 죽어가는 남편의 입에 흘려 먹이면서, 어떡하든 살리고자 했다. 그런 순애보 마음을 가졌던 어머니는 지아비를 저 세상에 보낸 후, 어린 4남매가 눈에 밟혀 개가도 못 하고 50여 년을 악착같이 사셨다. 그런 삶의 질곡들을 그냥 가슴에 묻고 저승에 가기란 못내 아쉬웠기 때문에 책 한 권을 쓰고 싶다고 했던 것이다.

남편 살아생전엔 구정물 한번 손대지 않고 마님 소리 듣고 살던 생활이었다. 그런데 혼자 된 후 철없는 어린 새끼들 먹여 살리기 위해, 발목까지 푹푹 빠지는 폭설의 시골 눈길을 걷고 또 걸으면서 보따리 장사를 하셨다. 서울에 올라와서는 살 에이는 추운 겨울에도 노량진 수산시장에 새벽 4시면 나가 커피나 쌍화차를 팔아야만 했다. 또 말

년에는 도시 개발로 땅값이 튀어
부자가 된 졸부들의 규수들을 판
검사, 의사 등 소위 일등 신랑감과
짝지어 주는 마담뚜가 되었다. 그
래서 눈만 높은 그들의 짝을 찾아
주기 위해 약간의 거짓말도 해야
했다. 인생의 참다운 배필을 찾기
보다, 상류 계층으로 안락한 신분 상승을 하려고 서로를 이용하려는
인간들의 부끄러운 민낯임을 보아왔다. 밤새워 이야기해도 모자랄 그
런 이야기들을 꼭 하고 싶었던 어머니의 바람이 있었던 것이다.

모두가 어려웠던 그 시절, 여자 몸으로 악착같이 살아야 했던 어머
니. 그래서 남보다 더 굴곡진 인생을 살아야 했던 파란만장한 삶의
이야기를 책으로 펴내지 못한 것에 대해 본인은 늘 아쉬워했다. 그 어
머니에 그 아들. 나도 이제 어언 70이 되어 인생을 마무리하는 시점
에 들어섰다. 나 역시 내 인생 스토리를 그냥 묻고 가기에는 아쉽다.
내가 분노하고 좌절했던 민들레와 같은 삶의 이야기를 그냥 덮고 가
기에는 국가와 사회에 대한 애증이 너무 컸다. 그랬기에 작정하고 이
책을 펴내려고 한다.

간절한 바람은 책이 되어

정치인이 되려면 개나 걸이나 다 쓰는 책, 하루에도 헤아릴 수 없을

정도로 쏟아져 나오는 책, SNS 시대에 인기작가 아니면 대부분 폐지 신세가 되거나 책장에 먼지만 뒤집어쓰고 있어야 할 책. 그런데도 책을 왜 내냐고요? 나 자신이 성공하지도 못했고, 사회적 지위도 없고, 그저 평범한 인간이기에, 책이 팔릴 가능성도 없고 누가 알아주지도 않는 일은 왜 하려는지? 귀신에 홀린 것도 아닌데 꼭 해야만 하는 것은, 이 나라가 보수와 진보로 나뉘어 사생결단 식의 정치 싸움을 벌이고 있기 때문이다. 그 싸움에 국민들은 경제난으로 고통이 가중되고, 나처럼 성공하지 못한 평범한 사람들이 아무리 노력해도 극복하지 못하는 빈부 격차가 미래의 희망을 잃게 하고, 계층 간의 끊어진 사다리로 개천에서 용이 나올 수 없는 우리 사회의 구조적인 모순을 더 이상 두고 볼 수가 없다. 그래서 누구 눈치 볼 필요 없이 꽥 하고 소리 지르고자 하고 싶기 때문이다.

나라가 추락하고 경제가 어려워지면 더 고통 받는 것은 우리 사회를 지배하는 지배 계층이 아니라 그들이 조롱하는, 그래서 개, 돼지 소리를 들어야만 했던 피지배 계층 민중들이다. 그들의 허망함을 더 이상 두고 볼 수 없다. 그래서 나는 이 책을 통해 나와 공감하는 이와 함께 분열하고 망해가는 이 나라를 살리고자 한다.

아무리 노력해도 안 되는 우리 사회. 불만의 임계점이 추락하는 나라의 위기에서, 대다수 비슷한 삶을 살아온 다수의 사람들이 공감하고 싶은, '적어도 우리 사회가 이대로는 안 된다.'라고 하는 외침 때문에 책을 출간하지 않을 수 없다. 대통령이라는 지도자를 잘못 뽑으면 나라가 나락으로 추락하고, 온 국민이 고통을 겪는다. 따라서 제목도 거창하게 '나는 혁명가 대통령을 원한다'라고 했다.

이번에 치러지는 19대 대통령 선거에서 맞추어 굳이 책을 내놓은 이유는, 낯짝을 알려보려는 속셈도 아니고 무슨 객기가 있어 그런 것도 아니다. 이 나라가 이대로 가다가는 절구 나겠구나 하는 절박한 마음 때문이다. 이는 최순실 국정농단으로 국민의 신뢰를 잃고 촛불민심에 탄핵당한 박근혜 대통령을 보면서 결심하게 된 것이다.

지난 일을 후회하면서

나는 호남의 제일성 전주에 사는데, 이 지역 정서가 야당임에도 2012년 대선에서 박근혜 새누리당 후보에게 한 표를 찍었다. 그것은 야당 후보에게 나라를 맡기는 것이 왠지 불안했기 때문이다. 이는 정말로 나라걱정에서 나온 판단이었다. 국가 책무에서 뭣이 중한지도 모르고 천안함 침몰이나 연평도 포격에 이상한 소리나 해대고, 제주 해군 강정기지 건설도 반대하는 야당이 불안했다. 걸핏하면 법인세 인상을 만지작거리고, 표만 얻을 수 있다면 포퓰리즘에 나라 곳간이 비든 말든, 우선 쓰고 보자는 좌파의 분배 정책이 그냥 싫었다. 북한에게 2006년 핵동결 대가로 중유를 공급하고 1조 원의 돈을 퍼주기 시작한 김대중 정부 덕분에 북한이 뒷구멍으로 핵개발을 지속하여 핵을 갖게 되었다. 그렇게 한마디로 뒤통수를 맞았음에도 또다시 북한에 놀아나는 꼴을 더 이상 보기 싫었다. 그런데 지금은 그때 내가 박근혜 후보에게 찍은 손가락을 잘라버리고 싶을 정도로 후회하고 있다.

어쩌면 일국의 대통령이 저 정도로 무능하고 소신이 없는지, 검찰 수사와 특검 수사, 언론보도에서 쏟아지는 내용들을 보면, 대통령 '깜'이 안 되는 인물이라는 것을 국민에게 만천하에 광고하는 것이며 제 살 길을 모색하는 종편과 튀는 진보 언론의 사정없는 공격에 속절없이 사과만 하다 무너져버리는, 세상물정 모르는 착하고 순진한 대통령이었기 때문이다. 김영삼 대통령처럼 내각제 합의 각서를 음모라고 맞받아치고 거제로 내려가는 배짱도 없고, 장인의 좌익 논란에 "그럼 아내를 버리라는 말이냐?" 하는 말 한마디로 여론을 반전시킨 노무현 대통령의 순발력 있는 기지도 없다. 온실에서 화사하게 자란 화초는 서리 한번 맞으면 시들어버리지만 들판에서 찬바람 찬 서리 맞고 자란 민들레는 짓밟아도 일어나 꽃을 피운다. 그런데 애시당초 박 대통령은 땀 흘려 돈을 벌어보지도 못했다. 노동의 대가도 모르는 온실의 화초였기 때문에 거센 야당의 공세에 속수무책 침몰했다.

나는 내 아내가 수십 년 동안 묵묵히 장애자 및 노인들을 위해 봉사활동을 하는 것에 대해, 봉사가 누가 밥 주고 떡 주는 것도 아닌데 푼수라고 놀려대곤 했다. 본인에게 무슨 이익도 없는데 뭣 때문에 하느냐고 처음에는 이해하지 못했다. 하지만 봉사할 때마다 즐거워하는 아내를 보면서, 순수한 봉사는 돈으로 살 수 없는 즐거운 인간 휴머니티임을 알게 되었다. 이처럼 백성의 안위와 행복을 위해 자기를 희생할 줄 아는 대통령이 왜 우리는 없을까? 전쟁 속에서도 내핍과 청렴의 리더십으로 국민을 단결시켜 통일을 이룩한 베트남의 호지명, 죽고 난 후 유산이라곤 낡은 가방과 책 몇 권, 낡은 야전침대…. 왜 우리는 그러한 대통령이 없는 걸까?

장애인과 함께한 아내(뒷줄 맨 왼쪽)

보수의 아이콘이 무너지고

박근혜 전 대통령이 신념과 국가에 대한 소명의식이 없었다고 내
가 단정하는 것은 바로 이런 이유 때문이다. 즉 세월호 참사가 일어
난 4월 16일, 왜 휴일도 아닌데 집무실이 아닌 관저에 있다가 괜한
억측과 신상털이를 당하는지 이는 공직자로서 공과 사를 구분하지
못했다는 증좌이다. 대통령이란 자리는 국민의 안전과 복리를 위해
와신상담하면서 고민하는 자리인데, 무슨 놀고 즐기려는 자리로 알
고 있었음이 틀림이 없다. 그러지 않고서야 "내가 이러려고 대통령이
되었나? 자괴감이 든다."라는 명언을 남길 수가 없는 것이다. 언제인
가 기자회견에서 "대면보고가 왜 필요한가요?" 말할 정도라면, 정책
을 결정하고 협의에서 최적의 합의를 만들어내는 일이 머리를 맞대
는 대면에서 나오는 것임을 우리 대통령께서는 모르고 있었다. 즉 치

열한 인간들의 생존경쟁 생리를 모르고 있었던 것이다.

그러니 최순실과 문고리 3인방 등 인의 장막에 벌거벗은 임금님 노릇만 하다가, 장막이 걷히자 어찌할 줄 모르고 대책 없이 허둥지둥하며, 이 나라 중심 세력인 보수층에게 실망만 안겨주고 좌파 공격의 표적이 되어버린 것이다. 통치자로서 또는 여성으로서 까발려질 대로 다 까발려졌다. 온 국민이 다 알고 있는 최순실과의 관계에 대해 "나에게 감히 눈을 마주칠 수 없는 시녀와 같은 존재였다."라고 변명했다. 그렇게 '여왕'의 사고를 가진 사람을 51.6%의 지지로 대통령을 만들어준 국민들도 창피하기는 마찬가지다.

위엄과 존경의 대상인 대통령이 치졸한 누드화로 만신창이가 되고 국민의 지지도가 떨어지니, 병든 사자가 하이에나 밥이 되듯, 이웃 중국과 일본도 우리 대통령을 우습게 보기 시작했다. 천안문 망루에 시진핑 옆자리의 영광은 어디 가고, 사드를 빌미삼아 한국을 압박하기 시작했다. 아베 또한 한국의 위안부 소녀상 설치에 대사를 소환하고 한일 통화 스와프 협정회담을 중지시키는 등, 대통령의 위상이 떨어지니 이웃나라도 우리를 깔보기 시작한 것이다.

병자호란, 임진왜란, 일제암흑시대 때, 끌려가고 잡혀가고 도망가서 제 나라에 살지 못하고 이국에서 피눈물을 흘려야 했던 백성들의 고초를 생각해야 한다. 사회 지배층이 지정학적으로 대륙 세력과 해양 세력의 대척점인 한반도에서 조선조 말 개화파와 수구파로 서로 싸우다 멸망당한 것처럼, 지금도 북한의 위협과 미중의 대결장에서 촛불과 태극기의 대결로 분열되어 침몰하고 있다. 그런데 대한민국에서 좌우 진영이 서로 패권주의적 싸움질만 하고 있는 것을 더 이상 방관할 수 없다. 내 나이 70살 늦게나마 나의 생각을 그동안 틈틈이 써왔던 글과 함께 독자 제위에게 올리고자 한다.

혁명가 대통령을 바라면서

이번 박근혜 대통령의 탄핵으로 치러지는 제19대 대통령 선거에서 나는 혁명가적 대통령이 당선되었으면 한다. 우리 대한민국이 해방 이후 지금까지 이념 갈등이 지속되면서 싸움이 그치지 않고 있다. 저성장 경제난 속에서 나 역시 국민의 한 사람으로서 나락으로 떨어지는 나라 사정과 무관치 않다. 개인적으로는 그동안 제도권에 들어가 쓰임 받는 역할을 하고자 했으나, 철옹성 같은 기득권과 뿌리 깊은 불공정에 좌절한 나 자신 한이 맺혀 있기 때문이다.

혁명이란 용어를 사용하다 보면, 불순한 의도 이전에 정신병자 소리 들을까봐 걱정이 된다. 그것은 혁명이란 용어가 이제는 걸핏하면 쓰이는 헛소리가 되고 시도 때도 없이 남발되는 용어가 되었기 때문이다. 작년 과대망상에 빠진 성병대가 오패산 터널에서 경찰관을 살해한 후 혁명이 시작되었다고 하지 않나, 민주당 대권 1순위인 문재인 전 대표가 탄핵이 헌재에서 기각되면 혁명이 일어날 것이라고 했다. 또 잠용의 대열에 있는 안희정 충남지사도 혁명적 리더십을 강조하고, 남경필 경기지사도 혁명을 운운하는 발언을 했다. 혁명이 이제 무슨 옆집 강아지 짖어대듯 들려오기 때문이다. 혁명은 가죽을 벗긴다는 뜻으로, 왕조 시대의 역성혁명처럼 뒤집어엎는다는 뜻이다. 스스로 자정 능력을 상실할 때는 외부의 힘으로 뒤집어엎어야만 해결할 수 있다는 것이다. 우리나라의 대통령 중 혁명가 대통령은 박정희와 노무현이다. 박정희는 5.16 군사 쿠데타로 헌정을 중단시키고 정권을 잡아 경제개발로 국민들을 가난에서 벗어나게 한, 어쩌면 성공한 대통령이 되었다. 하지만 노무현 대통령은 서민 출신으로 기득권을 타파할 혁명적 요소를 가졌음에도, 결국 실패한 대통령이 되었다. 피지배 계층을 대변하고 서민의 대통령을 자임한 노무현이 대통령에 당선된 후 처음 부딪친 것은 지배 계층의 관료집단 핵심 세력인 전국 평검사들과 마주한 한판 기 싸움이었다.

박정희와 노무현 둘 다 사회적으로 피지배 계층 출신으로 있다가 천신만고 노력 끝에 정상의 권력을 잡았다. 그러나 하나는 국민 여망과 달리 독재 권력으로 기울어 경제개발 성공에도 불구하고 역사에 혁명가로 자리매김하지 못했으며, 하나는 국민 여망에 부응하여 세상을 바꾸어보라는 자리에 올랐으나, 기득권 저항에 실패하여 결국 세상을 바꾸지 못하고 일찍 생을 마감한 불행한 대통령이 되었다.

그래서 우리나라는 성공한 혁명이 없었다. 동학혁명도 실패한 혁명이었다. 그랬기에 피지배층인 백성을 위한 백성의 여망에 부응한 새로운 시대를 지금까지 열지 못하고 있는 것이다. 혁명은 기득권 세력을 바꾸어 세상을 바꾸는 일이다. 그러니 낙타가 바늘귀 들어가는 것보다 더 어려운 일이다. 항상 기득권을 누리는 쪽의 반발 때문에 성공보다 실패가 더 많았다. 기득권의 교체는 혁명하지 않고서는 성공할 수가 없다는 것이 역사의 교훈이다. 항상 적당히 타협하여 왔기에 곪을 대로 곪아 있는 것이 우리 사회이다. 기득권 세력은 안주를 원하고 변화를 싫어한다. 그러나 변화하지 않으면 썩기 마련이다. 타협은 미봉책일 뿐 근본적인 변화를 이룰 수 없기 때문이다.

혁명가 노무현 대통령

내가 아는 일화가 있다. 노무현이 제16대 대통령 후보로 선거에 매달릴 때 판세는 매우 불리했다. 야권 주자에서 월드컵의 후광을 얻은 정몽준에게도 지지율에서도 밀리고 있어 매우 낙담하고 있을 즈음, 노무현 후보 선거대책본부에 순천에서 한 통의 편지가 날아왔다. 편지를 쓴 사람은 그 지역의 역술인 김순서 할아버지였다. 역술인들이 점치는 방법의 하나는 육효점이다. 49개의 산가치에서 순서대로 뽑아 노무현의 점을 쳐보니, 주역(周易)의 택화혁(澤火革) 4효가 나왔다고 한다. 그래서 노무현 후보에게 "대통령이 분명히 된다, 걱정하지 말라 용기를 내시라." 하고 써서 보냈다고 한다. 여기서 주역의 택화혁 괘를 설명하자면, '후회할 것은 없다. 국민들이 신뢰하고 있다. 신념을 가지고 혁명을 단행하라. 길하다'이다.

편지를 받은 노무현 후보는 "고맙다. 당선되면 훌륭한 대통령이 되겠다."라고 친필 답신을 했다. 광화문 우체국 등기 소인이 찍혀 있는 답신이니 엄연한 사실이고, 그 뒤 대통령 취임식장 앞자리에 하얀 한복에 갓 쓴 노인이 초대받아 앉은 모습이 있었으니, 사실이라 할 것이다. 노무현 대통령은 피지배 계층 출신으로 지배 계층의 세상을 바꾸어보라는 천명을 받았으나, 기득권 세력의 저항으로 바꾸지도 못하고 결국은 부엉이 바위에서 생을 마감한 불행한 혁명가가 되어버렸다. 비록 법조인이지만 상고 출신에 지배 계층의 아웃사이더인 노무현 대통령의 등장은 기득권 지배세력으로 볼 때 이단자였고, 권력기관이나 군부나 검찰의 저항을 받을 수밖에 없었다. 취임 초기 전국의 평검사들과의 볼썽사나운 힘겨루기가 말해주는 것처럼, 우리 사회의 피지배 계층인 농민, 근로자, 자영업자, 시장 상인, 기업인들이 지배 계층으로의 신분 상승이 얼마나 어려운지를 보여주는 것이라 할 것이다. 왜 우리는 스웨덴의 국회의원처럼 일반 평범한 시민들이 국회에 어려움 없이 진출하여 국민에게 봉사하는 기회가 없을까? 그것은 우리는 국회에 그들과 다른 절대적 특권을 부여하고 있기 때문이다. 지배 계층에 속하는 관료, 법조인, 언론인, 정치인, 교수 등 지배 계층 집단과의 경쟁에서 피지배 계층은 진입 장벽에서 절대 열세하기 때문이다. 상고 출신으로 사법고시 사다리로 변호사가 되어 노동자를 위한 피지배 계층의 가치를 구현하다가, 청문회 스타를 거쳐 대통령이 된 노무현. 그는 육효 점의 괘상 대로 혁명가로서 대한민국을 바꾸는 일을 해야만 했었다.

국가 위기 좌우대립

우리나라 청년의 체감 실업률이 20%가 넘고, 실업자가 100만이 넘는 시대가 된 대한민국. 청년들은 취업, 결혼, 출산을 포기하는 삼포 시대에 절망하고 살고 있다고 한다. 그러나 눈높이를 낮추어 보면 중소기업에는 사람이 없어 난리이다. 3D 업종이 아니라도 공장에는 조금만 기술을 습득하면 갈 수 있는 일자리가 수없이 많다. 지금 한국의 대다수 중소기업은 외국인 근로자가 아니면 현상 유지를 할 수 없는 것이 숨길 수 없는 현실이다. 무엇이 잘못되어 이 지경이 되었는지 모르겠다. 해법을 모르고 대통령이 되겠다고 하는 분들은 고작 청년수당, 기본수당 타령만 하고 있다. 중소기업은 사람이 없는데 청년들은 일자리가 없는 기현상에 대책은 없고, 민중의 불만은 걸핏하면 돈 많은 재벌로 향한다.

오늘날 우리 사회는 같은 하늘을 이고는 같이 살 수 없을 정도로 좌우 이념으로 갈라져 극심하게 대립되어 있다. 해방 후 일제를 청산하지 못한 건국의 혼란과 남북 분단, 전쟁, 그리고 독재와 민주화 이후, 이제는 보수와 진보로 나뉘어 국가 안위와 민생 문제는 뒷전으로 밀리고, 정쟁으로 나라기둥이 썩어가는 줄도 모른다. 조선이 사색당파로 나라가 망했듯이, 이제 보수진보 양당체제가 사당체제로 바뀌어, 결국 나눠먹기 정치가 예상되고 있다. 조선 현종 때 대비의 복상 기간을 1년으로 하느냐 3년으로 하느냐의 예송 논쟁으로 당파 싸움질만 하는 바람에 민생만 더욱 피폐해졌던 과거사가 오늘날에도 재현되고 있다. 어느 한쪽이 죽어야만 이길 수 있는 싸움 때문에, 죄 없는 국민들만 경제난에 허덕이고 있다. 경제의 효율은 선택과 집중인데 말이다.

해답은 명료하다. 혁명을 해서 한쪽을 무력화시키든지, 아니면 사회적 대타협을 하여 과거를 털고 가든지, 둘 중의 하나이다. 이는 나라가 잘못되면 그 피해는 힘없고 약한 민초들의 고통으로 반드시 돌아가기 때문이다.

북핵의 위협과 미·중 갈등 속에서 생존의 길을 개척하고, 개혁 저항 세력을 척결하고 나락으로 떨어지는 경제를 살리는 리더십이 필요하다. 그래서 이번 대통령 선거에서는 강력한 혁명가적 대통령이 선출되어야 한다. 나의 외침이 비록 태산명동 서일필이 된다 하더라도, 나이 70이 되어 이 사회에 쓰임의 역할을 놓쳐버린 한 사람으로서 부르짖고 싶다. 이것은 제19대 대통령과 대한민국 국민에 전하는 내 마음 깊은 곳에서 올라오는 외침이다.

촛불집회

침몰하는 대한민국

최순실 게이트는 이 나라가 아직도 선진 국가가 아니라 전근대적인 후진 국가임을 보여준다. 극과 극으로 대립하는 보수와 진보는 사실은 상보적인 관계인데 결국 물과 기름 같은 이질적인 관계로 대립되어 이를 극복하지 못하면 대한민국의 미래는 없다. 개헌의 방향도 중요하고 대통령의 권한도 중요하다. 그러나 그보다 더 중요한 것은 대한민국의 안보다. 많은 국민이 안보의 위태로운 절박성을 모르고 있다. 당쟁 때문에 일본의 침략 가능성을 숨겨 임진년 침략을 당해야 했던 조선의 당파싸움처럼, 지금도 북한의 핵 공격 위기 속에서 사드로 서로 분열하고 있다. 최악의 경우 북한 미사일로 남한에서 핵이 폭발하면 어찌할 것인가?

한국 사회는 안보의 절박함 말고도 생존을 걱정해야 할 위기로 치닫고 있다. 첫째는 정치 위기이고, 둘째는 경제 위기이며, 셋째는 도덕률의 위기이다. 산업화 시대에 전 국민을 하면 된다고 이끌었던 엘리트 관료 집단은 기득권에 안주한 대표적인 이익 집단이 되어 자정 능력을 상실했다. 경제발전의 원동력이 되었던 국민의 헝그리 정신은 어디로 가버리고, 경제파이를 키우기보다 서로 뺏기 싸움에 열중한다. 경쟁이 치열하니 삶은 더 고달파지고 있다. 우리 사회를 지탱할 사회의 지도 이념은 사라지고, 도덕률이 무너진 사회에서 패거리 정치와 양육강식만 존재할 뿐이다.

2014년 세월호 참사 때도 그랬고, 2015년 메르스 사태 때도 그랬다. 2016년 조선해운 구조 조정 때도 손 놓고 타이밍 놓치는 바람에, 수출로 먹고사는 나라에서 세계 7위의 한진해운이 법정 관리로 내몰렸다. 안일하게 대처하는 바람에 선박이 가압류당하고, 바다에서 오도가도 못 해 화주들이 발을 동동 굴렀다. 그 틈을 타고 외국 선사들만 신바람 나게 만든 장본인들이 바로 돈을 빌려준 금융권과 이를 감독하는 정부 당국자들이다.

지금까지 나라의 경제 동력을 이끌어왔던 제조업 중심의 성장 패턴에서 서비스업 중심 경제 모델로 바꾸어가야 할 청사진도 리더십도 보이질 않는다. 서비스 발전 기본법 하나 처리하지 못해 정쟁에 질질 눈치만 보고 세월만 허송하는 대한민국이다. 왜 대한민국은 망할 기로에 서 있는가? 교육의 예를 들어 한번 살펴보기로 하자.

교육은 국가 백년대계라고 한다. 그만큼 교육은 국가의 기틀이라는 뜻인데, 세계무대에서 창의성 있는 인재를 키우기보다 암기 위주의 입시 교육으로 교육 기본이 잘못되어 있고, 기초과학이 교육에서 부실하다. 일본은 2000년 이후 과학 분야에서만 노벨상 수상자 16명을 배출했다는데, 우리는 한 명도 없다. 미국의 스탠버드 대학에서는 성적 상위그룹의 80%가 창업을 하여 동문들이 만들어낸 기업만 3만9천 개이고 창출한 일자리가 540만 개에 달한다고 한다. 공부 잘한 학생들 다수가 창업으로 백만장자의 꿈을 꾼다고 하는데 한국에서 공부 잘한 학생들은 권력의 지름길인 법조인을 꿈꾸거나 의사, 공무원 순서로 택한다. 그러다 보니 열정과 총명함으로 무장한 젊은이의 창업은 거의 기대할 수 없고, 2~30년 뒤 퇴직한 후 머리가 녹슬고 활동력이 떨어진 중년이 되고 나서야 창업의 대열에 참가한다. 편의점, 치킨점 등 손쉬운 프랜차이즈를 창업하지만, 5년 유지 성공률 2/10에 들지 못하고 미끄러지고 만다. 그 바람에 퇴직금과 이리저리 긁어모은 자산을 다 날리고, 중산층에서 빈민계층으로 떨어진다. 이게 한국의 현실이다.

질소가 순환해야 생명체가 유지되듯, 사회 또한 순환되어야 한다. 그래서 자유에 기반을 둔 보수와 평등에 기반을 둔 진보가 서로 추구하는 성장과 복지 논쟁도 이제는 중지되어야 한다. 그러나 골동품이 되었어야 할 이념 논쟁으로 보수와 진보 세력이 서로 진영싸움을 벌이기 때문에 바뀌지 않는다. 이는 조선시대의 사색당과 싸움 같다. 이제 진보와 보수의 진영싸움이 그치지 않으면, 조선이 망한 것처럼 대한민국도 좌우 분열 때문에 망하게 될 것이다.

이러한 보수와 진보를 대표하는 좌우 지배세력의 싸움은 결국 피지배층의 고통을 가져온다. 우리 사회는 단순히 상위 1%가 50%의 부를 가지는 통계수치의 양극화 현상으로 볼 게 아니라, 사회를 지배하는 세력과 지배받는 세력으로 구분해야 한다. 지배하는 세력은 관료, 법조, 언론, 그리고 이를 지원하는 학계의 폴리페서와 시민단체가 있고, 그 정점에는 정치 집단세력이 있다. 피지배층은 근로자, 농어민, 상인. 기업인 등 평범한 보통사람들로서, 그 정점에는 그들 중 성공한 재벌 들이 있다. 재벌도 지배 계층이 아니기에, 지배 계층인 정치 법조기관에서 오라면 오고 가라면 가야 하는 나약한 존재이다. 이는 재벌총수들이 지난 국회 청문회나 검찰에 나란히 불려나와 치도곤을 당하는 장면을 보면 알 수 있다. 고용을 창출하고 세금을 납부하여 국가 재정을 받쳐주는 기업인을 재벌이라 하여, 투자 손실을 배임으로 처벌하거나 걸핏하면 준조세로 세금 이외의 돈을 걷어 들이는 집단이 바로 지배 계층인 관료와 정치 집단세력이다.

재벌은 동네북인가?

청와대의 강압에 출연하고 지원금을 내는 것은 그렇게 하지 않으면 불이익을 받기 때문이다. 로비는 기업 생존을 위한 약자들의 본능인데, 국민연금의 찬성을 삼성물산과 제일모직 합병의 대가라고 몰아세우면, 어디로 가란 말인가? 고래싸움에 새우등 터진다고, 지배 계층인 정치 집단 간의 권력싸움에 코피 터지는 것은 세금 내어 그들에게 급여 주는 이 나라의 재벌과 기업 집단들이다.

지배 계층이 피지배 계층을 지배하고 사회를 움직이는 힘의 원천은 법률이다. 그 법률이 공정하지 못한 채 군림하고, 편향되고, 지배 계층의 지지 기반이 되는 잣대로 이용하는 데는 정말 할 말이 없다. 기업이 평소 애로사항을 이야기하고 규제를 풀어달라고 이야기 하면 안 되는가? 그것이 채찍을 든 강압에 당근을 받아먹었다고 죄가 된다면, 채찍을 쥔 그들의 행태는 어떤가? 우리나라는 대체로 관존민비 사상이 있어서, 민간이 하면 죄가 되고 관청이 하면 죄가 안 되는 세상이 된다.

권력자인 대통령이 미르, K 스포츠 재단에 돈 내라면서 '애로사항 없느냐'고 물을 때, 삼성이 애로사항을 전달하고 공정위의 순환출자 비율에 도움을 받았다고 치자! 그것을 사후 뇌물로 보고 특검은 이재용 부회장을 구속했다. 그러면 현대가 산 삼성동 한전 부지 용도를 3종 주거지역에서 상업용지로 전환해주면서, 서울시가 공공 기여금 1조 7,000억 원을 현대가 내도록 한 것은 죄가 아닌가? 삼성에게 뇌물죄가 인정된다면 현대도 죄가 되어야 하고, 서울시도 같이 뇌물죄가 적용되어야 한다. 돈 받은 창구는 서울시가 되지만, 돈의 혜택은 사람이 누리기 때문이다. 누가 받느냐에 따라 누구는 죄가 되고 누구는 죄가 안 된다면 공정하지 못한 것이다. 그러니 삼성이 죄가 된다면,

서울시와 현대도 당연히 특혜 주고 돈 받은 것이니 대가성 뇌물죄로 처벌 받아야 하는 것이다.

지배세력은 말할 것이다. 우리는 공익을 위한 것이고 기업은 사익을 위한 것이니 차원이 다르다고. 웃기지 말라! 관청이 특혜 주고 돈 받는 것은 공익이고, 기업이 기금 내고 혜택 받는 것은 사익이라고? 어차피 돈은 공익이든 사익이든 다수를 위하여 쓰는 것인데, 이상한 논리로 현혹해서는 안 된다. 삼성이 수백조 매출에 수십조 이익을 남기지만 그것은 공적개념이 강한 주주들의 재산이고 권리이고 보면 사익이라는 말은 어울리지 않는다.

관료 집단인 서울시나 지방자치단체에 거액을 주고 100층 이상 건물을 지어 알토란 혜택을 받은 것이 기부금을 냈기 때문이며 그러나 그것이 공공 기여금이 되어 죄가 안 되는 것이다. 그런데 청와대의 강압에 400조 매출의 삼성이 재단기금 출연하고, 합병이나 경영권 승계에 도움 받은 것은 뇌물이라고 하여 특검에서 핏발을 세웠다. 그것은 법 좋아하는 지배층의 자의적인 법해석 때문이다. 권력을 잡은 세력은 민주사회에서 권력이 총구가 아닌 표에서 나오는 것을 알기에, 민중의 환심을 사기 위해 포퓰리즘을 남발하거나, 가난의 대척점에 있는 재벌만 단죄하려 든다.

지배 계층 정치권력

해방 후 권력을 쥔 공산당은 민중의 지지를 받기 위해 지주를 핍박하여 토지를 환수하고, 인민재판을 열어 무고한 사람들을 처형했다. 그래서 수많은 실향민이 자유를 찾아 남하 했다. 그러나 자유세계 대한민국에서도 권력을 쥔 정권의 생리는 공산당과 크게 다르지 않다. 내라는 돈 내지 않다가 괘씸죄에 걸려 하루아침에 공중 분해된 국제그룹. 그것이 강요든 북한 사업의 패런티든, 내라 하여 냈다가 정권이 바뀐 후 대북송금 의혹으로 중수부의 수사를 받다 자살한 정몽헌 회장의 현대그룹, 최순실이 특혜를 요청한 평창 동계 올림픽 시설공사를 거절했다가 조직위원장에서 쫓겨나고 세계 7위 해운선사를 침몰당한 한진그룹. 헤아릴 수도 없는 많은 기업들이 조자룡 헌 칼처럼 법권력을 가진 자들에 의해 베임 당하고 상처를 입었다.

선진국의 흐름은 규제를 풀고 법인세를 낮추고 자국 기업 보호에 나서고 있는데, 한국은 촛불민심에 글로벌 기업 삼성 총수까지 구속하고 옥죄고 있다. 삼성은 400조 매출의 80%가 해외에서 발생한다. 그런 삼성을 궁지로 몰면, 외국인 투자자의 요구대로 반도체 부품 부분과 TV, 가전의 완성품 부분으로 분사하여, 미국 나스닥에 상장하고, 경영의 중심축이 미국으로 옮겨가면 어찌할 것인가? 기업을 옥죄고 몽둥이로 찜질하면 본사가 기업하기 좋은 곳으로 옮겨간다는 사실을 갑질하는 정치인만 모르고 있다.

권력을 쥔 정치인들은 표에 눈이 어두워 촛불 든 민중만 보일 뿐, 일자리 만들고 세금 내어 국가 재정을 떠받치는 재벌기업은 안중에도 없다. 과연 누가 법질서를 평등하고 공정하게 운영하지 않고 군림하며 지배하는가. 그런데도 본질을 모르는 민중들은 정치인들이 속으로 민중들을 개, 돼지로 폄훼하는 줄도 모르면서, 무슨 복지수당 운운하며 현혹하는 정치인들에 환호하고 있는 것이 우리의 자화상이다.

비용이 적고 효율이 좋은 자율성을 버리고, 비용 많고 효율이 낮은 타율의 시대인 법치사회에서 우리는 살고 있다. 권력을 쥔 정치세력과 그들의 기반인 관료·법조·언론·교수 집단은 법을 만들고 집행하고 감시한다. 그래서 그물망처럼 법이 촘촘한 세상을 만들어간다. 따라서 기업은 너무 많은 규제 때문에 경제활동이 위축되고 그 때문에 서민들은 힘들어한다. 그런데 정치권력을 지향하는 집단세력만이 권력을 쟁취하고자 좌우로 나뉘어 그들만의 싸움을 벌이고 있다.

정권이 교체되어도 지배집단은 그 나물에 그 밥이다. 지배층의 패널이 바뀌지 않는 이상 민중은 항상 고달프다. 신분 상승의 사다리가 사라진 오늘의 현실에서 민중의 희망은 절망으로 바뀌어 있다. 지배층의 기득권 세력을 타파할 대통령은 과연 없는가?

혁명가 노무현 대통령이 이룩하려다 기득권 세력의 철옹성에 좌절하고 생을 마감한 대한민국의 현실. 이런 현실 속에서 나는 이 책을 통해 우리 사회에 종북과 친일이라는 좌우 진영 공격 어젠다(agenda)를 이제는 쓰레기통에 버려야 한다고 주장한다. 종북이라는 좌파 그 누구도 북한 정권을 찬양하고 북한에 가서 살 사람은 없다. 반대로 좌파는 친일 청산의 유산을 물려받은 우파에 대해서도 친일파라고 생사람 엮듯이 하면 안 된다. 연좌제를 주장할 생각이 없다면 말이다.

지금 사드 때문에 국론이 좌파와 우파가 중국과 미국으로 나뉘어 분열되고 있는 것은 조선 광해군이 신진세력 후금과 친교하고 쇠퇴하는 명을 멀리하다 친명파 신료들에게 쿠데타를 당한 것과 유사하다. 개성공단을 폐쇄하고 사드를 들여온 박근혜 대통령이 친중 성향 야당에 의해 탄핵 당한 것과 어쩌면 그리 유사할까? 광해군이 반정으로 물러나지 않았다면 병자호란이 과연 일어났을까? 다음정권에서 "반미면 어때" 정신 이어받아 사드를 철회 요구하면 미국과 관계가 어떻게 될까? 지배계층 정치권력 싸움에 국민생존이 위태하다.

자유와 평등은 하나다

몸과 마음이 하나이듯 자유와 평등도 둘이 아니고 하나이다. 좌파와 우파가 대립이 아니고 비행기의 양 날개처럼 양립하여 자유와 평등의 기능을 다할 때 진보와 보수는 하나가 될 수 있고 그래야만 건강한 정치지형이 형성된다. 작물을 재배할 때 처음에는 밑거름을 주어 뿌리를 튼튼하게 하고, 다음은 웃거름을 주어 잎을 무성하게 하듯 성장과 분배 역시 앞뒤 정해져 있는 게 아니라, 성장 속에 복지가 함께 있는 것이다. 그동안 한국은 조선·철강·화학·자동차·반도체 등 수출로 고도성장을 이끌어왔다. 그러나 중국·동남아 등 후발국의 경쟁력에 밀려 구조 조정을 해야 하고, 저성장 불경기가 계속될 때 자국 산업 보호와 한국판 뉴딜 정책을 펼쳐 경기 상승을 유도해야 한다. 그런데 그렇게 하기는커녕, 여야 할 것 없이 무슨 수당, 무슨 수당 하면서, 푼돈으로 인심 얻으려는 공약이나 남발하고 있다. 국가 예산의 약 30%를 복지 예산으로 편성하는 데 여야가 따로 없다. 특검을 만들어 글로벌 기업으로 세계 시장을 누벼야 할 기업 총수들을 감옥에 가두거나 출국 금지하여, 삼성의 세계시장 신용도가 7위에서 49위로 추락하게 만들었다. 그로 인해 해지펀드나 외국 기업에 미소를 안겨주는 이 나라가 바로 추락하는 대한민국이다.

촛불과 태극기로 무장한 좌파와 우파의 세력 대결은 헌재의 박근혜 대통령 탄핵과 5월 9일에 있을 대통령 선거에도 불구하고, 어느 한쪽이 죽어야만 끝나는 싸움이 되어가고 있다. 탄핵 후에도 승복하지 않고 세력 대결을 벌이고 있는 좌우 싸움은 대통령 선거 이후가 걱정이다. 이미 더불어민주당은 집권하면 적폐를 청산하겠다고 부르짖고 있으니, 선거 후가 큰일이다. 이제 나라를 살리려면 진영논리에 사로잡혀 종북과 친일로 이념대결하지 말고 좌우를 넘어 성장 속에 복지를 구현하는 포용된 대한민국이 되길 나는 바란다.

일제시대 때 우리 조상들은 좌우를 망라하고 삼일운동을 일으키고, 신간회를 통해 좌우 이념의 통합을 이루었다. 그와 마찬가지로 지배계층인 정치세력들은 진영 싸움을 종식하고 존망의 위기에 있는 나라를 구해야 한다. 그런 간절한 바람을 담아 나는 제19대 대통령과 국민들에게 이 졸저를 바치고자 한다.

세력의 충돌 한반도

한반도의 지정학적 위치는 대륙세력과 해양세력의 대척점에 있다. 세계에서 서로가 가장 껄끄럽고 위험한 강대국 두 나라, 그래서 항상 충돌 가능성이 있는 중국과 일본 사이에 샌드위치처럼 낀 나라가 한반도 우리 대한민국이다. 역사적으로 대륙의 나라들이 바뀔 때마다 조공 요구와 침략에 시달려야 했고, 섬나라 일본 왜구의 약탈과 침략은 고려에서 조선으로 바뀌어도 내내 그친 일이 없었다. 임진왜란을 거쳐 36년간 국권이 찬탈당한 치욕은 '우리나라가 생존을 위해 어떻게, 어떠한 외교 전략을 가지고 나라를 지켜야 되는지?'를 깊이 생각하게 한다. 참으로 중요한 일이 아닐 수 없다.

등소평의 개혁개방 정책과 시장경제 도입으로 경제발전을 이루어 이제는 미국과 더불어 G2가 되어 군사 강국을 자임한다는 중국이지만, 일본과 동맹관계에 있으면서 배후에 떡 버티고 있는 미국에 비하여 아직은 힘을 행사할 수 없는 처지다. 그런 관계로 일본에 대해서 으르렁거릴 뿐 실력 발휘 제대로 한 일이 없으나, 한국에 대해서는 방어무기 사드 배치에 한한령을 발동하고, 중국에 진출한 롯데 점포를 문 닫게 하거나 벌금을 물리는 등 제재를 가하고 있다. 자국 국민들의 한국 관광을 못 하게 하는 등 다양한 방법으로 치졸한 경제적 보복을 일삼고 있는 것이다.

이처럼 대륙세력인 중국과 해양세력 미국의 두 나라 사이에서 대한민국이 양다리 걸치다가 양쪽에서 배척당하면, 자칫 도마 위의 생선 신세가 될 수도 있다. 그런데도 국내의 정치세력은 좌우로 나뉘어 사드 배치를 철회시키려는 민주당을 위시한 좌파 세력들은 촛불을 들고 어떻게 해서든 사드를 막으려 하고, 사드를 배치하려는 자유한국당과 이념 성향을 같이하는 우파 세력들은 이번에 아예 사드 쐐기를 박아버리고자 한다. 이처럼 서로 대립하는 두 세력들로 갈등과 분열이 일어나 국론은 쪼개지고, 이를 수습할 통치권자는 보이지 않는다. 조선조 말 정치세력들이 수구파와 개화파로 나뉘어 청나라와 일본

사이에서 우왕좌왕하다가 나라를 뺏기고, 백성들을 암흑과 고통의 수렁 속에 밀어 넣은 어리석은 일이 다시는 이 땅에 있어서는 안 되기에 나는 이 말을 또 하고 또 하고 있다.

북한은 핵실험과 미사일 발사 등으로 남한을 압박하고 국제사회에 존재감을 보여주고 있지만, 실은 김정남 피살사건 후 국제적인 궁지에 몰리고 있다. 권력기반을 다지기 위해 내부 숙청으로 공포정치를 자행하고 있지만, 이것이 반대로 부메랑이 되어 김정은의 권력기반이 흔들리고 있다. 그래서 급변사태가 올 가능성이 점차 높아지고 있다.

북한에 급변사태가 발생하면, 우리 국군이 삼팔선을 넘어 진군하기는 어려워도, 중국은 대거 국경 근처에 포진시킨 인민 군대로 사태가 발생하는 즉시 신속히 대병력을 북한으로 진주시킬 만반의 태세를 갖추고 있고, 또 이에 대비한 훈련도 하고 있다. 정말 상상하기도 싫지만, 북한의 급변사태 이후 북한이 중국 영토화가 된다면, 한반도의 독립을 위해 일제와 싸웠던 선열들의 고귀한 희생과 한국전쟁에서 자유 국가를 보전하기 위해 목숨을 바친 애국 영령들의 죽음과 부상이 다 부질없는 헛것이 되고, 우리 민족에게 씻을 수 없는 천추의 한이 되고 말 것이다.

권불십년 보수가 무너지다

김대중 정권 때도 있었고, 모든 정권이 관행으로 해온 문화예술계 인물 성향을 분석한 데이터 차원의 인물 명단이 문화체육부의 블랙

리스트가 되어, 비록 정부에 심통 부리거나 좌파에 물든 미운 놈이나 단체를 정부 지원에서 배제하는 문서로 악용되기는 했어도, 이를 악질 범죄로 기소하여 평창 동계 올림픽 등 할 일도 많은 문체부의 현직 장관이 구속되었다. 수십만 명이 일하는 직장의 총수이며 한국의 법인세 납부의 약 1/3 가까이 담당하는 국내 최고의 기업 삼성 이재용 부회장도 삼성이 갖는 국가 경제의 위상과 비중을 무시하고 구속되기에 이르렀다. 국민연금 찬성이 뇌물이 안 된다고 법원에서 기각되자, 다시 공정위의 출자 전환 완화나 삼성 바이오 로직스 국내 상장을 특혜로 보고 걸어 영장을 청구한 것이다. 무리한 영장 청구라는 법조계의 지적에도 불구하고 영장이 발부된 것은 좌파 정권으로 넘어가는 것이 확실시되는 지금의 정치 상황에서 법관의 몸 사리기 때문이라는 시각도 일부 있다. 그렇지 않고서야 채찍과 당근을 쥐고 돈 내놓아라 하는 살아 있는 권력인 대통령의 강압에 매 안 맞으려 돈 내놓고 주는 당근 받아먹었다고 이재용 부회장을 뇌물 공범으로 엮어버린 특검이야말로 힘 빠진 대통령에 국회 권력을 장악한 좌파의 우파 패대기라 아니할 수가 없다. 한국 사회에서 기업인이란 아무리 재벌이라도 정치권력의 갑질 앞에 죄가 있건 없건 혐의를 갖다 대면 이 어령비어령 죄가 되는 약자라는 사실을 특검이 조금이나마 알고나 있었을까. 그런 이해보다는 촛불의 위세에 춤을 춘, 정치적으로 편향된 결과이다.

압수 수색으로 이미 증거인멸과 도주 우려가 없어 불구속이 원칙인데, 특검의 오너인 국회 권력의 눈치를 보고 재벌에 배 아파하는 대중들의 분노를 달래기 위해 현직 장관까지 감옥에 처 넣고, 글로벌 기업으로 해외시장을 누벼야 할 바쁜 재벌 총수들을 구속하고 출국 금지 시켜 국가 경제에 크나큰 손실을 끼쳐놓았다. 그래놓고 무엇을 잘했다고 특검 종료에 맞추어 공로패 잔치를 벌이는지. 그 근원적인 이유는 1987년 제6공화국 출범 이래 민주화 시대를 열었으나 법치 만능주의가 만들어낸 국회 권력 때문에 행정 권력이 심히 위축된 결과다. 이는 행정 권력의 정점에 있는 대통령이 5년 단임제라는 한시적인 권력 구조 때문이다.

이는 촛불 시위로 탄핵당한 무능하고 소통 부재의 박근혜 전 대통령의 개인적인 능력과 관계없는 근본적인 원인으로 인해 작용하는 것이다. 1987 개헌 이래 당선된 9명의 대통령 거의 모두가 본인이 감옥 가거나 자식이 가고, 형이 가고 자살하거나 탄핵으로 물러났다. 그래서 이처럼 퇴임 후 국민의 존경을 받기보다 불행한 대통령이 되는 숙명적인 이유가 무엇인가 한번 연구해볼 필요가 있다. 무속인들의 말처럼 청와대 터가 세서 그런지, 아니면 조선시대 궁녀들이 낙태하여 버린 애기들의 한이 맺혀 있는 원귀들이 있는 땅이어서 그런지? 이승만 대통령 이전의 일본 총독들도 거의가 끝이 안 좋았다니, 누구 말따나 이번 대통령부터는 집무실을 과천으로 옮기든가 해야 할 것 같다. 확률의 법칙처럼 이번 대통령도 청와대 들어가서 나중에 불행한 결말을 얻게 되면, 그것은 대통령의 불행이 아니라 국민의 불행이 되기 때문이다.

지금의 대한민국은 총체적 난국에 빠져 있다. 도덕은 추락하고, 교육은 제 역할을 못 하고, 정치 집단은 이해관계에 얽혀 정쟁이 떠날 줄을 모른다. 한강의 기적을 이끌어온 제조업은 이제 한계를 드러내고 있으며, 청년 실업과 양극화 및 빈부격차는 사회 불만의 근원이 되고 있다. 또한 사회의 고령화와 저 출산으로 우리의 미래는 어두워지고 있다. 그동안 우리 사회를 지탱해온 유교의 사회 지도이념과 도덕률은 소리 없이 없어지고, 우리 사회가 자율로 움직이기보다 타율의 시대로 접어들면서 강제조항인 법과 규정만 무수히 양산되었다. 그래서 법을 잘 아는 법조인들이 정치 주도세력으로 부상하는, 법조인이 대접받는 시대에 들어서게 되었다. 다시 말해 조선시대에는 통치 이념인 유교와 성리학이 사림 세력의 붕당 정치를 낳았고, 5.16 쿠데타로 정치 무대에 등장한 군부세력은 일 방향 획일적 정치를 시행했다. 이제 민주화 이후 민주사회를 이끌어갈 동력으로 대의 민주주의와 법치주의를 채택하다 보니, 정치 무대의 정치세력엔 법조인들이 어떤 세력보다 유리하게 진입하게 되었고, 그래서 강력한 법치주의의 혜택으로 덩달아 변호사도 살판나는 세상이 되었다. 퇴임 법조인들이 전직 예우 금지조항이 있음에도 불구하고 홍만표 변호사처럼 2013년 한 해에 수임료만 91억 원을 벌었다거나, 부장판사 출신 최유정 변호사는 두 의뢰인으로부터 각각 50억 원을 받을 수 있었다. 세상엔 공짜가 없다던데, 친구에게 비상장 주식 1만 주를 무상으로 받아 120억 원을 번 진경준 전 검사장에게 무죄가 선고되었다. 이처럼 상식이 지배하는 사회보다 법치만능이 지배하는 사회에서 법률가는 그 어떤분야보다 지배계층의 최대수혜자가 된다.

개혁은 저항을 부르고

사람을 고용하고 수출을 하여 돈을 벌어들이며 세금을 납부하여 국가 재정을 받치고 있는 기업인들은 삼성 이병철의 좌우명처럼 사업보국을 하고 있는 것이다. 그러나 항상 정치 주도 세력에 끼질 못하고 정권이 바뀔 때마다 동네북처럼 두들겨 맞고 눈치를 보아야 한다. 그것은 항상 정치권력에 대해 영원한 을의 신세로 전락되었기 때문이다. 가졌다는 이유 하나로 인민재판에 처형당한 이북의 지주처럼 이남의 재벌들이 조금만 잘못하면 여론의 뭇매를 맞아야 하는 것은 한국 재벌의 수난사이다.

대한항공 조현아의 땅콩사건처럼, 갑질 행위로 여론의 뭇매를 맞으니 속지주의를 채택하는 미국에서 회초리 맞으면 될 일을 한국에서 구속시켜 패대기를 친다. 사드 부지 성주 땅 때문에 롯데가 국내와 중국에게 억울하게 당하고 있는데 도와주기는커녕, 오히려 출국 금지하고 뇌물죄로 윽박 지르고 있는 것이 정치권력과 법조세력이다. 기업들은 지금까지 정부의 친화적인 노동 정책에 기업 의견을 제대로 반영하지 못하고, 국내 투자보다 글로벌 시장을 이유삼아 해외에다 공장을 짓는, 자의 반 타의 반의 해외 진출을 계속 하고 있다. 그 이유는 애국심이 없어서가 아니다. 현대차가 1996년 아산공장을 지은 후 국내에 공장의 신증설을 전혀 하지 않고 있다. 해외에서 지난 20년 동안 11개 공장을 지어 4만 6천 개의 일자리가 만들어지는 생산량이 국내 생산량을 훨씬 넘어섰다. 그렇다고 현대만 탓할 것이 못 된다. 같은 자동차를 생산하면서 연봉 1억 원을 바라보는 울산공장의 생산성이 이보다 임금이 적은 미국의 앨라바마 공장 생산성에 미치지 못하니, 매년 파업으로 회사를 옥죄는 이 나라에서 과연 공장을 짓겠느냐는 말에 일말의 이해도 하게 된다.

정부는 제도를 개혁하고자 하나, 기득권과 이익 집단의 저항에 가시적인 성과가 나타나지 않고 있다. 이것이 역대 정권의 현실이다. 5년 단임의 대통령제 하에서는 계획다운 계획을 세우지 못하고, 임기 내 성과에 집착하여 보여주기 실적에 매달리기 십상이다. 좌파 정권이 햇볕정책으로 추진한 개성공단과 금강산 관광이 우파 정권에서 도루묵이 되고, 우파 정권이 추진한 4대강이나 녹색 경제도 같은 우파 정권임에도 대통령이 바뀌면서 기대치를 이어가지 못하고 소멸한다. 하물며 탄핵으로 물러간 박근혜의 문화 창조 육성이나 창조혁신 경제도 제19대 대통령에 의해 소문 없이 사라지고 말 것이다. 정부 정책이 이처럼 단말마적인 단기성이고 보면, 장기적인 대안을 세우고 미래를 차분히 준비하기란 우리에게는 무망한 일이 되고 만다.

대한민국에 산적한 문제를 해결하려면 알렉산더 대왕의 단칼에 매듭 푸는 지혜가 필요할 때가 되었다. 이익이 얽히고 대립하여, 설득하고 협치로 해결하기에는 너무나 힘들다. 각 분야에 끼어들고 철옹성처럼 안착한 기득 세력을 혁파하기 위해서는 이제 혁명가다운 대통령이 필요하다. 혁명적 사고를 가진 대통령이 나와야만 해방 이후부터 지금까지 계속되고 있는 진보와 보수의 싸움을 멈추게 할 수 있다. 그러지 않으면 나라 망하는 것은 시간문제다. 강력한 지도력만이 이 난관을 극복할 수 있다. 이는 한쪽을 때려잡는 패권주의로는 절대 성공할 수 없다.

비록 적대적 세력이라 하더라도 소통과 화합으로 포용하는 정치를 해야 한다. 나눠먹기 정치가 아니라, 무엇이 중한지를 찾아내어 우선 순위를 정하고, 선택과 집중으로 국가 안정과 경쟁력을 확보하는 카리스마적인 대통령이 나와야 한다. 이제 서로 상대방에게 친일과 종북으로 공격하는 분열의 시대를 마감하고 화합의 새 시대를 열기 위해 안정적인 정책을 펼칠 수 있도록, 어느 쪽에서 대통령이 나오더라도 오히려 권한은 더 강화해야 한다.

최순실 게이트로 폭발된 온 국민의 분노는 광화문 광장의 촛불집회 아래 모여들었다. 11월 26일 제5차 시국집회 때는 무려 200만에 가까운 인파가 국민의 이름으로 박근혜 대통령의 퇴진을 소리 높여 외쳤다. 과거 시위 주도세력의 투쟁이 아니라 친구끼리, 가족끼리, 또는 모임끼리 참가하여 시위 축제의 한마당을 열었다. 촛불 시위는 최순실의 국정농단에 분노했고, 대통령의 거짓말과 무능함에 분노했다. 그러나 국회의 탄핵의결로 인해 헌법재판소로 공이 넘어갔음에도 불구하고, 좌파와 우파는 촛불과 태극기 집회로 주말마다 세 대결을 벌였고, 그로써 나라는 좌우로 분열되고 말았다. 최순실의 국정농단으로 호기를 만난 좌파 세력이 주도한 촛불 공세에 분노한 시민들이 가세하자 우파가 속절없이 무너져 내리는가 했더니, 좌파들에 의해 나라가 요절날 것을 두려워한 보수 세력도 집결하면서 다시 태극기를 앞세우며 맞불집회를 열었다. 그렇게 주말마다 세 대결을 벌이는 국가적인 혼란과 낭비가 계속되었다.

드디어 3월 10일 헌법재판소는 대통령이 헌법 수호의지가 없다고 재판관 전원 합의하여 파면을 의결했다. 그리고 박근혜 대통령은 헌 정사상 첫 불명예 퇴진하는 대통령이 되었다. 국회의 탄핵소추가 대 통령의 검찰 공소장 형사범죄 사실에 근거하여 형사재판의 사법적 판 단이 내려지지 않은 상태에서 헌법 수호의지가 없다 하여 탄핵 소추 한 것은 접어두더라도, 국민의 직접·비밀·평등·보통 선거에 의해 선출 한 대통령을 헌법상에 명시된 내란 및 외한의 죄를 범하지 않았는데 헌법재판소가 국민의 이름으로 파면을 선고한 것은, 대의민주주의를 내세워 직접민주주의를 훼손한 것이라 할 수도 있다.

급박하게 전개된 정국 상황은 5월 9일에 대통령 선거를 하기로 결 정됐다. 후보들이 개헌의 필요성을 실감하면서도, 개헌과 대통령 선 출을 동시에 묻자는 쪽의 세력과, 대통령 선거 후 차기 정권에서 개헌 을 하자는 세력으로 정략적인 대립을 하고 있으나 대선국면에 들어서 자 개헌은 수면아래 들어갔다. 온 국민이 알고 있는 5년 단임제의 폐 해를 이번 선거에서 고치지 않고 선거에 임하는 것은 현재까지 여론 조사에서 당선 가능성이 가장 높게 나오는 민주당 문재인 전 대표가 외면하고 있기 때문이다. 이대로 선거를 치르고 개헌 없이 새 대통령 이 선출된다면, 하늘이 준 개헌의 적기를 놓친 실책으로 두고두고 역 사에 기록될 것이다.

개헌은 5년 중임제로

현재 대통령 임기는 5년으로, 취임 1년은 국정 파악으로, 퇴임 1년은 레임덕 현상으로 제대로 국정을 수행하지 못한다. 장기적인 정책을 수립할 비전도 여건도 마련할 수가 없다. 철밥통 공무원 사회에서는 그래서 대통령을 5년 비정규직으로 비하하고, 자신들은 30년 정규직으로 본다는 우스갯소리도 한다고 한다. 막강한 권력 기관인 국회에서 국회의원은 임기가 4년이나, 당선만 된다면 계속 연임이 가능하다. 따라서 20년 이상 지속적으로 정치 활동을 할 수 있다.

대통령의 행정력인 대한민국의 100만 관료집단은 생물의 본능처럼 조직을 확대 재생산하려는 유혹을 받는다. 이는 특히 기업에 대한 규제 권한이 많은 부처가 심한데, 산하기관에 조직업무의 일부를 떼어 위임사무를 만들어주고 새로운 규제를 만든다. 원·공단·공사·협회·협의회·조합 등 그들만의 조직을 만들어 팽창시키고, 퇴임하면 제2의 안정된 일자리가 보장되는 특별한 혜택도 받는다. 문제는 정부조직이 커지고 규제가 많아지면 기업 경쟁력이 약화되고 사회구조가 역 피라미드가 되어, 비생산적인 구조로 고비용 저효율의 사회가 된다는 사실이다. 따라서 국민의 권한을 위임받은 대통령은 관료집단의 몸집을 줄이는 작은 정부를 지향하지 않고서는 국민에게 고통만 주는 실패한 대통령이 되거나 관료집단의 꼭두각시 대통령 노릇만 하다가 물러서고 만다.

특히 5년 임기의 대통령제 하에서는 관료집단의 구조 개혁에 칼을 들이댈 수가 없고, 거대한 관료 세력의 저항에 용두사미가 되기 십상이다. 초기 대통령의 서슬 푸른 칼날에 뭐하겠다고 설치면, 관료집단이야 처음에는 뭐 하는 시늉만 해준다. 하지만 날짜나 질질 끌며 얼마 안 가서 레임덕에 퇴임 시기가 닥쳐오고, 대통령 주변의 게이트나

터지면 그걸로 땡하고 종치기 마련이다. 그래서 5년 임기의 대통령 그 누구도 작은 정부는 손도 대지 못했고, 시도한들 실패만 했다. 그럼에도 박근혜 탄핵으로 약 반년 남짓 일찍 시행되는 제19대 대통령 선거에 나선 대통령 경쟁자들은 '임기 5년의 대통령이라도 좋다. 개헌보다 우선 내가 되고 보자.' 한다. 그러면서 박근혜가 지난 선거에서 재미 본 전 국민 노인연금 20만 원 공약 본받아 너도나도 무슨 수당, 무슨 수당 하면서 포퓰리즘 공약을 남발하고 있다. 후보 누구 가릴 것 없이 수당, 휴가, 휴일, 저녁 등이 남발되고 있다. 나아가 우리 사회 젊은 이들은 힘든 일을 하지 못하고 약골이 되어가고, 그 바람에 중소기업들은 일할 사람이 없어 한숨만 짓고 있다.

2011년 11월 5일 수출입 무역규모 1조 달러를 달성하여 4년을 유지했으나, 2015년 무너진 후 지금까지 지속되는 대한민국의 저성장 불경기에 실업은 높아가고, 소비와 소득은 절벽으로 치달아 민생의 고통은 가중되고 있다. 그런데 후보마다 자기 돈 아니라고 복지정책만 말한다. 지금 살기가 어렵다는 사실은 서울 지방 할 것 없이 민심보다 더 정확한 정부의 통계수치가 잘 말해준다.

정말 살기 어렵다

2017년 3월 2일 통계청이 발표한 1월 산업 활동 동향 발표에 의하면, 소비판매 증가율이 내리 3개월 주저앉았다고 한다. 이는 경기가 살아나야 할 설날 대목이 있음에도 불구하고 소비자가 오히려 지갑을 달았다는 말이다. 이는 작금의 경기가 IMF나 세계 금융위기보다 더 혹독하다는 뜻이다.

그런데 국민을 더욱 고통스럽게 하는 것은 세수가 경기와 반대로 증가하고 있다는 것이다. 이는 경기와 무관하게 정부가 쥐어짜기를 하는 것으로 의심받고 있다. 조선·해운의 구조조정과 사상 최악의 경제 상황에도 기획재정부의 2016 회계연도 마감 결과, 작년 국세 수입은 242.6조 원으로 11.3%로 증가했다. 비중이 큰 소득세 세수도 68.5조 원으로, 직전 년도보다 7.8조 원 늘어났다고 한다. 이는 국세청이 사전 성실신고 안내를 강화한 결과로 보인다. 이듬해인 2016년 세수가 무려 23.2조 원 늘어난 것은 최근 4년간 개인 사업자의 세무조사가 500건 증가한 것과 무관하지 않다. 이는 상층부 돈 많은 사람보다 세금 징수가 쉬운 중소 상공인이나 전문직 종사자들을 더 쥐어짠 것이 아닌가 하는 의심을 일으킨다.

이러한 사실은 중산층과 연결된 밑바닥 서민의 삶이 더 팍팍해지고 있음을 말해주는 것이다. 몸에 그리 안 좋다고 광고하는 술, 담배의 소비량은 소득과 달리 오히려 되레 늘고 있다. 또한 혹시나 하는 로또 같은 사행성 산업만 2년 연속 20조 원을 돌파했다고 하니, 우리 사회가 잘못되어도 한참 잘못된 게 틀림없다. 장사도 안 되고 취직도 안 되고 스트레스는 늘어나니 죄 없는 술 담배만 피워대고 마셔댄다. 그래서 또 4명 중에 1명 생기는 암 발생에 기여하는 팍팍한 삶은 대다수 서민들의 몫이 되고 있다.

조선 말기 부패한 세도, 외척 정권에 백성의 삶은 팍팍한데, 뜬금없는 수세를 만들어 동학란을 촉발시킨 고부 군수 조병갑의 행위와 무엇이 다를까. 최악의 불경기에 장사는 안 되고, 서민의 삶이 그렇지 않아도 힘든데 담배 값이나 갑절 인상하고 세수는 쥐어짜고, 김영란법으로 경기를 더욱 얼어붙게 하는 정부에 시민들은 짜증과 불만이 높아져 촛불 시위에 더 가세했을 법하다. 참으로 그때나 지금이나 서로 닮은 데가 많다. 수세와 세수는 앞뒤가 바뀐 글자처럼, 그때의 죽창과 인내천의 외침이 지금 촛불과 탄핵으로 바뀌었을 뿐이다.

　수출이 침체되고 제조업이 쇠락하면 뭔가 경기를 살릴 묘책을 마련해야 한다. 말로만 하는 4차 산업이 아니라, 당면한 노동·금융·서비스발전법 등 미루고 낮잠만 자고 있는 개혁 입법안을 통과시키고, 기업의 투자를 이끌어내야 한다. 표에 눈이 어두워 재벌을 죄악시하여 법인세를 들먹거리고, 잡아 가두고, 또는 출국 금지시키고 옥죄는 반 기업 정서로는 현 난관을 개선시킬 수 없다. 우리나라는 만만한 대통령이 나오면 또 혼란만 도래한다. 강력한 대통령이 당선되어 경제성장을 시키는 획기적인 정책을 펴야 한다. 새 정부가 들어서면 또 적폐청산이니 경제 민주화니 하면서 재벌만 압박해서는 안 된다. 미국의 제40대 대통령 도널드 레이건은 미국의 만성적인 경제 위기를 타개하고자 큰 정부 대신 작은 정부를 지향하고, 비대한 연방정부의 권력을 민간과 주정부에 환원했다. 또 혁명적인 규제 완화와 감세 정책으로 장기 호황의 기틀을 마련했다. 그것을 제19대 대통령은 깊이 명심하고 숙고해야 한다.

강력한 대통령이 개혁을 한다

이제 우리의 19대 대통령도 작은 정부를 표방하고, 고비용 저효율의 관료집단에 대해 구조조정과 개혁을 해야 한다. 따라서 앞에 언급한 것처럼 5년 단임의 대통령제로는 개혁을 성공시킬 수 없다. 그래서 나는 제안한다. 베트남 최고 권력자인 서기장의 임기처럼 안정적으로 국가를 이끌어갈 수 있도록 우리도 대통령의 임기를 5년 중임으로 하자. 베트남은 프랑스 식민지로부터의 독립에 이어 세계 최강국 미국과 전쟁을 하면서도, 후원국 소련과 중국의 강대국 사이에서 능숙한 균형 외교로 통일 베트남을 이룩했다. 이런 호치민의 외교 전략도 1945년부터 1969년까지 이끌어왔기 때문에 가능했다. 그렇다고 오래 집권했다고 해서 부패한 비리 권력자가 된 것은 아니다. 다 사람 나름이다. 필리핀 마르코스 대통령은 1966년부터 1986년까지 20년간 통치하면서 부패와 민주정치탄압으로 나라경제를 절단 내었으나 호치민 서기장은 "나는 가난해도 우리국민은 부자가 되어야 한다" 하고 비록 반대세력을 숙청하고 전제정치를 하였으나 본인은 청렴결백한 자세로 일관 국민의 신임을 얻고 죽은 뒤에 존경을 받고 있는 것이다.

중국도 주석의 권력 기간이 10년으로, 관시로 얼룩진 관료사회의 부패 척결과 장기적인 경제개발의 밑그림이 가능하다. 잃어버린 20년을 벗어나 자신감을 찾은 이웃 일본의 집권 자민당은 집권당의 총재가 총리를 맡는 제도를 감안하여, 일본의 경제 호황에 힘입어 총재 임기를 3년 2회 연임에서 3회 연임으로 개정하여, 총리 자리를 9년까지 할 수 있도록 했다. 이에 반해 대통령 임기를 5년 단임으로 한 우리나라 1987년 제6공화국 헌법은 이제 박물관으로 보내야 한다.

따라서 정당들은 각 당마다 내각제든 4년 중임이든, 5년 중임이든 분권 형 이원 집정부제든, 개헌을 확정시키고, 이번 대통령 선거에 개헌의 내용을 밝혀 후보를 내게 하고, 정당끼리 후보를 단일화 할 때는 개헌의 내용도 통일시켜 국민들에게 심판받는 게 마땅하다. 대통령 후보를 내는 정당들은 모두 각각 개헌 내용을 수용하는 후보를 당 후보로 선정하고, 선거에서 국민에게 민의를 물어 당선된 후보와 함께 개헌 내용이 헌법 개정으로 확정되게 하는 국민투표도 이번 대통령 선거에서 함께 병행하는 게 좋겠다.

지금 각 당의 후보들은 1987년에 만들어진 제6공화국의 헌법이 시대정신에 맞지 않아 개헌의 필요성을 인정한다. 그러면서도 대통령 당선 후, 개헌은 당시의 대통령은 해당하지 않는다는 헌법조항 때문에, 재임 시 개헌할 엄두를 내지 않는다. 개헌은 항상 대권에 밀려 뒤쪽에 있는 것이다. 그래서 이번 대통령 탄핵으로 60일 내 실시되는 제19대 대통령 선거에서는 개헌과 대통령 선출을 동시에 하는 정당 간 합의가 필요하다. 개헌은 수정헌법으로 대통령의 권력구조만 바꾸는 것이기에 이미 정치 지도자들이 마음만 먹으면 합의 할 수 있다. 합의가 안 되면 각 당의 개헌 내용을 후보와 함께 국민에게 찬반을 물으면 된다. 어렵다면 어렵지만, 국민을 생각한다면 아주 쉬운 것이다. 이번 기회가 아니면, 차후에 각 당의 후보와 정당의 정치적 이해관계 때문에 큰 정치적 변혁이 없다면 권력을 서로 나누어 갖는 짜깁기 개헌이 될 것이다. 그것은 국민의 위한 개헌이 아님은 물론이다.

대통령도 국회 해산권을!

『정의란 무엇인가?』의 저자 마이클 센델도 기성 정당은 스스로를 변화하지 못한다고 했다. 중중 환자는 자연 치유보다 일단 의료진의 수술이 필요하듯, 기득권을 누리는 정치권이 스스로를 개혁하고 혁신할 수 없다는 것은 역사가 말해주고 있다. 촛불 정국에서 평범한 시민들이 분노를 표출하여 대통령을 탄핵했다. 그러나 이제는 IT 시대를 맞아 직접민주주의를 점차적으로 확대해서, 의사표현을 넘어 참여와 대안 제시를 국민이 직접 하는 직접민주주의의 새 장을 열어야 한다. 그래야 우리 사회의 비능률, 양극화, 불공정을 극복할 수 있다.

대의민주주의에서 국민의 위임을 받은 정치권이 물갈이가 되지 않는 이상 정치 개혁은 할 수 없다. 흉내만 내는 물갈이는 얼마 가지 않아 새 물도 똑같은 탁한 물이 되어버린다. 따라서 물갈이를 하려면 정치권이 갖고 있는 특권을 없애는 게 핵심이다. 우리나라 국회는 세계 사상 유례가 드문 막강한 국회의원 특권을 가지고 있다. 그래서 국회의원 진입부터 경선 부정이 끊이질 않고, 패권주의와 계파주의가 없어지지 않는다. 국회의원의 특권이 없어지면, 우리 사회의 피지배 계층 사람들인 농어민, 자영업자, 비정규직 근로자, 중소기업인, 전통시장 상인 등 평범한 일반 시민이 국회에 들어가 특권 없이 봉사하면서 일할 수 있는 기회가 생긴다. 즉 스웨덴 국회제도를 우리나라에 도입하는 일이다. 이는 분권제형 대통령, 5년 단임 대통령, 또는 내각책임제에서는 어림없는 일이다. 혁명을 하지 않고서는 바꿀 수 없는 일이기 때문이다.

절대 권력의 왕조시대를 넘어 근대사회에 들어서면서, 민주국가에서는 대부분 나라의 권력구조가 삼권분립으로 나뉘어 견제와 균형이 조화롭게 이루어진 권력 체제로 바뀌었다. 그러나 우리나라는 대통령이 여소야대에서는 정치적 탄핵 공세에 항상 노출되어 있다. 다시 말해 삼권 분립의 취지처럼 서로간의 견제와 균형의 원리에 의해 이루어져야 하는데 그렇지 않다는 것이다. 국회는 정부의 수반인 대통령의 탄핵권을 갖고 있는 데 반하여, 행정 수반인 대통령은 국회 해산권이 없어, 국회에 비해 마땅히 대응력이 없다는 것이 문제가 되는 것이다.

1948년 5월 10일 총선으로 구성된 제헌국회에서는 서구식 민주주의를 도입하여 견제와 균형의 국정 운영을 수용할 목적으로 대통령의 국회 해산권 제도를 도입했다. 그런데 민주화 이후 1987년 10월 29일 개정된 제6공화국 헌법에서는 대통령의 권한 축소와 삼권 권력구조의 확립이라는 취지로 국회 해산권이 삭제되고 말았다. 이는 이승만, 박정희 대통령의 국회 해산의 쓴맛을 더 이상 용납지 않겠다는 정치권력들의 뜻 때문이었다. 그 결과 노무현, 박근혜에 대해 국회가 탄핵 소추한 것처럼, 임기는 짧고 정치 기반이 없는 허약한 대통령은 앞으로도 계속 국회 권력의 정치공세 일환으로 탄핵이 남용당할 소지가 충분히 있다.

작년 4월 아직도 임기가 2년이나 남았는데, 총선에서 새누리가 패하고 야대여소로 힘의 균형이 넘어가니, 국내 막강한 언론이자 보수언론의 대표지인 『조선일보』가 미르재단, K 스포츠재단을 취재하여 7월 특종을 터트려 공격했다. 이에 청와대의 반격으로 주필 송일영이 낙마 하는가 했더니, 종편은 물론 좌파 언론까지 연합군이 되어 최순실 게이트로 청와대를 융단 폭격을 했다. 그러자 대통령은 국회의 개헌 요청 하루 만에 풀이 죽어 대국민 사과를 하고 속절없이 무너져 내렸다. 이런 대통령 자리가 무슨 얼어 죽을 제왕적 대통령이란 말인가?

진정 노리는 것은 대통령이 임명할 수 있는 수백 개의 고급 일자리를 편 갈라 먹기 위해 서로 진영을 만들어 분권 형 권력이니 내각제 권력이니 하고 있는 것이다. 진정 나라를 둘러싸고 있는 혼돈의 국제 질서에서 생존권을 유지하고 공정한 사회를 향한 기득권의 아성을 없애려면, 제19대 대통령의 권한과 위상이 강화되어야 하지, 끌어내려서 안 된다. 주변국을 봐라! 중국, 러시아 대통령도 최소 10년 집권하여 나라를 안정적으로 이끌어가고 있다. 천황이 있는 내각제 일본도 총리의 국회 해산권으로 장기 집권이 가능하다. 국회 견제수단이 없는 한국의 대통령제 하에서는 감정 성향으로 투표하는 국민의 패턴으로 볼 때, 여소야대는 앞으로도 자주 발생할 것이다. 그런데 국회 권력을 가진 야당이 노무현, 박근혜처럼 정쟁삼아 탄핵소추를 계속 발의할 때, 그 피해와 낭비는 대통령이 아니라 국정 공백과 혼란으로 이어지고, 결과는 항상 피지배층인 국민의 고통으로 돌아간다.

국회의원의 핵심 키워드는 입법권이다. 국회는 법률을 제정하는 권한 이외에도 국무위원 해임 건의권, 임명 동의권, 국정 감사권 등 열거하기 어려울 정도로 많다. 대통령의 제왕적 권한을 운운하지만, 국회 권력도 상상을 넘는다. 삼권분립 체제에서 대통령이 말 한마디 잘못 했다 하여 탄핵당할 수 있고, 그래서 헌법재판소 판결 때까지 대통령 권한을 정지시킬 수 있다. 민주당의 차기 유력 대선후보인 문재인 전 대표는 대통령 직속의 감사원을 국회로 가져오겠다고 한다. 막강 국회와 허수아비 정부를 만들겠다는 것과 다름없다. 이는 숙고해야 할 중요한 사안이다.

신권이 강하고 왕권은 무력하면

자고로 역사를 보면 왕권이 강할 때는 백성이 편안했고, 신권이 강할 때는 백성이 도탄에 빠졌다. 탄핵당한 박근혜 전 대통령은 국회 권력, 즉 신권에 의해 탄핵을 당한 것이다. 이는 고려의 무신정권이나 조선의 반정으로 임금이 꼭두각시가 되면 정권 잡은 신하들의 세상이 되고, 신하들의 세상은 권력을 사유화하고 서로 피비린내 나는 경쟁을 해서 결국 민생이 도탄에 빠졌다는 것을 역사가 증명하고 있다. 그처럼 앞으로도 대통령이 허약하여 국회와 정치적 충돌이 있을 시, 국회가 특검을 만들어 탄핵을 정치적으로 이용할 수 있다. 이는 박근혜 전 대통령의 무능과 최순실을 위해 대통령의 지위와 권한을 남용한 것과는 별도의 문제다. 왜냐하면 무능하지도 않고 권한을 남용하지 않았던 노무현 전 대통령도 도와주라는 말 한마디 잘못했다고 탄핵소추를 당했기 때문이다. 그처럼 현행 헌법을 정비하지 않고서는 정치적 충돌 시 탄핵이 남용될 수 있는 것이다. 그러므로 정치적 안정성을 위해 이를 방지할 헌법 개정이 절대 필요하다.

그것은 현존 최강대국이며 해양세력과 대륙세력의 두 축인 미·중

사이에서, 국가와 민족의 생존과 보존을 위해 강력한 리더십이 필요하기 때문이다. 또한 세계에서 가장 위험한 독재국가 북한과 대적하는 엄연한 현실에서 전쟁의 위험으로부터 국민을 안전하게 지키도록 대처하려면, 권력이 분산된 분권형 정부나 연립정부보다 강력한 대통령 중심제가 훨씬 유용한 통치력을 발휘할 수 있기 때문이다.

그렇다고 5년 중임한다고 해서 과거의 악몽 때문에 대통령이 독재화되는 것을 두려워할 필요는 없다. 이는 이미 1987년 6월 항쟁으로 국민 주권의 시대를 열었고, 2017년 3월 10일 헌재의 대통령 파면으로 대통령이 국민 신임을 배반하고 법치주의를 훼손할 때는 대통령도 탄핵되어 파면되는 역사적 경험을 치렀기 때문이다. 이렇게 대한민국의 진화된 민주주의에는 다원화된 제도가 합법적으로 조정하고 결정하며 집행하는 국가 운영 시스템이 엄중하게 작동하고 있다.

최종 탄핵은 국민 의사로

다만 현재의 탄핵 조항을 고쳐야 하는 이유는, 국회의 탄핵소추 시바로 직무가 정지되어 국정이 마비되고, 진보와 보수가 촛불과 태극기로 세 대결을 벌이는 국가적 낭비를 막기 위해서다. 이런 일은 세계 선진국 어디에도 없는 것이다. 따라서 개정되는 제7공화국 헌법에서는 대통령 중심제를 채택하되 5년 중임으로 하고, 삼권분립에 입각한 균형과 견제의 원리에 충실하도록 대통령에게도 국회의 탄핵소추권에 대응하는 국회 해산권을 주어야 한다. 그래서 쌍방 모두 헌법재판소의 판결을 거친 후, 인용되는 경우 다시 한 번 국민투표로 국민의 의사를 물어 효력을 확정시키는 직접민주주의 도입이 필요하다. 그렇게 된다면 대통령 탄핵과 국회 해산이 상호 균형과 견제로 과도한 권력을 부릴 수 없게 되고, 국가는 안정적인 국가운영 시스템으로 안정성 있게 움직여갈 수 있기 때문이다.

작금의 정치세력들은 박근혜 전 대통령의 퇴진의 원인이 제왕적 대통령 제도에 있다고 보고 있다. 개헌에서는 대통령의 권한을 분산하는 분권형 권력구조로 하거나 연립정부를 내심 기대해 서로 국정에 참여하는, 쉽게 말해 '혼자만 먹지말자, 서로 같이 먹자!'라는 정치 흐름들이 주류를 이루고 있다. 우리나라의 지정학적 위치와 강대국 사이의 이해충돌, 또는 핵과 미사일을 갖고 있는 북한 김정은의 호전적인 적대행위를 볼 때, 국민의 안위와 국토 보전을 위해서라면 강력한 통치자가 원안이다. 그런데 정파 간 이익 때문에 대통령의 권력을 쪼개는 위험한 방향으로 가려 한다. 한마디로 우리나라의 생존 여건을 생각지 않고 추락하는 옆길로 가고 있는 것이다.

진영 논리는 집단이익

작물 재배학에 관한 책을 읽어보면, 식물의 생육이 식물 개체 간의 경합이 아니라 개체군 간의 경합에 의해 좌우된다는 이야기가 나온다. 즉 식물 집단 간의 경쟁을 통해 한쪽 식물의 우점 현상을 만들어낸다는 뜻이다. 이는 식물뿐만 아니라 인간 정치세력도 마찬가지다.

정치세력들도 좌우로 또는 계파로 편을 갈라 정권을 잡으려 한다. 그 목적은 대통령이 임명하거나 영향력을 갖고 있는 7,000여 곳의 공직 일자리, 400조의 예산을 편성하고 이를 통해 각 부처와 지방정부에 힘을 행사할 수 있는 권한이 있는 막강한 대통령 자리를 우파와 좌파가 편을 갈라 한판승부 하는 것이며, 대통령은 그 진영의 선두에 선 지도자 역할만 할 뿐이다. 실제 싸움은 식물 개체군 간의 싸움처럼 좌우로 나뉜 진영 간의 처절한 싸움일 뿐이다.

우리나라는 그 어떤 나라보다 좌우 대립이 극렬하다. 이는 대륙세력과 해양세력이 부딪치는 한반도의 지정학적인 조건에서 사는 우리 대한민국의 숙명이기도 하다. 좌우 모두 극단으로 나가야 지지를 얻을 수 있어, 같은 진영이라도 배척하는 패권 정치가 한국 정치를 주도하고 있다. 예전의 이철승 신민당 대표는 중도 노선을 표방했다가, 사꾸라 소리를 들으면서 정치 생명이 끝났다. 그처럼 지금도 중도를 선택하면 보수 진보 양측으로부터 배척당하는 협소한 진영 정치가 판을 치고 있다. 이번 반기문 유엔 사무총장이 귀국 후 진보적 보수주의를 내세우다가, 진보 보수 양측으로부터 배척을 받고 대선의 꿈을 접은 것이 이를 입증한다.

대한민국에서는 모 아니면 도가 되어야 살 수 있기에, 정치세력들도 보수와 진보로 나뉘어, 합리적인 정책 대결이 아닌 과격한 진영 논리로 모든 것을 덮어버리곤 한다. 이런 사생결단의 정치판이 해방 후 지금도 계속되고 있다. 이러한 대한민국의 중간이 없는 극단적인 정치 현실에서 국민도 냉정한 판단보다 촛불 시위와 태극기 시위의 양자택일을 강요받고, 국론은 분열된다. 힘의 균형은 서로 팽팽할 때 계속되는 것, 어느 한쪽이 약해지면 깨지는 것이 불변의 철칙이다. 한반도를 둘러싼 위험한 주변 정세에 좌우가 힘을 합쳐 단결하여 중국이나 일본이 엉뚱한 생각 못 하게 해야 할 텐데, 중간지대가 없는 우리나라의 정치 지형은 태극기로, 촛불로 분열하여, 사드 배치에 목소리 한번 내지 못하고 중국이 간섭할 빌미만 주고 있다. 이것이 나라 망하는 지름길 아니고 뭐겠는가.

자유를 기본으로 하는 보수, 평등을 기본으로 하는 진보는 정책에서 성장과 복지를 각각의 우선 정책으로 삼고 있다. 그러나 사실 따지고 보면 성장과 복지의 이분법적인 분류는 매우 잘못된 것이다. 비유하자면, 축구에서 수비와 공격이 모두 중요하나 경기의 목적은 승리에 있고, 승리는 공격에서 나오므로 경기의 비중은 공격에 있는 것처럼, 복지를 하려면 돈이 있어야 하고 돈은 성장에서 나오므로, 결국 성장을 복지보다 우선순위에 두어야 한다. 이 평범한 이치를 외면하고 한국의 좌우 정치세력들은 그것을 알면서도 경쟁적으로 복지를 쏟아내는 포퓰리즘 정책을 남발하고 있다. 대의정치의 원리 작동인 표 때문에 그런 것이다. 그래서 이제는 대의정치의 폐단을 막기 위해 대통령 탄핵이나 국회 해산은 국민에게 직접 의사를 물어 최종 확정한 후에 효력이 발생하게 하는 것이 진화된 민주정치의 길목으로 들어설 수가 있다.

통일 전 분권 형은 맞지 않다

서로 협치를 하고 연정을 한다는 것은 정치세력들이 이익을 공유하고 이익을 서로 나누어 먹는다는 뜻을 가지고 있다. 북한의 김정은이 핵을 개발하여 미사일로 탑재, 남한을 위협하고 있다. 이에 대해 방어용 무기 사드를 들여오는 데 대해 각 정파 간에 협치하여 결정할 수 있다고 생각하면 큰 오산이다. 특히 군사적 사항은 비밀과 신속함이 원칙이다. 사드 배치도 결단력으로 적절한 시기에 들여오지 못하면, 호미로 막을 일 가래로 막게 된다.

허수아비 대통령에 연립정부를 만들어, 정파마다 중국 눈치 보고 사절단 보내 양해 얻고, 그래서 사드를 설치하겠다고? 사드 반대 민주당이 집권하면 사드 문제로 한국과 중국 진출 기업에게 경제 보복을 일삼고 있는 중국을 사드 철회하지 않고 설득시킬 수 있다고 보는지? 절대로 안 된다. 왜? 그들은 우리를 속국으로 보는 유전자가 있기 때문이기도 하지만, 사실은 중국이 미국을 겨냥한 것이라는 진짜 이유를 머리 좋은 정치인들이 알면서도 모르는 척 하고 있다. 중국에게는 사드보다 더 중요한 것이 남중국해 영해 분쟁과 미국과의 무역흑자를 가지고 한판승부의 무역전쟁을 예고하고 있는 것이다.

서로가 수틀리면 군사적 실력 행사도 할 수 있다고 으름장을 놓지만, 결국은 협상 테이블에서 주고받고 할 수밖에 없다. 중국이 방어용 무기 사드로 한국을 겁박하고 있는 진짜 이유는 미국과의 협상에서 유리한 고지를 만들기 위해서이다. 상대는 한국이 아니고 미국이다. 북한의 핵공격 위협에 한국이 자위적 방어조치를 하리라는 것은 당연하다. 중국이 이를 모를 리 없지만 한국에 보복을 가하는 것은 그들의 속담처럼 이이제이(以夷制夷)를 하자는 것이다.

새만금, 제주강정 해군기지, 방폐장 등 국내의 주요 국가 정책이 지역주민들의 반대와 환경단체, 시민단체들의 시위 속에서 당초 계획했던 예산으로 제때 완공된 일이 하나나 있는지? 서구 민주주의 운운하면서 우리도 협치를 할 수 있다고, 대통령의 권한을 분산시키는 분권형 대통령제로 만들어 국회의 정치세력이 국정에 참여하는 것은 삼권분립에 위배되는 월권이다. 적어도 대한민국이 남북통일이 되어 대륙세력과 해양세력의 절충점이 되어 중립국이 되지 않는 이상, 그때까지 대통령은 강력한 권한을 가져야 한다. 한마디로 북한의 급변사태 시 중국의 허락을 받지 않고 배짱 좋게 삼팔선 너머로 군대를 진입시킬 수 있는 과단성 있는 조치는 국민의 직접선거로 선출된 대통령 중심제 하의 강력한 대통령만이 할 수 있다. 한국전쟁 당시 반공 포로를 석방하고 북진한다고 미국을 압박하여 한미방위 상호조약으로 미국 발목을 잡아 한국 경제성장의 기틀을 마련한 이승만 대통령처럼, 긴박하게 돌아가는 한국을 둘러싼 국제 환경에 나라를 지키고 통일을 이룩하려면 내치와 외치를 통괄하고 국회에 위축되지 않는 강력한 대통령이 나와야 한다.

이제는 직접민주주의를 도입해야

그 옛날 신하들이 반정으로 임금을 몰아내듯, 299명이 참여하는 의회 표결로 대통령의 직무가 정지되고, 9명의 재판관이 참여하는 헌재에서 인용하여 대통령을 속칭 2심만으로 쫓아낸다면, 앞으로 대통령은 무균 대통령이 아닌 이상 반대 세력의 정치 공세가 일반화될 것이다. 따라서 사회적 혼란은 가중되어 대통령의 정상적인 국정 운영이 어렵게 된다. 헌법에도 대통령은 내란 또는 외환의 죄를 범한 경우를 제외하고는 재직 중 형사상의 소추를 당하지 아니한다고 되어 있다. 그런데 신권에 해당하는 국회가 왕권에 해당하는 대통령이 무능하다 하여 재임 기간 중에 끌어내리려 한다면, 헌법을 개정하여 탄핵도 3심으로 만들어 헌법재판소의 탄핵 인용 후, 최종적으로 대통령을 직접 선출한 국민 주권자에게 의사를 물어야 한다.

우리는 간접민주주의를 벗어나 직접민주주의를 실현할 충분한 조건을 가지고 있다. 세계 최고의 IT 기술을 확보하고 선진 인터넷망을 갖추고 있는 우리는 이제 투표소에 가서 인쇄지에 투표를 하여 투표함에 넣는, 그래서 비용이 많이 드는 지금의 방법을 바꾸어볼 필요가 있다. 발트 해 3국의 하나인 약소국 에스토니아는 디지털 국가를 선언하고 전자투표를 도입하여, 편리함과 투명성으로 국민 의사를 반영함으로써 20년 동안 GDP를 20배 향상시킨 역사적 성과를 이룬 바 있다. 우리도 이제 선거관리위원회 산하에 가칭 디지털정보원을 신설하여, 유권자의 빅 데이터와 완벽한 보안 기능으로 전 국민의 투표 행위를 전자투표제로 도입하여 시행하고 관리하는 선거의 새 장을 열어야 한다.

집안이 어려울 때는 어진 아내를 생각하게 되고, 나라가 어지러울 때는 훌륭한 지도자가 간절해진다. 이는 동서고금 모두의 소망이다.

핵무장한 북한의 대남 위협으로부터 국민의 안위를 보장하고, 주변 강대국의 간섭으로부터 국익을 지키기 위해서는, 현행 5년 단임 대통령의 역할에는 한계가 있다. 따라서 나라의 경제를 살리고 강대국 사이에 주눅 들지 않는 자주적 외교를 펼치기 위해서는, 비대한 고비용 저효율 집단인 관료를 개혁하고 막강한 권력 기관인 국회와 균형을 맞추어 5년 중임의 혁명가 대통령이 나와야 한다.

그것은 현행 헌법의 대통령 중심제 5년 단임으로는 턱도 없다. 한 번 더 중임하여 국회와 상호 견제를 위해 국회 해산권을 부여하되, 해산권은 국회의 대통령 탄핵소추권과 같이 헌법재판소에서 판결받아 그것으로 확정하는 것이 아니라, 최종 국민투표로 국민에 의사를 물어 결정하도록 한다. 일반 사건도 대법원까지 3심제도가 있는데, 국회 해산으로 헌정이 중단하거나 대통령 탄핵소추로 대통령 유고를 만들어 국정 공백으로 나라를 혼란에 빠뜨리는 엄중한 상황이 소수 정치인들의 정치적 결정과 9명의 헌재재판관에 의해 결정되는 것은 무모하고 위험한 일이다. 이런 일은 이제 없어져야 한다. 국민주권 시대에 정치세력에 의해 나라가 양분되어 촛불과 태극기로 무모한 대립을 하면서 국력이 소진되는 어리석은 일이 이 땅에서 다시는 일어나선 안 된다. 따라서 금번 개헌에서는 대통령 중심 5년 중임제로 하고 국회 해산권을 주되, 효력의 발생은 헌재 인용과 국민투표의 과반 투표와 과반 찬성으로 함이 참으로 마땅하다.

2장

영호남 찰떡궁합

영남의 꿈 신공항

김해공항의 승객 수요가 급증하여 2023년이면 활주로 용량이 포화 상태가 예상되는 데다, 대구의 K2 공항 또한 도시 발전에 장애가 되고 소음이 심해 이전이 불가피한 상황에서 추진된 영남권 신공항, 이는 2003년부터 논의되었다. 대구·경북·경남·울산 4개 지자체는 대구에 접근성이 좋은 밀양을 추진하였고, 부산은 서 부산 개발을 염두에 두고 가덕도를 추진하며 동남권 신공항에서 영남권 신공항으로 이름을 바꾸어 팽팽히 유치전을 펼쳤다. 그러나 2011년 두 지역 모두 정부로부터 부적합하다고 백지화가 선언됐다. 그러나 이후 지역주민들의 요구에 따라 국토부가 2014년 8월 영남지역 항공수요 조사 결과 김해공항의 용량 포화가 심각하여 대책이 필요하다고 발표하면서, 또 다시 신공항 건설에 불이 붙었다. 그러나 양측이 결사적으로 밀어붙인 밀양과 가덕도는 모두 접근성, 공항 운영 안정성, 경제성, 환경 훼손 등의 이유로 김해공항 확장으로 결말이 났다. 대구는 대구대로 반발하여 인근의 군위공항 건설로 방향을 틀어, 글로벌 시대의 국제적 허브공항을 영남에 유치하려던 영남 주민들의 꿈은 물거품이 되었다.

밀양 신공항
1. 총규모: 7.48㎢(226만평)
2. 공사비: 8조5019억원
3. 수요: 여객 2322만명,
   화물 40만700톤(연간)
4. 활주로: 2개 (각 3800m)
5. 장애물 관련: 산 10개 절취(붉은 부분),
   편입토지 1000만㎡
6. 공사기간: 10년

약 5km 떨어진
곳에 활주로

평균 수심: 16m

활주로 3200m

가덕도 신공항
1. 총규모: 693만㎡(210만평)
2. 공사비: 7조9000억원~9조8000억원
   - 1단계: 활주로 1개, 공항시설 120만평
            (연간 2500만명 처리)
   - 2단계: 활주로 1개, 공항시설 60만평
            (연간 3400만명 처리)
4. 매립에 필요한 토사량: 1억3100만㎡
5. 공사기간: 5년6개월

가덕도. 밀양신공항

애시 당초 김해공항이 신어산, 돗대산 같은 북측 장애물로 확장이 어렵고 김해시의 소음 우려 때문에 다른 곳으로 신공항 부지를 찾았던 것이다. 그런데 V자형 활주로로 '땜빵'하려는 정부의 사탕발림에 24시간 전천후 운영이 가능한 허브공항은 한마디로 물 건너가고 말았다. 정부는 영남권 관문공항으로 손색이 없을 정도로 만들겠다고 하지만, 북미나 유럽의 중장기 노선 항공사 개설이 힘든 상황에서, 어차피 장거리 고객은 인천공항을 이용할 수밖에 없다. 세계 어디든지 갈 수 있는 환승이 가능한 허브공항의 꿈을 영남 주민들은 이제 접어야 한다.

　허브공항이란 항공사들의 수익이 보장되는 모든 노선이 취항하고 거점화하여, 승객들을 모든 목적지에 보낼 수 있도록 환승율과 환적률이 높은 공항을 말한다. 이렇게 되면 공항 배후 부지에 물류·가공·생산·연구 등의 클러스터 집적단지가 들어설 수 있고 육상과 해상의 교통망이 같이 연결될 수 있다. 그렇게 된다면 항구에 공항을 연계한 항만의 물류 클러스터를 구축하여, 공항을 폭발적인 허브 기지로 만들 수 있다.

　네델란드의 스키폴 공항이 유럽의 관문 암스테르담 항구와 함께 시너지 효과를 내고 있는 것은 다녀온 사람이라면 느끼는 부러움의 대상이다. 우리 대한민국의 허브공항은 인천공항 한 군데밖에 없다. 그래서 영호남의 남부권 주민들이 국제 항공편을 이용하려면 매우 불편하다. 따라서 기왕에 공항을 만들려면 눈앞의 지역 이익만 보지 말고, 동북아 중심 역할을 할 영호남 남부권에 허브공항을 만들 것을 미래 지향적인 차원에서 나는 제안하고자 한다. 말하자면 영남권 신공항을 1억 2천만 평의 드넓은 새만금으로 옮겨 추진하자는 것이다. 다소 엉뚱하게 들릴지 몰라도, 대한민국 국토에서 지정학적으로 미래를 위해 그렇게 가야만 하는 필연적 요소를 여기에 소개하고자 한다.

영남 신공항을 새만금으로

　정부의 제5차 공항 중장기 개발 계획에 반영되어 전북이 추진하고 있는 새만금 국제공항에서 직선거리로 100여 킬로미터 남짓 남쪽에 무안 국제공항이 있고, 북동쪽으로 가깝게 청주 국제공항이 있다. 새만금에서 엎어지면 코 닿을 거리에 있는 두 공항은 적자이거나 간신히 명맥만 유지하고 있다. 그런데 중간에 또 하나의 국제공항이 들어서면, 양측에서 반가워할 리도 없지만, 두 공항 사이에 끼인 샌드위치 신세로 또 하나의 적자 공항의 출현이 예상된다. 그렇다고 민간 공항 하나 없는 전북도민 입장에서는 공항 건설 추진이 꼭 해야만 할 오래된 숙원사업이다.

　그러나 새만금은 뭍으로 드러난 넓은 배후부지와 소음, 장애물 격

새만금

정이 없는 전천후 허브공항의 입지를 가진 반면, 자체적으로 승객수요를 채울 수가 없다. 그와 반대로 부산은 영남권의 해외 승객과 물동량은 늘어나는 반면, 이웃 중국·일본과 경쟁할 수 있는 대단위 물류·제조·생산 및 연구부지가 부족하여 이를 탈피해야 하고, 그렇기에 가덕도와 같은 바다 매립 이외에는 별다른 신공항 부지를 만들 수 없다는 약점이 있다. 따라서 둘은 서로의 부족함을 보완하는 '윈윈'을 해야 한다는 것이 나의 논리이다. 우리도 향후 고속철 500㎞ 시대에 살면서 굳이 부산 인근에다 공항을 건설할 필요가 없다. 부산 시민들이 능히 30분 안에 새만금에서 비행기를 타는 시대를 우리들의 손으로 열 필요가 있다. 이는 실현 가능한 대안으로, 부산과 새만금이 손을 잡을 때 대한민국이 동북아 중심국가로 도약하는 꿈이 현실로 바뀌는 천지개벽의 효과를 얻을 수 있다.

새만금은 이미 뭍으로 드러나 있기에 1조 원이면 공항건설이 가능

태풍매미피해

하다. 따라서 영남권 신공항들의 환경훼손, 방파제, 신설 교통망은 논외로 하더라도, 밀양, 가덕도 모두 10조 원까지 건설비용이 예상된다. 그렇다면 그 돈이면 새만금에 허브 국제공항 건설은 물론 부산, 창원을 거쳐 새만금에 이르는 고속철도까지 충분히 건설할 수 있다. 바다를 매립해야만 하고 산꼭대기까지 아파트를 짓는 것은 부산의 지형적 협소함 때문이다. 그래서 넓은 서 부산 개발을 겨냥하여 가덕도 신공항을 추진했지만, 가덕도는 먼 바다와 접해 있어 태풍 길목에 취약하고 바다매립 시 침하 현상으로 공항의 유지보수에 상당한 문제가 있다. 2003년 태풍 매미가 부산 신항을 강타했을 때 800톤 크레인들이 무너진 것을 위시하여, 작년 해운대 마린시티에 불어 닥친 파도 피해 등 수많은 사례가 태풍의 계절별 진로 및 우측 파괴력과 관계가 있다. 그러나 새만금은 제주도 덕분에 비교적 태풍이 비켜가는 곳으로 천혜의 공항 부지이다.

부산 발전 연구원이 향후 고속도로, 국도 등 부산항 연계 도로망의 2030년 수요를 예측한 결과, 서비스(LOS)가 모두 E, F 등급으로 최악의 상태로 나타났다고 한다. 따라서 가덕도 공항 건설 시 많은 추가 예산으로 진입도로망을 새로 건설해야 한다. 그러므로 생각의 틀을 바꿔 당초 영남권 주민들이 염원했던 남부권 허브공항의 꿈을 실현하고 부산의 인구·교통의 과포화를 해소시키려면, 영남권 신공항을 새만금으로 유치하여 부산의 경제 영토를 새만금으로 넓히는 역발상의 지혜를 부산시민에게 나는 제안한다. 부산시민은 이를 검토하여 김해공항의 확장이 아니라 새만금으로 남부권신공항을 다시 추진해주었으면 한다.

정부도 영남권 신공항을 남부권 신공항으로 명칭을 바꾸어 부지 선정을 꼭 밀양과 가덕도로 한정하지 않는다고 했다. 이는 어차피 김해공항을 확장한다 해도 모든 국제노선의 취항은 힘들고, 따라서 확장의 태생적 한계 때문에 결국은 국내 전용 공항으로 될 수밖에 없는 이유에서다. 3,200미터 활주로를 추가한다 하여 북미와 유럽의 중장거리 노선 취항이 될 수 없고, 더욱이 24시간 이착륙이 안 되는 공항이 허브공항이 될 수 없음은 물론이다.

글로벌 시대의 국가 경쟁력은 물류 경쟁력이 좌우한다. 지구촌 시장의 미래사회 물류는 단지 물품을 운반만 하는 것이 아니라 운송·하역·포장·가공·유통까지 포함하는 연관 산업이 톱니바퀴처럼 이어지는 종합 네트워크 산업으로 발전하고 있다. 이는 환적·화물이 이루어지는 허브공항은 관련된 산업부지가 무한대로 제공되어야 발전할 수 있음을 의미한다. 남부권 신공항이 허브공항으로 새만금에 유치된다면, 새만금은 드넓은 양질의 관련부지가 인접되어 무한하게 제공될 수 있다. 허브 국제공항이 폭발적인 시너지 효과를 얻으려면, 무역항과 연계되어 운영되어야 함이 물론이다.

새만금에는 국제공항과 신항이 함께 건설되도록 예정되어 있다. 따라서 무역 입국 대한민국의 수출입 물동량 75%를 차지하는 대한민국의 관문 부산항이 무섭게 부상하는 중국의 7대 항구와 경쟁해서 이기려면, 향후 건설되는 새만금 신항과 투톱 체제로 가지 않으면 안 된다고 본다. 이미 물동량에서 상하이 인근의 닝보, 저우산 항이 2014년 콘테이너 물동량 1,973만 TEU으로, 부산의 1,865만 TEU를 넘어 세계 5위 부산항 자리를 빼앗는 현실이다. 이런 상황에서 앞으로 계속 환적화 물량이 줄어드는 부산항의 위기에서 돌파구를 마련하려면, 건설되는 새만금 신항과 협력과 항만관리 일원화로 물류 경쟁력을 확보해야 한다. 중국 정부는 부산항을 맹추격하는 칭다오 항을 지원하고자 부산항으로 환적하러 가는 화물량에 대해 하역료를 인상하는 등 갈수록 부산을 위협하고 있다. 이러한 중국의 동부 주요 항구들이 부산항을 위협하고 있는 현실에서 영남권 신공항이 새만금으로 온다면, 부산항에도 말할 수 없는 큰 이익이 온다.

부가이익 기대 효과

새만금에 영남권 신공항을 건설하면 자동적으로 부산과 새만금을 연결하는 고속철도와 화물철도가 개설되고, 고속도로의 직선화로 일일 생활권으로 좁혀지면, 새만금에 건설되는 신항과 연계하여 부산의 항만 경쟁력을 높일 수 있다. 일례로 중국 칭다오나 다롄의 선적화물이 유럽과 미국으로 갈 경우, 유럽행 선박에 실어 미국 화물은 새만금에 내려 부산으로 보내 부산에서 북미 노선에 선적한다. 반대로 부산으로 들어온 국내와 일본의 유럽 화물은 새만금으로 보내 유럽행 선박에 실어 보냄으로써 화주의 운송비용을 줄이고, 해운선사에게는 이익이 가는 해운업의 경쟁력을 새만금과 부산이 환적화물을 통해 극대화시킬 수 있다. 중국의 중북부 항구의 환적화물이 남해안을 빙 돌아 부산에 내려놓고, 다시 유턴하여 동남아, 유럽으로 가기보다 새만금에 내려놓고 가는 것이 화주나 선사에 훨씬 큰 이익이 되기 때문이다.

부산과 새만금의 윈윈

영남권 신공항의 새만금 유치가 중요한 또 하나의 이유는 국내 유일의 허브공항인 인천공항이 주변 나라의 허브공항과 경쟁력에서 자꾸 떨어진다는 점이다. 2016년 이용객 5,000만 명을 넘어서는 인천국제공항의 환승율은 4년 전 19%를 정점으로 하여 내리 하락해 지금은 15%다. 창이(싱가포르), 스키폴(네덜란드), 프랑크푸르트(독일) 공항의 환승율이 30~40%인 데 비하면, 인천국제공항은 허브공항이라는 말이 무색하다.

중국과 동아시아 경쟁 공항들은 대규모 증설에 박차를 가하여 이용객 1억 명 이상을 목표로 하여, 환승율 높은 허브공항을 지향하고 있다. 인천공항은 말이 허브공항이지, 싫든 좋든 대한민국 국민이라면 영종도까지 오가야 하는 독점공항의 지위를 누려왔다. 그러나 이제 새만금의 영남권 신공항, 더 정확한 명칭인 남부권 신공항과 경쟁을 통해 대한민국도 허브공항 투톱 체제로 가야 한다. 그래야 경쟁력을 통해 서비스 질을 높이고, 규모 있는 허브공항을 다수 갖추려는 중국에 대비, 우리도 규모 있는 허브공항을 2개로 운영하여, 동북아 허브 기지를 대한민국이 주도하도록 혁신해야 한다.

한편 새만금 신항은 향후 48선 석까지 확장할 수 있는 수심 30m의 양항 조건을 가진 천혜의 입지 조건을 가졌다. 국내 최대 관문항구인 부산항과 물류항만 관리를 같이하여 인접 중국과 일본을 연결하는 중심축으로 부상할 지리적 조건을 갖고 있다. 이미 기술적으로는 아무 문제가 없지만, 의지만 있다면 향후 미래에 건설 가능한 한중, 한일 해저터널의 연결축이 바로 부산과 새만금이다. 세기의 한중, 한일 해저터널이 미래에 연결되기 전이라도, 철도와 선박이 결합된 운송 시스템인 열차 페리를 개발하여 한·중·일 삼국을 연결할 수 있다. 육상에서는 열차 운송, 해상에서는 열차 페리 선에 화물열차를 직접 진입시키는 연계 운송 시스템을 가동하면, 일본의 대중국 통로가 부산과 새만금의 벨트로 이어지고, 반대로 중국의 산업·물류·관광의 통로가 새만금을 통해 부산으로 거쳐 일본으로 연결된다. 그러므로 부산과 새만금의 벨트야말로 한·중·일 동북아 협력의 벨트로 부상하여, 대한민국이 사실상 동북아 중심 국가가 되는 길이 만들어진다.

이러한 미래지향적 프로젝트 사업에는 공항을 뺏기고 항구 물동량을 뺏기는 근시안적인 소아병적 사고 같은 것은 버려야 한다. 그래야만 대한민국이 부산과 새만금을 주축으로 하여 중국과 일본의 경제 중심축으로 부상할 수 있다. 다시 말해 작은 파이를 나누어 먹는 것이 아니라, 더 큰 파이를 만들어내는 기반을 부산과 새만금이 같이 하자는 것이다.

한·중·일 삼국 통합 경제시대를

지금이야 서로 앙앙거리지만, 어차피 미래에는 규모의 경제학처럼 나라끼리 FTA같이 통상으로 연합하는 세계적인 블록 경제의 추세 때문에 한·중·일 삼국도 앞으로 협력하여 나갈 수밖에 없다. 이는 지역적으로 인근 국가끼리 연대하는 세계의 블록 경제에서 한·중·일도 같이 세계의 블록 경제와 경쟁할 수밖에 없기 때문이다. 따라서 부산과 새만금에 고속철도, 도로 등의 직선망이 개통되면, 부산에 진출하려는 일본 기업의 투자를 새만금에 둥지 틀게 할 수 있고, 반대로 중국 기업도 새만금을 통해 거점을 마련하여 일본에 진출해 일본 투자의 목적을 달성할 수 있다. 중국과 일본의 관광객들도 부산과 새만금을 통해 한국에서 체류하고, 건너가고 넘어오는 오작교 역할을 바로 새만금과 부산의 혈맥이 할 수 있다.

부산의 녹산 산업단지의 공장부지가 평당 500만 원이라는데, 정부가 법률만 제정하여 의지만 있다면, 임자 없는 땅 그래서 20만 원도 가능한 천혜의 드넓은 공장입지의 혜택을 부산경남 기업들도 같이 누릴 수가 있다. 그러나 영남권 신공항 새만금 유치가 무산된다면, 그러한 희망은 개꿈이 될 것이다. 어차피 경상북도와 충청남도가 동해안과 서해안을 가로지르는 보령, 울진 동서 횡단 고속도로 9조 5천억 원을 투자하여 건설하기로 했고, 동서 내륙철도는 서산에서 울진까지 8조 5천억 원을 계상하고 서로 뜻을 모았다고 한다. 힘 있는 지자체들이 중앙정부를 움직여 못 할 것은 아니지만, 나라의 앞날을 생각하여 큰 그림을 그려본다면, '뭣이 중한지' 길게 심호흡 한번 하고 냉정하게 생각하면 우선순위의 답이 바로 나온다.

　세계 경제를 이끄는 한·중·일 삼국의 경제통합 시대를 준비하고 부산의 항만 경쟁력을 강화시키기 위해서, 또는 수도권에 뒤처진 남부권 지역이 동북아 중심 허브로 발돋움하려면, 무산된 영남권 신공항을 남부권 신공항으로 명칭을 바꾸어 새만금에 유치해야 한다. 대구가 이전하려는 군위공항은 활주로를 좀 길게 한다 해도, K2 공항과 같이 쓰는 어차피 지역공항이 될 것이다. 그러므로 대구 시민들은 국제노선 항공편을 이용하려면 인천공항을 이용할 수밖에 없다. 세계 각지의 노선이 취항되는 허브 국제공항이 새만금에 유치되면, 현재 추진되는 소백산맥을 넘어오는 대구-새만금 간 동서 고속도로 직선으로 조기 완공시켜, 자동차로 큰 불편 없이 2시간 이내에 닿을 수 있다. 땅값이 싸서 드넓은 새만금 주차장의 요금을 파격적으로 한다면, KTX로 인천공항에 가는 것보다 시간 및 비용 면에서 훨씬 유리하다. 그러면 글로벌 비즈니스나 관광에 공항 선택의 폭이 넓어져 대구경북 시민도 결코 반대하지 않으리라 생각한다.

　한편 정부의 제3차 국가 철도망 구축 계획에 확정된 김천-새만금 동서 횡단철도는 출발점이 김천이 아니라 대구를 기점으로 성주를 거쳐 무주-전주-새만금으로 이어지는 새로 신설되는 직선철도로 이루어져야 한다. 그렇게 해야 새만금 국제공항이 들어서면 외국을 가려는 대구 시민들이 철도편으로 국제공항 이용 편의성과 접근성이 획기적으로 좋아질 수 있다. 예산 좀 아끼려고 기존 철도를 이용해서 신설하려는, 소위 새만금과 김천의 황금 허리철도는 대구에서 출발하여 위로 올라갔다 아래로 내려갔다, 다시 위로 올라갔다 다시 아래로 내려오는 꾸불꾸불 노선이 되고 있다. 이런 게 도대체 누구 머리에서 나왔는지, 어이가 없다. 대구에서 출발하여 성주를 통해 새만금으로 직선화하도록 노선 계획을 다시 재검토해야 한다.

운명의 새만금

내가 새만금과 인연을 맺은 것은 필연이고 운명이었다. 전북도민들이 전북 발전의 핵심으로 기대했던 새만금이 환경단체의 반대 목소리가 높아지고 방조제 건설이 위기에 처하자, 당시 유종근 지사가 타당성조사 연구를 의뢰하여 공사를 잠정 중지한 일이 있었다. 그때 평소 글쓰기를 좋아하던 나는 지역 신문에 새만금 추진 당위성에 관한 기고를 여러 번 했다. 그런데 그

새만금격론

것이 한국농어촌공사 새만금 사업단의 눈에 들어, 자연스럽게 1999년 서울교육문화회관에서 열린 새만금 민관 공동조사단 토론장에 참석하게 되었다.

찬반이 첨예하게 대립되었고, 회관 로비의 분위기는 환경 및 종교 단체들의 새만금 반대집회로 변해버렸다. 너무 심하다 싶어 "거기 좀 조용히 합시다!"라고 한마디 외쳤다. 그러자 이미 반정부 시위로 유명 인사가 되어 있던 문규현 신부가 "너 뭐야 임마!" 했다. 그에 대해 나는 반사적으로 "당신이 뭔데 욕을 해?" 하다가 서로 몸싸움을 하게 되었다. 그러면서 졸지에 주변의 수많은 방송 카메라에 찍혔고, 전국에 TV로 출연되는 영예(?)를 얻었다. 그렇기에 새만금은 그때부터 내가 지켜야 할 대상이요, 발전시켜야 할 숙명으로 바뀌어 있었다. 이후 동지들과 새만금 추진협의회를 결성했고, 대변인을 맡아 국회의 토론장이나 시위 현장을 가리지 않았다. 새만금은 단순한 전북의 지역사업이 아니라, 동북아의 중심 거점으로 개발되어야 할 대한민국의 사업이라고 역설했다. 국회나 언론사 앞에서, 또는 토론장에서 동지들과 새만금의 필요성을 외쳤고, 새만금 편파 보도에 맞서 분노를 표했다. 또 지역신문에 기고를 통해 새만금의 당위성을 역설했다. 평소 같으면 감히 쳐다보고 대꾸조차 못 했을, 그 당시 도올 김용옥 문화일보 객원기자가 기고한 '새만금 이제라도 멈춰라'라는 반대 시론에 반발하여 서울로 대모 대와 함께 상경했다. 그리고 신문사 앞에서 장문의 사자후를 토하고 신문사 편집 간부들과 담판하여, 향후 새만금에 대해 공정한 보도를 하겠다는 자필 각서도 받아냈다.

문화일보앞에서

  내가 새만금을 찬성한다고 해서 누가 밥 주고 떡 주는 것도 아닌데 자발적으로 나선 것은 순전히 애향심 때문이다. 전북도민이라면 모두 염원해온 전북 발전의 계기를 새만금을 통해 이루어보려는 참으로 원초적인 것이었다. 그때 정부는 김대중 국민의 정부로 진보세력이 우대를 받았고, 따라서 새만금은 좌파 성향의 환경단체에 비해 늘 차별적 열세 위치에 있었다. 그래서 전북도민은 지쳐버렸고 항상 새만금은 매우 불안했다.

찬성과 반대의 굴곡을 넘어

  새만금의 찬성과 반대가 극에 달하던 때의 일화가 있다. 반대 측의 문규현 신부를 중심으로 환경단체까지 가세한 새만금 반대 3보 1배 행진이 새만금에서 출발하여 서울시청까지 가기로 되어 있었다. 그때 우리는 그 길목인 수원에서 맞불집회로 막아보려 했다. 그러나 경찰이 양진영 간의 충돌을 우려하여, 도로 우측은 반대 측이 진행하고 좌측은 찬성 측이 가두행진을 하도록 허용했다. 그러더니 서울 입구인 과천에서 찬성 측을 막아 세웠다. 서울 시내는 못 들어간다는 것인데, 새만금을 추진해야 한다는 전북도민 측 시위대는 더 이상 경찰에 막혀 진출을 못 하고 있었다. 그런데 그에 반하여 반대 측 시위대는 종교 행사라는 이유로 서울시청까지 경찰 호위를 받으면서 가두시위를 벌였다. 그런 차별적인 불공정을 바라보며 우리는 발만 동동 굴릴 수밖에 없었다.

과천에서

정권이 들어설 때마다 새만금은 전북 달래기 무마용으로 전락되었다. 대권 주자마다 오는 족족 새만금을 동북아 중심으로 발전시켜야 한다고 바람을 잔뜩 집어놓고 간 뒤, 대통령이 된 후에는 실현성 있는 큰 그림과 추진 동력을 그 누구도 보이지 않았다. 오히려 훼방이 없으면 다행인 것은 간신히 공사는 재개되어 방조제는 막았으나, 역대 정권의 냉담으로 새만금은 아직도 미완의 땅으로 남아 있다. 전북만 새만금이지, 이웃 전남이나 충남까지 별로 탐탁지 않음을 알 수 있다. 중앙 정부에 대해 힘이 없는 전북은 매년 새만금특별법으로 정부 지원을 바라지만, 찔끔찔끔하는 생색내기 대책에 동북아 허브 기지는 빛바랜 그림이 되어가고 있었다.

무엇인 문제인디?

이제 새만금은 당초 기대했던 동북아 허브가 아니라, 관계부처와 지자체의 찢어먹기 먹잇감으로 전락했다. 상괭이가 또는 전어가 새만금 내해에서 떼죽음을 당해도, 원인 하나 규명 못 하고 계속 나아질 것이라고 한다. 그러니 환경단체들이 해수 유통을 줄기차게 주장하는데 이를 설득할 명분이 없다. 지금까지 2조 원의 돈을 쏟아 부은 새만금 수질개선 대책비도 별무효과이다. 지금도 수질이 농업용수로 부적합한 BOD 7ppm도 나온다 하니, 이는 수질오염의 근본 원인을 찾지 못한 당국의 무능함에 그 원인이 있으니, 해수 유통을 주장하는 환경단체를 뭐라고 하지도 못한다.

새만금의 개발 면적은 40,100hr로, 흔히 1억 2천만 평이라고 한다. 그럼에도 실제 유용하게 쓰일 땅은 절반을 약간 넘는다. 11,800hr 담수호와 생태환경 용지로 지정한 5,950hr를 합하면, 약 절반에 가까운 면적이 호수와 습지 등으로 사용할 수 없는 땅이다. 새만금이 찬반 시비가 일자 감사원에서 1998년 4월 특별 감사를 실시하여 새만금 사업의 문제점을 지적했다. 즉 새만금 담수호의 물을 필요 이상으로 많이 저수하도록 계획하여 수질오염을 가중시킬 수 있다고 지적했다. 그럼에도 담수호를 줄이기는커녕 오히려 호수 습지의 생태환경 용지를 더 추가하여 새만금의 수질오염을 사실상 포기한 것이 정부 당국이다. 쓸데없이 드넓은 호소수를 만들어 놓고 명품도시 아리울 운운하고 수변도시 망상에 젖어 있다가, 이제는 그것이 민망하니 내해에 새만금 풍력단지를 만든다는 발상밖에 할 줄 모른다. 그러니 애시당초 동북아 허브 기지는 안중에도 없었던 것이다.

새만금호소수

물이 고이면 썩는다. 이 기초적인 상식을 무시하고 수변도시 운운하는 망상에 젖어 새만금 담수호를 크게 만든 것이 그들의 실책이라면 실책이다. 만경강, 동진강의 하상계수(갈수기와 강우기의 유량 차이)가 평균 600대 1로, 전주 익산의 하수 처리장 방류수나 또는 용담댐의 하천 유지용수만 없다면 갈수기에 쫄쫄 흐르는 냇물이다. 그런데 무슨 명품 호반도시를 만들겠다고 바다처럼 크게 해놓고 수질오염 시비를 낳고 있다. 호소수를 넓게 해놓으니 장마철 떠내려온 쓰레기, 유기물 등이 드넓은 바다에 침전되어 수질오염이 갈수록 심해지는데, 이는 해가 갈수록 바닥에서 계속 썩어가기 때문이다. 이를 걷어낼 수도 없어서 걸핏하면 상괭이, 전어 등이 떼죽음을 당한다. 이것도 결국은 유입량은 적은데 호소수가 넓어서 그런 것이다.

해법은 아주 간단하다. 물을 흐르게 하면 된다. 호소수 면적을 대폭 줄이고, 대신 강변에 폭우 대비 대규모 저류조를 신설하되 하천 유량을 호소수에 머물지 않고 그대로 바다로 흐르게 하면 된다. 시화호 교훈을 생각하면 된다. 호소수 유입량이 적으면 오염원이 적어야 하고 오염원이 많으면 유입량이 많던가 해야 한다. 물은 물속에서 물길로 흐른다는 말이 있다. 낮은 곳으로, 수압이 약한 곳으로 흐르는 물의 특징을 안다면, 유량은 없는데 강 흐름과 무관하게 넓은 호소수를 만들진 않을 것이다. 이름도 고상하게 생태환경 용지라 하지만, 유입수는 적고 호소수는 넓어 바다에는 침전된 쓰레기가 부패하고 있을 것이다. 정부 당국, 정확히는 관련 공무원들이 수질오염이 발생하는 자연 이치를 모르고 해법이라고 세운 것이 매년 돈 들어가는 환경기초처리시설만 건설하자는 그들은 머리가 나빠서가 아니라, 한 달만 되면 봉급이 밀리지 않고 나오기에 기업가처럼 간절함이 없어서이다, 그래서 근본적인 원인을 보지 못한다.

새만금은 저 멀리로

　새만금은 1991년 중국의 푸동과 같은 시기에 기공식을 가졌으나 되는 것 하나 없이 표류하고 있다. 그에 반하여 중국의 푸동은 수출과 물류의 중심 거점으로 개발되어, 중국 성장을 견인하는 천지개벽의 신천지가 되어 있다. 이에 반해 새만금은 흙바람만 날리는 황량한 벌판으로 지금도 남아 있다.

황량한 새만금

　새만금의 문제점과 개발 방향을 세미나와 토론장, 신문 기고를 통해 역설해도, 내가 보잘것없는 사람이기에 어느 집 개가 짖느냐는 듯 들어주지 않았다. 제도권 밖에 있는 아웃사이더이기에 겪는 대접이다. 초조했다. 그래서 도의회라도 들어가 새만금의 잘못된 것을 바로잡으려 했다. 그러나 그곳은 누구에게나 열려 있는 문호가 아니라, 인맥으로 형성된 계파가 자웅을 겨루는 한판승부의 세계였다. 전북의 양대 정치 주주인 정세균과 정동영의 대리전이 펼쳐지는 도의회 의회선거 싸움판에 제삼자는 낄 틈이 없었다. 정당의 조직력으로 만들어진 선거인단들 앞에서 새만금의 동북아 허브 중심 역할과 전주의 배후도시 개발을 외쳤지만, 반응 없는 외로운 메아리로 돌아올 뿐이었다.

시간이 유수같이 흐르고 내 머리가 하얗게 변해가도 새만금에 기여하고 싶은 내 열정은 식지 않았다. 그래서 2014년 6월 4일 지방선거를 마지막으로 생각하고, 새정치민주연합 전북도의회 비례대표로 방향을 틀어 후보 신청을 했다. 주변에 아쉬운 소리 해가며 당원 명단, 신청서외 각종 서류를 만들고 기탁금도 냈다. 서류심사에 면접까지 했다. 주변 경쟁자들의 면면을 보고는, 내가 전과가 없는 데다 학력·병역·사회 기여 등 어느 것 하나 빠지지 않아 은근히 기대도 했다. 그러나 발표 하루 전 날벼락이 떨어졌다. 안철수 대표가 도 당위원장과 공천관리위원장을 서울로 불러, 비례대표 신청도 하지 않고 기탁금도 내지 않고 면접도 안 받은 젊은 친구를 남자 당선권 2번으로 낙점하여 보냈으니, 후보 신청과 심사는 없었던 걸로 한다며 기탁금도 내주겠다고 한다. 공당이 애기들 장난도 아니고, 전략 공천하려면 처음부터 후보 신청을 받지 말든지 해야 하지 않을까. 공천 심사위원회를 구성해서 서류와 면접까지 정밀 심사해놓고, 뒤늦게 없었던 걸로 하자는 그들의 작태에 속으로 피눈물을 삼켜야만 했다. 언론은 이를 두고 안철수 대표가 자기 진영 대학교수 제자를 챙긴 것이라고 했다. 나와 신청한 후보들은 "이게 안철수가 말하는 새 정치란 말이냐?" 하고 울분을 토했지만 대항할 방법이 없었다. 그래서 도의회에 들어가 새만금의 방향 설정을 다시 하려던 나의 꿈은 물거품이 되고 말았다.

그해가 지나고 2015년이 되자, 그 어느 때보다 영남권 신공항의 입지 선정을 두고 밀양과 가덕도의 부지 경쟁이 뜨거웠다. 대구 경북,

경남, 울산이 연합하여 민 밀양과 부산이 추진하는 가덕도가 한 치의 양보도 없이 대립하고 있었다. 2011년 두 지역 모두 부적합하다고 하여 백지화되었었다. 가장 큰 문제는, 밀양은 내륙에 천혜의 옥토를 없애고 많은 산봉우리를 절취해야 하는 환경 훼손이, 가덕도는 바다를 메워 매립하는 관계로 대구, 경북권의 접근성이 불리하다는 것이다. 그리고 매립 후 일본 간사이공항처럼 침하가 우려되는, 그러나 실제로는 두 곳 다 혈세 10조 원 이상 예상되면서도 허브공항도 못 되는 반쪽자리 지역공항이 된다는 엄연한 사실이다. 그럼에도 불구하고 영남권 지자체들이 사생결단식으로 유치하려 드는 것은, 대구의 k2 공항의 소음과 도시발전 걸림돌 때문에, 부산은 부산 발전의 포인트인 서 부산 개발 프로젝트에서 가덕도 공항이 절대적으로 필요했기 때문이다.

역발상 새만금 국제공항

그래서 나는 생각했다. 왜 코페르니쿠스의 발상을 하지 않는가? 왜 시각을 넓게 보면 안 되는가? 영남권 신공항이 공항 부지의 부적절 요인으로 대한민국 제2 허브공항이 아닌, 예산 잡아먹는 하마가 될 것 같아, 영호남이 '윈윈' 하는 전략적 사고를 생각해내었다. 그것은 영남권 신공항을 새만금으로 유치하고, 부산에서 새만금까지 고속철도를 개설하여 1시간 이내의 접근성을 확보하면, 진정한 영호남 화합과 미래 한·중·일 삼국의 중심 벨트로 부상하리라는 것이었다. 이런 미래지향적인 발상의 전환이 국가적 차원에서 필요했다. 이는 향후 일본에서 부산까지 한일 해저터널, 부산에서 새만금까지 고속철, 새만금에서 중국까지 한중 해저터널. 이것을 꿈이 아닌 현실로 그릴 수 있어, 대한민국을 동북아 중심으로 만들어지는 꿈이 아닌, 미래의 대한민국 그림을 그려본 것이다.

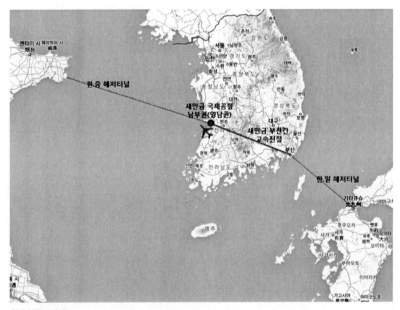

한중일동북아벨트

생각은 행동을 만들어낸다고, 이를 실천에 옮기기로 했다. 영남권 신공항을 새만금에 유치해야 할 명분과 이론을 개발하여 브리핑 자료를 만든 후, 당시 새 정치민주연합 전북도 당위원장인 유성엽 의원을 만나 설명을 드렸다. 어차피 전북도민의 열망인 새만금 국제공항이 비록 정부의 제5차 공항개발 중장기 계획에 포함되었다고 하나, 승객 수요가 없어 또 하나의 적자 지방공항으로 전락할 우려가 있으니, 우리 전북에서 영남권 신공항을 새만금으로 유치하여 새만금을 동북아 핵심으로 발전시키자고 역설했다.

그 후 나는 새만금 새 정치민주연합 전북도당 새만금 특별위원회 부위원장으로 위촉되었다. 그래서 영남권 신공항을 새만금으로 유치하기 위한 추진 간담회를 갖고, 당시 야당인 새 정치민주연합 전북도당과 도의회 의원들을 설득하고, 나의 주변부터 지지를 얻고자 노력했다. 또한 부산의 지인들과 전 경제자유구역청장을 만나 이해를 얻고자 했다. 그러나 "어디 감히 우리 지역 사업을 넘봐?" "말이 되는 소리를 해." 하는 식의 싸늘한 눈총만 받았다. 내 고장에서도 정치인끼리는 이해관계가 있어 추진하기가 어려웠고, 전북도청 또한 반응이 신통치 않았다. 취지는 좋으나 내가 힘이 없음을 한탄하고 말았다.

꿈은 꿈으로 끝나고

2016년에 4.13 총선이 있었다. 70을 목전에 둔, 새만금에 열정을 바친 나로서는 새만금을 이대로 놔두는 것이 죄 짓는 것 같아 그대로 있을 수가 없었다. 수질 문제, 행정구역 문제. 토사조달 문제, 투자유치 문제, 기관난립 문제, 도로 건설, 인프라 시설과 공항 및 신항 등, 산적한 문제들이 많았다. 그러나 이 문제들은 중앙 정부의 선택과 집중이 없었기에 전북도의 희망과는 반대로 전혀 풀리지 않았다. 그것은 전북의 힘이 없기 때문이었다.

반대로 주변 지자체의 견제 때문에 중앙 정부의 정책도 형식적으로 되어가고 있었다. 한마디로 몰빵 지원이 없어, 새만금이 대한민국의 새만금이 아닌, 전북의 새만금으로 전락하고 만 것이다. 그래서 진짜 마지막으로 제도권으로 들어가려고 마음먹었다.

방조제건설현장에서

마침 기존 패권정치에 질려버렸다는, 그래서 혹시나 했던 안철수 의원의 국민의 당에서 참신한 인재에게 문호를 활짝 연다고 하여, 중앙당에 동아줄도 없는데 국회의원 김제 부안 지역에 후보 신청을 했다. 그것은 국민의 당 당헌당규에 명시한 대로 후보 선정을 숙의, 선거인단 제도를 도입하여 다수의 선거인단을 구성하여 토론 과정을 거쳐 선정한다는 획기적인 발표에 마음이 혹했기 때문이었다. 또 토론 과정을 거쳐 후보를 선정한다면, 새만금에 기여했고 정치적 흠결이 없는 내가 한번 해볼 만하다고 생각했기 때문이었다.

당에는 신청금, 도당에는 후원금, 선관위에는 기탁금을 내고 김제 부안 지역구에 국회의원 후보 신청을 하면서 자문 자답했다. 내가 과연 국회의원 감이 되는가? 박근혜 대통령의 호가호위 아래 국정을 농단한 최순실이 새누리 국회의원 공천 개입 시 부탁한 한 신청자의 이력서를 보고 "이런 경력으로 국회의원 하려고 드냐?" 하고 핀잔을 주었다고 한다. 그런데 내

고가차도반대신문

가 그녀가 생각하는 국회의원의 자격 기준처럼 사회적으로 지위가 높고 명망가이며 지배 계층에 있었던 것이 아님에도 출사표를 던진 것은 혹시나 당선될까 하는 것이 아닌, 순전히 새만금에 대한 우려와 열정 때문이었다.

나는 1990년 전주시가 전주 도심에 고가 차도를 건설하려 했을 때, 그것이 교통 해소에 도움을 주기보다 천년 문화도시 전주의 도시 미관에 오히려 해가 된다고 생각하고 반대 투쟁을 전개했다. 그때 과격한 시위보다 반대 명분과 논리를 개발하고 신문을 직접 제작, 전북 일원에 배포하여 여론전을 펼친 끝에 전주시의 공사를 막아내었다.

확률이 사자의 사냥 성공률보다 더 어렵다는 중소기업을 창업하여 20여 년을 지켜오면서, 발명 특허 약 50건, 국산 신기술 인증 3건, 8건의 조달 우수제품을 인증 받아, 나름대로 기술개발 기업으로 보국한 벤처 기업인이었다. 사업하는 사람이 내 돈 버는 일보다 전북 발전

에 도움이 된다고 생각해서, 누가 돈 주는 것도 아닌데 새만금을 위해 온갖 곳을 찾아다니며 열정도 바쳤다. 그래서 결국 새만금 방조제가 완공된 후 도지사 표창과 지역신문에 새만금을 지켜낸 8인의 열사에 이름까지 올렸다.

새만금열사8인

그러니 적어도 최순실이 말하는 '깜'은 되지 않는지 몰라도 능력은 되겠다 하여, 이번을 마지막으로 그것도 국회로 도전해 보았다.

국민의 당 마포 당사에서 면접이 시작되고 자기소개를 하게 되었다. 나는 "전북도민의 열망인 새만금이 환경단체의 발목 잡기로 위기에 처했을 때, 분연히 그들에 맞서 새만금을 지켜낸 조남수입니다." 하고 시작하는데, 심사위원 하나가 "어이, 거기 잠깐, 여기 계신 분들이다 환경단체에서 활동하시 분들인데, 여기가 어디라고 그런 말을 해?" 하고 말문을 막아버렸다. 아니? 국회의원 후보 면접에서 후보의 자질과 능력의 여부를 판단하면 되지, 왜 그 자리에서 망국적인 진영 논리로 환경단체와 배치되는 사람이라 하여 후보의 자기소개를 가로막는지 어이가 없었다. 그 뒤로는 타 후보에게 주는 자기 공적을 말할 기회가 나에게는 없었다. 이렇게 면접에서 내팽개쳐졌으니 결과는 뻔했다. 송강, 이병학, 곽인희, 나유인 후보는 1차 관문을 통과했으나, 나는 컷오프에서 떨어졌다. 인연이란 맺고 싶다고 맺어지는 것이 아니다. 새만금과 인연이 되어 새만금을 사랑하고 새만금에 열정을 바친 죄로 국회의원 후보 공천 면접에서 새만금을 말했다가 괘씸죄에 걸려 경선문턱에도 못가고 망신살만 사고 선관위 기탁금까지 날렸으니 패자가 무슨 변명을 하겠는가?

한국사회에서 제일의 성공요소가 실력이나 부모덕이 아닌 인맥이라는데 정치적 인맥 없이 뛰어든 내가 바보지.

이제 마지막으로 할 일은 내가 직접 책을 써서 국민에게 알리는 수밖에 없었다. 앞으로 정치판은 쳐다보지 않으려 마음먹었기 때문이다. 천생아재필유용(天生我才必有用)이라. 이 세상에 태어나서 쓰임의 역할을 한번 하고자 했으나, 결국 소망했던 꿈을 펼치지 못했다. 정치판이 썩었다고 친노 들의 패권을 비난하고 그들의 작태에 질려버렸다는, 그래서 새 정치를 표방한 안철수 의원에게 희망을 걸고 새만금을 동북아 허브로 만들려 했던 나의 야망은 추잡한 정치판의 문턱을 넘지 못하고, 수평선 너머로 지는 새만금의 낙조처럼 하염없이 서서히 멀어지고 있었다.

끝이 보이지 않는 이 넓은 땅 <u>새만금</u>!
여기에 동북아 허브를 만들지 못한 대통령은
대한민국에 두고두고 죄를 짓는 것이다.

3장

정치, 안보

3장부터 11장까지의 내용은 저자가
과거에 칼럼으로 기고했던 글을
분야별로 나누어 편집하였음을
알려 드립니다.

자유민주주의를 위한 솎음질

고대 일본 사회에서는 솎음질이라는 자식 죽이는 악습이 있었다고 한다. 피임 방법도 몰랐던 그 시절, 기를 능력은 생각 않고 생기는 대로 태어나니, 한 가정에 보통 10여 명씩이나 된 경우가 허다했다. 질병 등 유아 사망률을 감안하더라도 많은 자식들을 거느리며 살았던 것이다. 그때는 오직 하늘만 바라보고 농사를 지었던 시절이기에 가뭄 등으로 흉년이 들면 먹을 식량은 없고 자식들은 많아 절박한 굶주림의 위기가 죽음의 그림자로 다가왔으리라…. 그 생사의 위기에서 이를 타개하고자 순서를 정하여 자식을 죽이고 그 위기를 넘겼다고 한다. 어찌 눈물겨운 처절한 삶의 한 단면이 아니었겠는가?

죽임을 당하는 자식이야 어찌 아깝지 않고 한스럽지 아니하겠건만, 전체 가족의 생존을 위해서 어쩔 수 없는 필요악이었는지도 모른다. 이러한 전체를 위한 작은 희생은 자연계서도 오묘한 법칙으로 존재한다. 우리가 주식으로 먹는 벼에서도 생장 발육하고 이삭이 피면,

그 이삭에서 벼꽃이 순서에 입각하여 피고, 수정되어 등숙이 되면 우리가 먹는 쌀이 된다. 이때 생육 환경이 불량하여 벼의 전체 결실에 영향이 있을 것 같으면, 1번 꽃은 놔두고(사람으로 보면 장자에 해당) 5번이 도태되어 까락이 된다. 더욱더 발육 환경이 나빠지면 4번으로 이렇게 까락이 되는 순서가 매겨져 있다고 한다. 즉 다른 전체 벼알의 튼튼한 결실을 위해 희생적인 솎음질이 생태학적으로 존재하는 것이다. 어찌 자연에게만 있는가?

우리가 먹는 좋은 과실을 얻기 위하여 열매 솎기를 한다. 그렇게 함으로써 과실의 크기가 고르고 커져서 품질을 높인다. 또한, 튼튼하고 좋은 모양의 화목(花木)을 생산하기 위하여 가지치기한다. 이렇듯 인간이 추구하는 바람직한 방향을 위해 솎음질을 하는 것이다.

오늘날 우리가 살아가는 공동의 사회에서 자기 이상(理想)에 맞지 않거나 불만이 있다 하여 현 사회체제를 부정하고 폭력투쟁으로 나서는 극소수의 반사회적 인간들이 있다. 이들의 명분은 조국 통일과 사회주의 건설을 목표로 하고 있지만, 실제로는 북한의 폭력혁명 노선을 추종하는 극 좌경 인사들이다. 이들이 현실의 대안으로 채택한 것이 김일성의 주체사상이다. 이를 실천하는 것이 한반도 통일의 길이며 위대한 사회를 이루는 길이라 생각하고 날뛰는 것이다.

전체 국민이 향유하고 지지하는 자유민주주의를 부정하고, 근본적으로 사악한 6·25전쟁을 일으키고 자신의 권력을 위해 수많은 양심인사를 처형한, 많은 북녘 동포들을 빈곤과 인권유린으로 다스린 김일성을 조문(弔問)하고, 현대사의 웃음거리인 권력 세습에 충성하고 따르겠다는 극 좌경 운동권자들을 우리 사회에서 하루빨리 솎아내야 한다.

이해하고 아량으로 감싸기에는 너무 썩어 있다. 하나의 썩은 열매를 솎아내지 않으면 전체가 썩어들어간다. 오묘한 자연의 법칙에도 솎음질이 존재하듯, 우리가 지켜가고 후손에 물려줄 자유민주주의를 위해 필요에 따라 솎아낼 필요가 있는 것이다.

일제의 잔재 꼭 청산되어야 한다

땅덩어리도 좁고 자원도 별것 아닌 나라, 예로부터 외세의 침략이 바람 잘 날 없어 조급한 성격의 국민성이 생겨난 나라, 승전의 기쁨보다 참패의 기억이 많은 이 나라가 1900년대를 마감하고 2000년대를 시작하게 되었다. 한때는 그 옛날 만주의 전 지역을 중심으로 한민족의 기개를 높였던 단군의 자손들이 세운 이 나라 대한민국이 약소국의 굴레에서 벗어나, 이제 세계 무대에서 당당히 인권과 경제외교를 펼치고 때로는 평화의 군대를 파병하는 위상을 정립하게 되었다.

1960년대 경제개발 정책에 힘입고, 월남에서 피 흘리고 중동 열사에서 땀 흘려 이룩한 경제성장의 원동력은 우리 국민의 근면함과 높은 교육열 덕분이다. 이제 국제사회에서 경쟁하고 협력할 시대에 앞서 되돌아볼 우리의 할 일은 무엇인가? 그것은 일제의 청산이다. 이미 저 세상 사람들이 되어버린 친일파들을 청산할 수는 없지만, 그들의 정신과 유산은 분명히 청산되어야 한다. 루스 베네딕트는 그의 저서 『국화와 칼』에서 일본인의 이중성을 정확하게 지적했다. 자기가 약할 때는 상대에게 공대하고 친절하다가도, 힘이 생기고 상대가 약해질 때 침략을 서슴지 않는다는 국민성을 지적했다.

힘이 생기면 침략 근성을 갖게 되는 그들의 호전적 근성은 어디서 오는 것일까? 수만 명의 사상자를 낸 동경 대지진, 근저 1995년 6,000명의 목숨을 앗아간 고베 지진 등, 국토에 대해 불안한 일본인의 의식은 섬나라가 아닌 광활한 대륙을 바라보며 대륙을 향한 공격 성향을 지닐 수밖에 없는 것이다. 대륙은 그들의 고향이요 살길이라는 잠재의식이 살아 있기 때문이다.

그 길목에 한반도가 자리 잡고 있다. 따라서 우리는 그들로부터 얼마나 많은 침략을 받아왔는가를 생각해보자. 그들의 잘못도, 우리의 허물도 아니다. 지정학적으로 빚어지는 피할 수 없는 숙명일 따름이다. 동네 골목의 아이들 싸움에서도 힘이 비슷하면 서로 으르렁댈 뿐 싸우질 못한다. 그러나 한쪽이 약하거나 수적으로 열세일 경우에는 꿇어앉거나 맞는 수밖에 없다. 평화 시에는 모르지만, 힘의 불균형은 언제든지 침략으로 변할 수 있다는 것이 엄연한 역사적 사실이다.

유럽의 중심 국가 독일은 철혈 재상 비스마르크의 제국통일 후 틈만 나면 프랑스 쪽으로 눈을 돌렸다. 세계로 향하는 길목에서 식민지 쟁탈의 19세기에 해양국가 대열에서 뒤처진 독일이 볼 때, 북해에 접해 있는 유틀란트 반도 서남쪽의 하구 면은 좁고 취약성이 많은 곳이다. 남쪽에는 험준한 알프스 산맥이, 동쪽에는 갈수록 혹한의 대지만 있을 뿐이다. 대서양을 향한 독일인의 서쪽 진출은 지정학상 어쩔 수 없는 숙명일 따름이다. 따라서 마주칠 수밖에 없는 프랑스와 독일은 피할 수 없는 대결 구도였다. 200년도 안 되는 짧은 기간에 독일로부터 다섯 번의 침략을 받았고, 결과는 늘 패배였다.

프랑스인에게는 항상 독일에 대한 불신과 경계심이 마음속에 자리 잡고 있었다. 프랑스가 나치 점령 시 독일에 협력했던 배반자 1만여 명을 즉결처분에 넘기고 10만 명 이상을 강제노역에 처한 것은, 민족의 기강을 세우고 다시는 침략의 발아래 무릎 꿇지 않겠다는 각오요, 나치 청산이 유일한 선택이기 때문이었다.

화해와 용서는 내가 존재할 때 가능한 것이다. 내가 무너져 내린다면 아무런 의미가 없다. 일제의 잔재를 청산하지 않고, 일제에 영합했던 친일파들과 그들의 정신을 승계한 자들이 이 사회를 이끌어갈 때, 우리는 다시 한 번 침략의 굴욕을 당할 수밖에 없다. 그럼에도 우리는 프랑스에 비해 어떠했는가? 다시는 그러한 치욕을 당하지 않기 위하여 프랑스와 같은 청산작업을 깨끗이 했는가? 아니면 프랑스인과 같이 항상 호혜 속에서도 독일을 경계하고 힘을 키우고 있는가? 우리는 일본인에 대해 잠재된 피해의식과 적대감만 가진 게 아닌가 생각해봐야 한다.

스포츠 경기에서 다른 나라에는 져도 일본에만은 이겨야 한다는 강박관념. 고대 일본의 집권 문화가 우리에게서 건너가 이루어진 승계된 문화임을 알고 종주국의 위안만 강조해서도 안 된다. 우리가 이용하는 많은 상품과 기술들이 일본에서 건너오고 모방한 것들임을 심각하게 생각하지 않고, 쏟아져 들어오는 일본 것을 청함과 탁함을 가리지 않고 우리보다 멋있고 좋은 선진 문화로 인정하고 무분별하게 답습해가는 종속된 시대에 접어들었음을 반성해야 한다. 독일의 게르만 민족주의가 힘이 강성해졌을 때 주변을 침략했듯이, 사면이 바다로 둘러싸인 섬나라에서 지진의 공포를 가지고 살아가는 일본인들이 강대국의 힘을 가졌을 때, 그들의 이중적 성향은 지금까지 유지한 한일 간의 선린 우호 관계를 물거품으로 만들 수 있음을 알아야 한다.

우리가 일제의 잔재를 청산해야 하는 근본 이유는 그들의 강성함보다 내부의 적이 더 무섭기 때문이다. 일제의 잔재를 청산하지 않으면 언제나 친일의 배역이 나타날 수 있기 때문이다. 일제의 청산이 초기 권력 집단의 집권욕 때문에 유야무야되고, 그 후에도 청산되지 않았음은 민족의 불행이다. 일제의 청산이 이대로 역사의 뒤안길로 사라져서는 안 된다. 힘없으면 당한다는 역사적 인식 속에, 그 첫걸음이 과거의 잘못된 점을 바로잡는 것임을 국민들은 자각해야 한다.

이대로 일제의 잔재를 청산하지 않고, 일제에 영합했던 친일파들의 정신이 이 사회 리더들의 난세를 살아가는 편리한 이념적 도구로 계속 이어져갈 때, 우리는 다시 한 번 그들에게 참담한 굴욕을 당할 수 있다. 일제에 협력하고 영합했던 그들은 이미 대부분 가고 없다. 그러나 자신들만 살고자 민족과 국가를 버렸던 친일 정신은 지금도 이 사회 전반에 이어져 오고 있다. 비록 친일의 당사자는 아니더라도 친일의 수혜를 받은 자손들에 대해서는 특별법 제정을 통해 재산 일부를 벌금 성격으로 환수할 필요가 있다. 우리 사회 전반에 걸친 제도와 관습 또는 뿌리 내린 그들의 문화에 대해 우리의 정체성을 찾도록 하며, 우리가 지켜가야 할 우리의 것은 우리가 세우도록 해야 한다.

처음에는 일제에 항거했더라도 뒤에는 협력했던 인사들에 대한 조사와 검증을 다시 하여 잘못된 점은 잘못된 것으로 재평가하고, 한때의 공적이나 명망 때문에 친일의 과오가 덮어져선 안 되도록 해야 한다. 일제에 항거했던 독립투사들에 대한 엄밀한 조사와 검증으로 옥석을 가리고, 그들 위상의 재정립과 후손에 대한 보훈이 실질적으로 향상되어야 한다.

일본은 현재 경제적 힘을 바탕으로 군사 대국의 길로 걷고 있다. 이를 군국주의 부활로 보기 어려우나, 또다시 대동아 공영권의 영광을 꿈꾸는 우익단체 회원들이 이미 12만 명을 넘어섰다. 평화헌법을 철폐하고 총리가 전범의 위패가 있는 야스쿠니 신사를 참배했다. 우리에게 독도만 요구하는 것이 아니라, 러시아에겐 쿠릴 열도 남중국해의 조어도의 영유권을 주장하고 있다. 국가가 힘이 있으면 강성대국으로 가는 것은 필연적이다.

우리는 그들의 강성대국을 무서워하는 것이 아니라, 우리 자신의 친일정신을 무서워해야 한다. 치욕의 일제 잔재를 청산하지 않고, 일본 것이라면 좋은 것 나쁜 것 가리지 않고 수입하여 일본에 예속된 경제·사회 구조를 만들어가는 우리의 의존적 일본관을 바로잡는 일이 이 시대에 필요하다. 따라서 우리는 새로운 천 년이 시작되는 국제질서 속에서 해방 후 지금까지 내려온 일제의 잔재를 말끔히 청산하지 않고는 진정한 자주독립의 만세를 부를 수 없음을 깊이 새겨야 한다.

양극화의 실상, 제도 때문이 아니다

지금 우리 사회에서는 가진 자와 못 가진 자의 양극화 논쟁이 벌어지고 있다. 강남의 떵떵거림과 상계동의 판잣집으로 대별되던 한국

사회의 빈부 격차가 과연 자유주의 시장경제 원리에 그 원인이 있는가? 그렇지 않다고 말하고 싶다. 시장 원리를 정착시킨 민주국가 미국의 상위 1% 부자의 자산보유 비율은 33%나 되고, 상위 10%의 자산보유 비율은 70%라고 한다. 그렇다고 미국민들이 가진 자에 대한 적개심을 지니고 있는가? 아니다. 거의 없는 편이다.

평등사회인 중국도 개방개혁의 결과로 빈부 격차가 심해지고 있다. 상위 10%의 부유층이 전체 금융자산의 67%를 차지한다는 보도가 있다. 그리고 최하위 20%보다 60배나 많은 부동산을 갖고 있다고 한다. 신흥 경제 대국으로 떠오르는 인도는 하루 1달러(약 960원) 이하로 살아가는 극빈곤층이 전체 11억 인구 중 2억6천만 명이나 된다. 이러한 통계를 보면 빈부 격차에 의한 양극화 현상은 제도 때문에 경제가 성장하면서 나타나고 있는 그늘의 문제이며, 이를 바라보는 의식의 문제이다.

양극화를 해소하는 방법은 저소득층에도 균등한 교육 기회를 부여하는 것이다. 그럼으로써 개천에서 용이 나고 가난의 대물림이 끊어지게 된다. 경쟁에서 밀려나는 계층에 대해서는 국가가 관심을 가져야 한다. 성장 과정에서 그늘은 피할 수 없으며, 이를 해결하는 방법은 가진 자가 부를 사회에 환원하는 것이다. 민주제도가 발달한 미국의 부자일수록 그것이 자연스럽게 발달하여 있다. 이제는 우리도 가진 자가 부를 자발적으로 사회에 환원하는 일이 확산되도록 큰 부자가 기부 문화에 대해 적극적으로 나서줄 필요가 있다.

작전권 환수, 잃는 게 많다

지금 온 나라가 진보와 보수 양편으로 갈라져 전시작전 통제권 환수에 대해 치열하게 대립하고 있다. 특히 정부·여당과 노동계는 환수를, 야당과 기업은 연기를 주장하면서 일파만파 국민의 편 가르기가 시작되고 있다. 원인 제공 측은 물론 노무현 정부다. 정부의 주장은 세계 경제 대국 11위에 걸맞게 자주국방의 틀을 갖추어야 주권국가라는 것이다. 따라서 전시에 작전 통제권을 당연히 돌려받아야 한다고 주장한다. 그럴싸하게 들리지만, 이거야말로 명분을 얻기 위해서 실리를 팽개치는 어리석은 행동이다. 이는 향후 고스란히 국민의 부담으로 돌아오고, 향후 전쟁 고통으로 현실화될 수도 있다.

그러면 왜 그럴까 살펴보기로 하자. 전시작전 통제권이란 6·25 때 이승만 정부가 맥아더에게 준 전쟁 지휘권이다. 주한미군은 한국이 좋아 오고 싶어서 온 것이 아니다. 이북이 남침하자 얼떨결에 참전하여 50만이란 자국인의 인명피해를 냈다. 그리고 전쟁 후 떠나려 해도 이승만이 고집을 부려 맺은 한미동맹조약에 발이 묶여 오도 가도 못하고 눌러앉게 된 것이다. 한마디로 한국에 발목 잡힌 것이다.

따라서 우리는 한미동맹이라는 안보 울타리 덕분에 최소한의 국방 예산만 편성하고 모든 역량을 경제에 투자하여 오늘날의 국가 성장을 이룩할 수 있었다. 이는 다 미국이 안보를 대신한 덕분이며, 이승만의 거시적 안목에 힘입은 바 크다.

인류의 역사는 전쟁의 역사라고 할 만큼 전쟁은 항상 평화의 끝에 서서 틈만 나면 허물고 들어온다. 이는 한정된 자원 속에 서로가 확대 성장하려는 국가 이익 때문에 충돌하는 불가피한 인류의 숙명이다. 따라서 전쟁은 때와 장소의 차이만 있을 뿐, 항상 어떠한 형태로든지 상존하고 있는 요소이다. 그래서 전쟁의 위험에서 벗어날 수 있는 안보 환경을 만드는 것이 국가 정책의 최우선순위가 되어야 한다. 이러한 안보 환경을 구축하기 위하여 국가 간의 동맹이나 연합이 있다. 아니면 독자적 힘을 갖추어야 한다. 어느 것이 정답인지는 시대적 상황에 따라 다르다. 그 나라의 지정학적 조건이나 주변국의 역학관계, 또는 상대를 누를 수 있는 힘이나 비장의 무기 등을 감안하여 현실에 맞는 정책을 선택해야 한다.

골목길의 건달 싸움이나 국가 간의 싸움이라도 정정당당한 일대일의 싸움은 거의 없다. 순간적으로 벌어지는 싸움 이외에는 그런 일이 있을 수 없다. 설령 일대일의 싸움으로 보이는 것 같다 할지라도, 실은 막후에 보이지 않는 손과 후원이 작용한다. 그래서 국가는 평화 시에도 싸움을 위해 미리미리 예견될 시나리오를 작성하고, 가상의 모든 대안을 만들어 대비해야 한다. 싸움에서는 주먹질이건 전투건 간에 우열이 있기 마련이어서, 불리한 쪽은 미리 패거리를 만들거나 연합을 모색해야 한다. 그것을 미리 만들지 않고 싸움 중에 만들려면 이미 때는 늦게 된다. 역사를 봐도 그렇고, 작금의 국제정세를 봐도 그렇다. 아니면 상대를 제압할 수 있는 비장의 무기를 갖고 상대가 싸움을 단념하게 할 수도 있다.

김정일이 그토록 핵을 가지려고 고집부리는 것을 노 대통령이 다 일리가 있다고 말한 것은 힘이 없으므로 핵이라도 가져 미국이 싸움을 걸어오지 못하게 하려는 북한의 자구책을 이해한다는 뜻이다. 미국은 2차 대전 후 유럽세의 약화로 세계 강국이 되고, 소련 붕괴 후에는 세계 경찰을 자임하고 민주와 인권이라는 명분 아래 세계 곳곳의 분쟁지역에 개입하면서 한편으로 국가 이익을 챙기고 있다. 진주만을 폭격하고 위세 등등하게 미국에 맞섰던 일본은 지금 꼬리 내리고 미국 비호 아래 차근차근 군사적 힘을 키워가고 있다. 중국 속담의 도광양회(滔光養晦)를 하는 것이다.

힘을 키우기 전에는 실속을 챙겨야 한다. 우리보다 강대국인 일본도 미국에 예예, 하는데, 우리의 대통령께서는 왜 미국에 예예, 해야 되느냐고 일갈한다. 한마디로 우리는 미국의 속국이 아니니 할 말은 하겠다는 것이다. 그래서 젊은이들에게 인기를 얻을 수 있을는지는 몰라도 돌아오는 것은 무엇인가? 과거 문민 시절 버르장머리 고쳐놓겠다고 일갈한 YS의 호통에 일본의 고약한 버릇이 고쳐졌는지 뒤돌아보면 안다. 외교는 명분싸움같이 보이지만, 실은 힘의 논리가 지배한다.

따라서 힘이 없으면 든든한 '빽'을 두거나 패거리를 모으고 연합을 하는 게 정답이다. 지금 논쟁거리가 된 작전권 환수도 그렇다. 우리는 이제 미국의 속국이 아니다. 그러니 작전권을 넘겨주어라. 그러냐? 그러면 빨리 작전권을 넘겨줄 테니 받아가라는 것이다. 미국은 왜 작전권을 넘겨주려고 하는가? 그것은 미국의 전략적 차원에서 추진 중인 미군 재배치의 일환이다. 이는 잘 알려진 사실이다. 세계의 분쟁지역에 신속하게 기동군으로 개입하고 지역에 주둔함으로써 지출할 막대한 비용을 줄이려는 미국의 정책으로서 그들에게 이익이 되기 때문이다. 이렇게 미국의 이익에 따라 건네주는 작전권 환수는 한국에는 손실로 다가온다. 즉 작전권 조기 환수로 빚어지는 피할 수 없는 국방력 증강 계획을 맞추려면 5년간 최소 비용 151조 원이 투입되어야 한다고 한다. 그 돈을 작전권 환수를 부르짖는 사람들이 내놓을 것도 아니고, 국민 호주머니에서 나올 돈이라면 국민에게 작전권 환수로 얻는 주권국가의 명분이 좋은지, 아니면 미국의 안보 우산 속에 최대한의 경제적 실리를 누리는 것이 좋은지 물어보아야 한다.

글로벌 시대의 국가 경쟁에서 지금은 블록화되어가고 있다. 따라서 국방 역시 연합 및 동맹이 보편화되어 있다. 한때 해가 지지 않던 영국도 자국에서 전쟁이 발발할 경우 미군이 사령관인 나토 사령부에 작전권을 위임하게 되어 있다. 그런데 실리적 계산 없이 평상시에는 독자적으로 권한 행사가 보장된 작전권을 환수하면, 그다음에는 어쩔 것인지 걱정이 앞선다.

한국에서 전쟁 발발 시 자동적으로 미군이 개입할 수밖에 없는 한미연합사를 해체하고 난 후, 북한의 똥보가 틀어져 그동안 물봉 노릇을 열심히 한 남한에 핵과 미사일로 위협하고, 일본과는 독도 분쟁이 일어나 동해에서 한판 붙는 상황이 발생할 때, 과연 미국이 자동으로 우리 편이 되어줄 것인가? 기계장치를 다뤄본 사람이라면 자동과 수동의 차이가 하늘과 땅만큼이나 차이가 있다는 것을 잘 알고 있다.

정녕 또라이가 되고 싶은가?

전작권(전시작전 통제권) 이양에 미국의 속내가 점차 드러나고 있다. 럼

스펠드 국방장관이 2009년 전작권 이양에 아무 문제가 없을 정도로 한국군의 군사력은 뛰어나다고 추켜세우더니만, 뒤이어 버월 벨 주한 미군 사령관은 전작권 이양 시 군사력 공백이 안 생기도록 미국은 돌다리 전력을 제공할 것이라고 했다.

이를 위해 해체될 한미연합사 대신 한미 간의 협조본부를 만들어 전장에서 갈수록 중요도가 높아지는 정보, 감시, 정찰 등 지휘 체계를 만들고, 이 분야에서 한국군의 능력이 향상될 수 있도록 지속적인 투자를 확대할 것을 권장하겠다는 것이다. 눈물 나도록 고마운 이야기 같지만, 사실은 한국에 값비싼 정찰, 감시 장비 등을 보다 많이 팔아먹자는 이야기이다.

따라서 미국의 의도대로 전작권이 환수되고 국방력 공백을 메우기 위해 향후 천문학적인 무기 구매가 이루어진다면, 미국은 꿩 먹고 알 먹는 것이다. 그에 반해 한국은 한마디로 지출하지 않아도 될 안보 비용을 안보를 팽개치면서 출혈해야 하는 또라이가 되는 것이다. 서민들 사이에 못났다는 뜻의 비속어로 회자되는 또라이는 뱀이 고리 모양으로 휘감겨 있는 모양처럼 먹이를 찾지 않는, 한마디로 자기 이익을 챙기지 못하고 남 좋은 일만 해주는 어리석음을 뜻한다.

이처럼 전작권 환수에 따른 얻는 명분보다 챙기지 못한 실리가 너무 크다는 게 자명한데, 이를 모르고 추진한다면 그 또한 또라이며, 알고 있으면서도 정치적 목적 때문에 밀고 나간다면 이는 국가에 대한 반역 행위라 할 것이다. 개인이건 국가 간이든 경쟁은 피할 수 없는 것이다. 따라서 우위를 확보하기 위한 국가 간의 동맹이나 연합을 이루는 것은 상대를 이기기 위한 방법이다. 이는 식물이 성장할 때 개체 간의 경합보다 개체군 간의 경합이 생육을 좌우한다는 자연법칙과도 일맥상통한다.

그럼에도 불구하고 자주 주권을 내세워 나 홀로서기를 고집하는 참여정부는 북한의 자주노선과 흡사하다고 말하지 못할 것도 없다. 한국의 안보 환경을 위해서는 한국을 둘러싸고 있는 중·일·러의 팽창력이 충돌할 수밖에 없는 지정학적인 관점이 최우선적으로 고려되어야 한다. 따라서 최선의 선택은 한반도와 영토 분쟁이 없는 미국과 동맹을 맺는 것이 가장 합리적이다. 생각하고 생각해도 답은 이미 나와 있다.

중국이 지향하는 동북아 공정의 속셈은 우리 민족의 영산인 백두산을 자국화하고, 향후 북한 정권 붕괴 시 한반도까지 내려오려는 간계가 숨어 있다. 열도 침몰에 대한 불안이 잠재의식에 내재한 일본의 생존 전략도 기본적으로 대륙 진출이며, 그 길목에 한국이 있음은 역사가 말해준다.

일본의 주변국들에 대한 영토 분쟁은 이러한 일본의 국가적 전략 때문이며, 따라서 한일 간의 분쟁은 과히 숙명적이라 할 것이다. 이러한 한반도를 둘러싼 강대국인 중·일·러의 팽창에 대항할 수 있고 이들 주변국 입김으로부터 우리의 생존을 보전하는 길은 또 다른 강대국의 힘을 비는 것이다. 따라서 미국과의 동맹은 필수적인데, 이는 한반도 전쟁 시 자동 개입되는 전작권이 있을 때 가능한 것이다.

적어도 전작권 주고 한미동맹하다 보면 어쩔 수 없이 예예, 할 수는 있겠지만, 미국에게 국토 뺏기는 일은 없다. 그러나 전작권 환수하고 미국이 등 돌린 후 나 홀로 주권국가 노래 부르다 독도 뺏기고, 백두산 통째로 내주고, 더 나아가 대동강 이북까지 중국에 내주는 최악의 한반도 시나리오가 앞으로 절대 일어나지 않는다고 장담하는 사람 있다면, 어디 한번 나와보시오.

농사일은 농군이, 길쌈일은 아낙이

이 말은 적합한 사람에게 그 일을 맡게 하라는 뜻이다. 즉 하던 사람이 그 일을 더 잘한다는 뜻으로서, 신체적 조건이나 타고난 소질을 갖춘 사람이 해당된 일을 하게 될 때 전문성을 갖게 되고 일을 더 잘한다는 것이다.

5·16쿠데타로 집권한 군인들이 경제개발을 성공한 것은, 싸움밖에 할 줄 모르던 자신들의 능력을 잘 알고 있기에 자본주의의 요람인 미국에 있던 우수한 재미 경제 엘리트들을 영입하여 그들로 하여금 정책을 추진하게 한 결과이다. 그런데 요즈음 나라 꼴을 보면 정말 가관이다. 참여정부 정책 방향이 성장보다 분배에 치우쳐 있는 근원적 잘못을 따지지는 않겠다. 어차피 아스팔트에 최루탄 맞아가며 적대감만 키워온 386세대들은 세상을 경영하는 데 있어 무엇이 주(主)가 되고 무엇이 종(從)이 되어야 하는지를 알지 못하기 때문이다.

그렇다고 해도 임기 말 확정된 2008년도 예산안을 보면, 전년도 항목별 예산 증가율이 사회복지는 10%로 껑충 뛴 데 반하여, 산업과 중소기업 분야는 0.1%다. 즉 제자리로서 사회복지 증가율의 1/100밖에 안 된다. 앞의 것은 돈을 쓰는 곳이요, 뒤의 것은 돈을 거둬들이는 곳이다.

예산 배정의 우선순위란 일단 돈을 벌어들이는 쪽에 우선해야 하는 것이 원칙이다. 그런데 국가가 돈 벌 궁리를 못 하고 돈 쓸 궁리만 하게 된다면, 나라 꼴이 어떻게 되겠는가? 세원의 근간인 산업·중소기업에 힘을 실어줌으로써 경제가 살아나도록 하기보다 선심성 생색내기에 혈안이 된다면, 경기가 후퇴하고 국민의 살림살이는 더욱 어려워질 것이다. 고기를 나눠주기보다 고기 잡는 법을 가르치는 것이 이치이다. 그런데 이처럼 분배만 강조하는 참여정부 때문에 매년 적자 예산을 편성하고 그동안 나랏빚이 133조 원에서 318조 원이 되었다고 하니, 이들의 국가관에 주인 의식이 있는지 의심스럽다.

내 것이 아니라면 흥청망청 쓰게 되는 것이 인간 심리인지라, 민주화 외친 덕분에 안방을 차지하고 나니, 세상이 내 것인 양 착각들 하는 모양이다. 그렇지 않고서야 제일 높은 분까지 퇴임 후에 살 집을 만들기 위해 봉화마을에 1,297평의 넓은 땅에 집을 지을 수는 없는 일이기 때문이다.

이 나라에는 아직도 13평 임대주택에도 못 들어가는 가난한 백성이 부지기수라는 것을 생각하면 그래서는 안 된다. 퇴임 후 침대 하나에 만족한 베트남 건국의 아버지 호찌민을 바라는 것은 아니지만 말이다.

독도, 어떻게 할 것인가?

　일본의 독도 전략은 매우 교묘하고 지능적이다. 정정당당하게 '독도는 일본 것이다'라고 하지 않고, 시마네 현의 다께시마 날을 선포한다든가, 중학교 사회과의 새 학습 지도요령 해설서를 빌어 다께시마(竹島)는 러시아가 불법 점거한 북방 영토와 마찬가지라는 간접어법으로 사실상 독도 영유권을 선언하곤 한다.

　지능적인 책략은 이에 그치지 않는다. 미 의회 도서관 자료 지도 명기의 독도 명칭에서 한국을 삭제하거나, 미 국무부 산하 지명위원회에서 독도에 대한 지배국을 한국에서 '미지정'으로, 명칭은 중립적인 리앙쿠르 록스로 변경했는데, 막후에서 이를 관철시킨 로비 정황까지 보인다. 끈질기게 계속 독도 문제를 제기하고 이를 분쟁화하여, 결국 국제사법재판소까지 갖고 가려는 것이 일본의 숨은 책략이라 할 수 있다.

　일본은 이에 그치지 않고 센카쿠 열도, 쿠릴 열도도 자국 영토로 반환받고 확정하려는 국가적 전략을 갖고 있다. 따라서 우리는 이해당사자인 한국, 중국, 러시아의 공동 전략을 세울 필요가 있다. 그동안의 독도에 대한 상황 전개를 보면, 해방 후 이승만은 평화선 선포로 독도를 대한민국 영토로 확정했지만, 김대중 정부는 IMF로 외화가 필요했던 1999년 독도를 중간 수역에 두는 신 한·일 어업협정을 체결하여 독도 분쟁의 빌미를 제공했다.

　1965년 개시한 한·일 어업협상에서는 박정희 정부의 경제개발 계획으로 자금수혈이 급한 데다 한·일 국교 정상화에 방해되지 않도록 하기 위해, 일본이 요구한 기국주의(연안국주의 대신 어선이 게양한 국기의 나라에 배타적 관할권 인정)를 수용했다. 그 뒤 한국 어업 기술의 발전과 양적 확대로 어업 실적이 올라가자, 1990년대부터 자국에 유리한 연안국주의로 변경을 요구하다, 한국의 금융위기를 보면서 1998년 1월 한·일 어업협정 파기를 선언했다. 따라서 신 한·일 어업협정에서 외화에 목매달고 있던 한국 정부는 독도를 배타적 수역에서 제외하여, 궁극적으로 자국 영토화하려는 음흉한 간계를 묵살하지 못하고 받아들였다. 김대중 정부의 실책이 크다.

좌와 우 경제정책, 어디로 갈 것인가?

한정된 자원으로 많은 사람이 먹고살려면 어떤 정책을 써야 할 것인가? 정글의 법칙처럼 강한 자는 살아남고 약한 자는 도태되도록 놔둘 것인가? 흔히 방임적 시장경제 원리의 문제점을 공격할 때 나오는 말이다. 아니면 똑같이 생산하고 똑같이 먹고사는 이상적인 평등 사회를 만들 것인가? 이 또한 인간의 원초적 동기 부여를 없애는 것으로, 똑같이 가난하게 될 수밖에 없다는 역사적 실험의 결과를 인용하게 한다. 따라서 시장경제 원리를 우선하는 우파 정책과 정부 간섭에 의한 계획경제를 우선하는 좌파 정책에 대해, 닭이 먼저냐 달걀이 먼저냐 하는 식의 우위 경쟁은 아직도 끝나지 않고 있다.

우파 정책의 아버지로는 아마 영국 경제학자 애덤 스미스를 들 수 있을 것이다. 1776년 발간된 명저 『국부론(國富論)』에서, 모든 사람은 자기 이익을 극대화하려는 동기가 있으므로 '보이지 않는 손'의 개념을 들어 시장 원리에 맡겨야 하며, 정부의 역할은 시장에 간섭하지 말고 치안유지 등으로 최소화해야 한다고 주장했다. 이에 독일의 카를 마르크스는 노동가치설을 주장하여, 모든 사람은 능력에 따라 일하고 필요에 따라 분배되어야 한다고 주장했다. 즉 모든 가치는 노동으로부터 나오니, 가격도 시장 원리가 아닌 노동력의 양에 따라 결정되어야 한다는 것이다.

이러한 주장은 노동자의 계급투쟁론으로 발전했다. 그러나 결국 열심히 일할 수 있는 인간의 이기적 동기가 없어짐으로써 이를 채택한 모든 사회주의 국가에서 이것은 실패로 증명되었다. 그렇다고 우파의 정책이 이긴 것은 아니었다. 자유방임 상태로 시장을 놔두었을 때 극심한 빈부 격차와 사회적 혼란이 일어났다. 방치된 시장에선 매점매석 등 물가폭등 현상이 발생했지만, 정부가 개입한 정책에선 필요한 시기에 성장 동력을 만들어내거나 생산 거점을 만들어 필요한 지역으로 확산시킬 수 있었다. 미국 대공황 때의 뉴딜정책이 그런 사례의 대표적인 것이며, 그 이론을 기초한 것이 영국의 존 메이너드 케인스이다.

그렇지만 이러한 정부 개입이 해결사가 되지 못한다는 것은 너무나 자명했다. 정부가 돈을 풀어 개발해도 경기는 살아나지 않고 물가만 올라가는 스태그플레이션 현상이 나타나기 시작한 것이다. 따라서 정부의 시장 개입은 부작용이 많고 인간이 창의적 능력보다 피동적인 길로 갈 수밖에 없는, 즉 노예의 길로 간다고 오스트리아 경제학자 폰 하이테크는 주장했다. 이처럼 좌파와 우파의 경제정책은 서로가 필요한 시기에 빛을 발하고 멸했다.

그러면 과연 어떠한 정책이 맞는 정책이 될 것인가? 이는 기본적으로 동양사상이나 자연현상에서 해답을 찾을 수 있을 것이다. 즉 낮과 밤이 교차하듯 시장 원리와 정부 간섭에서 시장 원리를 낮에 비유하면 될 것이다.

우리 인간은 밤이 없으면 낮도 존재할 수 없으나, 낮을 삶이 활동하는 시간으로 하듯 시장경제 원리를 정책의 기본 축으로 하되, 필요에 따라 정부의 간섭이 허용되어야 한다는 것이다. 황금비율이 시사하듯, 한가운데 선을 긋는 것은 평등적 분배지만 이상적인 분배가 아니며 자연 이치와는 맞지 않는다. 하늘을 양(陽)이라 하여 공기 중에 질소가 78%인 반면, 음(陰)인 산소는 21%가 있고, 음인 지각의 땅에는 양이온보다 규소와 결합한 산소가 47%나 된다. 이것을 보면 경제정책도 어디에 중심을 두어야 하는지 알 수 있다.

모든 인간에게는 똑같은 기회가 부여되고, 열심히 일한 사람에게는 그만한 대가가 주어져야 하며 정부의 간섭, 즉 정책은 일관성 있게 유지되어야 한다. 이렇게 되면 모든 사람들이 최대한 능력을 발휘할 수 있게 되며, 이는 경제발전의 원동력이 된다. 그리고 팽배한 반부유 정서는 쇠퇴할 수밖에 없게 된다. 단 정부는 낙오될 수밖에 없는 탈락 및 소외계층에 대한 사회보장 차원의 배려를 꼼꼼하게 챙기면 될 것이다.

건국절 시비

2008년 8월 15일 광복절 기념식은 여야가 따로 가진 반쪽자리 볼썽
사나운 행사가 되었다. 정부는 1948년 정부 수립 일을 건국 기념 의
미를 부여하여 대한민국 건국 60년 행사로 진행하는 데 반하여, 야당
은 상해 임시정부 수립을 건국의 모태로 보아야 한다는 논리로 백범
기념관에서 별도로 행사를 가진 것이다. 건국은 나라를 세우는 일이
다. 영토·국민·주권이 있어야 진정한 나라라 할 수 있다. 그러나 건국
절은 영토·국민·주권이 함께 갖추어지지 않고 서로 시기가 다를 때는,
주권을 확립할 때나 선포할 때를 시점으로 정할 수도 있다. 이로써
주권을 확립한 1948년이냐 아니면 독립선언을 이어받은 상해 임시정
부 수립일로 할 것이냐 하는 논쟁이 생겨난 것이다.

왕조 체제의 이씨조선이 1905년 을사늑약과 1910년 국권침탈로 종
료되고, 1919년 3월 1일 민중들의 대한독립선언과 4월 13일 상해 임
시정부 수립으로 이어졌다. 하지만 1945년 8월 15일 일본 패망으로
남한은 미군이, 북한은 소련군에 의해 점령된 후 1948년 8월 15일 남
한만의 대한민국 정부 수립이 선포된 것이다.

이에 관련한 미국의 예를 참고하면, 미국은 1976년 7월 4일 필라
델피아에서 13개 주가 합쳐 독립을 선언하고, 영국과의 독립전쟁 후
1783년 파리 강화회의에서 독립을 인정받고, 1789년 4월 30일 미 연
방정부를 수립했다. 그리고 조지 워싱턴을 대통령으로 선출했다. 그
러나 미국은 1789년을 건국 기념일로 하지 않고 1776년 7월 4일, 즉
독립을 선언한 날을 독립기념일로 경축하고 있다. 이는 정부 수립의

실체보다 독립을 선언한 정신적 가치를 우선하는 것이다. 우리도 이를 참고하는 것이 바람직하다.

지금 이명박 정부는 정부 수립 60년을 건국 60년이라 한다. 8월 15일 광복절 저녁에 KBS는 대한민국 건국 60년 기념 음악회를 독도와 서울에서 이원 생방송으로 열고, '아름다운 우리 강산'과 '애국가'를 울려 퍼지게 하는 멋진 이벤트까지 연출했다.

그러나 우리가 피동적 의미가 있는 광복절보다 적극적 의미가 있는 건국절을 제정한다고 하면, 1948년이 아닌 1919년으로 보아야 한다. 날짜도 4월 13일 상해 임시정부 수립일이 아닌 3월 1일 삼일절을 건국절로 삼는 것이 올바른 선택이다. 그 이유는 대한민국의 건국이 외세에 의해서가 아니라, 자립으로 건국한 것을 지향하는 민족의 염원을 담아야 하기 때문이다. 따라서 이승만도 정부 수립 당시 1948년을 대한민국 30년으로 정리하여 8월 15일 정부 출범식을 '대한민국 정부 수립 국민 축하식'이라고 했다는 사실을 여야 정치인들은 생각해 주어야 한다.

대한민국을 새롭게 디자인하자

가뭄에 콩 나듯이 태극기가 걸려 있는 삼일절 90주년을 보내면서, 국가관은 없어져 가고 개인주의가 만연한 우리 사회가 향후 나아가야 할 진로에 대해 깊이 생각하고, 국가와 민족의 번영과 발전을 위해 국가를 새롭게 디자인할 시점에 있다고 생각하지 않을 수 없다.

지금의 여야 정치 격돌은 조선 시대의 당쟁과 다를 바 없다. 이익을 위한 쟁투는 수단과 방법 가리지 않는 사회가 되었으며, 현대에 걸맞은 사회지도 이념 하나 제대로 세우지 못한 결과, 충효는 고사하고 불신과 세대 간 갈등이 심각한 수준에 와 있다. 자유와 평등에 기반을 둔 보수와 진보의 대결로 정당, 시민단체, 학계, 언론 등 사회의 각종 이익집단끼리 치고받는 싸움을 하는 바람에 남북한이 갈라진 것만도 통분한데, 지금 좌우 대립이 극심하여 정말 이대로는 안 된다는 것이 뜻있는 사람들의 공통된 바람이요 심정이다.

좌와 우가 다투는 근본 이유가 무엇인가? 확대 재생산하려는 생명의 자연법칙에 따라 사람들의 경쟁이 불가피하므로, 양극화 현상이 벌어지는 사회 구조를 바로잡으려면 경쟁 원리에 의해 성장해야만 분배를 할 수 있다는 것인지? 아니면 복지와 평등이 인간의 가장 보편적 가치관이므로, 같이 잘사는 제도로 만들어가야 된다는 것인지? 혼돈의 와류 속에서 이념 논쟁은 끝이 없고, 공부 잘한 명석한 교수님들도 정답을 주지 못하고 두 패로 나뉘어 다투고 있다.

따라서 우리가 살아가야 할 대한민국, 후손에게 자랑스럽게 물려줘야 할 대한민국의 선진 복지국가 건설을 위해서는 새로운 디자인이 필요하다. 그것은 왕조시대 이래 지금까지 내려온 수직적 하향 사회에서 21세기에 IT 기술로 폭발한 정보화 시대로 인해 도래한 수평적 상향 시대로 사회구조가 이행되었기에, 과거의 수직적 이념 제도로는 맞지 않기 때문이다.

따라서 대한민국을 새롭게 디자인하려면, 첫째, 이 시대에 걸맞은 새로운 사회적 지도 이념을 수립하는 길이다. 수직적 유교 이념을 대신할 자율과 책임의 수평적 상생 이념을 선포해야 한다. 그리하여 말로 하는 이념이 아니라, 공정한 사회를 만들기 위해 모두에게 동등한 기회가 부여된 후 경쟁이 보장되게 해야 한다. 그리고 승자에게는 혜택을 주고, 그것을 사회가 포용하는 사회를 구현하는 이념을 만들어야 한다.

둘째, 도덕성을 회복하는 길이다. 염치가 사라지고 수단과 방법을 가리지 않고 1등만 지향하는, 그래서 탈법과 편법이 난무하는 사회에서 양심이 최고의 가치가 되는 사회를 만드는 것이다. 그 양심은 자의적 양심이 아니라, 교육과 사회적 관습에 의해 형성되어가는 양심이다. 그러므로 올바른 인성 교육과 선하고 바른 사회적 분위기의 정착이 필요하다.

셋째, 정명을 하자는 것이다. 정명이란 이름을 바르게 짓는 것이다. 법치국가인 현대사회에서는 명칭을 바로 하고 규정을 바르게 만들어야 한다. 인간의 자율적인 동기가 부여되는 법을 만들어야지, 타율적으로 지배하려는 제도와 그 제도를 유지하기 위한 또 다른 제도를 만드는, 그래서 법과 법이 거미줄처럼 난무하는 법치국가는 국민을 피곤하게 하고, 생산 효용의 법칙에서 너무 낭비적이다.

넷째, 소국과민을 해야 한다. 지금의 정부 사이즈는 너무 비대해 국민들을 헉헉거리게 만든다. 평등과 복지를 국가의 주요 정책으로 추구하는 시대적 상황에서 정부 사이즈가 커지는 것은 어쩔 수 없다. 하지만 정부라는 권력의 확대 재생산을 위해 조직을 줄일 수 있는데도 외면하고, 정부 권력을 더 나눠 갖고 퇴임 후까지 열매를 만끽하기 위하여 정부조직이 가지 치고 새끼 치고 하는 것이다. 그래서 수도 없이 많은 위원회가 생긴다. 얼마든지 민간 베이스가 가능한 공단의 일, 도덕적 해이로 부실 경영에 빚더미를 안고 있는 공사들, 이뿐만 아니다. 권익보호라는 명분 뒤에 준조세로 기득권을 지키고 있는 협회와 조합 등도 있다. 이러한 정부 측 사이즈를 줄여야 민간의 사이즈가 커지고, 경제의 중심이 된다.

다섯째, 세금을 많이 내는 사람이 대접받는 사회로 국가가 디자인 되어야 한다. 다시 말해 생산하는 기업인이 대접받고, 사회적 중심으로 자리 잡는 세상이 되어야 한다는 것이다. 뉴스를 장식하는 것이 정치인, 언론인, 법조인, 시민운동가, 연예인, 스포츠인, 성직자가 아니라, 묵묵히 일하면서 세금 많이 내는 기업인이 클로즈업되고 영웅이 되는 사회가 되어야 한다는 것이다.

탐욕스럽고 부정적인 이미지가 있는 현재의 기업인 상을 고용과 재화를 창출하는 기업인으로, 존경과 신뢰의 이미지로 바꾸는 건전한 사회로 디자인하자는 것이다. 이러한 기본 생각을 바탕에 깔고 대한민국의 정치·경제·사회·문화·환경·건설 등 각 분야에서 지금부터라도 차근차근 새롭게 디자인할 필요가 있다.

개천절을 보내고 대한민국의 미래를 생각한다

단군왕검의 홍익인간 사상으로 나라가 이어져 온 지 어언 4340년. 개천절을 보내고 '오늘날 대한민국이 과연 어디로 가야 하는지?' 이 나라의 장래를 짊어진 젊은 네티즌들에게 가슴으로 말하고자 한다.

하늘을 열어 우리나라를 세운 개천절이 그 뜻이 숭고하여 국경일로 제정했건만, 대통령과 삼부 요인이 참석하는 성대한 기념식이 되지 못하고, 국민 또한 개천절에 국기 게양하기를 가물에 콩 나듯 하고 모두 다 놀러만 간다면, 단군선조께 부끄러울 뿐이다.

단군신화는 사실의 존재 여부를 떠나 별도의 존재 영역을 가진 것으로 우리 국민의 구심점이 되어야 할 정신적 지주이다. 그런데도 개천절을 종교와 연관 짓고 곰이 어떻게 사람이 되느냐 하고 묻는다면, 장차 우리는 뿌리가 없는 나라에서 사는 것이 될 것이며 만약 국가 위기가 닥치면 누가 살신성인을 할 것인지 참으로 걱정이 앞선다.

한반도를 둘러싼 외세의 역학 구조는 그 복잡함이 미래를 예측하기 어렵게 하고 있다. 중국의 동북공정의 속내는 무엇이며, 일본은 왜 독도 야욕을 그치지 아니하는가? 영유권 분쟁을 일으키는 저의가 영토 욕심 때문인지? 아니면 일본이 처한 구조적 생존 본능인가? 이 모두를 생각하고 대처해야 하는데 그러지 못하고 있다.

개인도 친구를 사귀고 끼리끼리 모임을 만드는 것처럼, 국가 역시 누구와 동맹하고 연대해서 나라를 유지해야 한다는 것은 역사의 가르침이다. 그런데 지난여름 미국산 쇠고기 수입으로 촉발된 한국의 촛불 시위에 친미와 반미로 나뉘어 싸우는 이념적 혼돈이 있었는데 이는 흡사 조선 말 수구파와 개화파가 청나라와 일본 편으로 나뉘어 싸우던 몽매한 시기 같아 참으로 안타까울 뿐이다.

미국 쇠고기가 광우병과 연결되어 한바탕 나라가 떠들썩했던 것을 보면, 우리 젊은이들의 반미 정서가 상당한 것으로 생각할 수밖에 없지만 그래서 나 같은 기성세대가 왜 우리가 미국과 동맹하고 가는 것이 대한민국 생존에 최선의 길인지 심사숙고하지 않을 수 없다.

우리 젊은이들에게 분명하게 말하자면 미군이 왜 주둔하게 되었는지 정확히 알아야 한다. 주한미군이란 한국이 좋아 오고 싶어서 온 것이 아니라 이북이 남침하자 얼떨결에 참전하여 50만이란 자국인 인명피해를 내고 전쟁 후 떠나려 했으나, 이승만이 고집부려 얽어매놓은 한미동맹조약에 발이 묶여 오도 가도 못 하고 눌러앉게 된 주둔군이다. 한마디로 한국에 발목 잡힌 것으로 따라서 우리는 한미동맹이라는 안보 울타리 덕분에 오늘날의 국가 성장을 이룩하게 된 것이다.

자식이 부모에게 손을 벌리면 잔소리를 듣게 되고, 기업도 은행에서 돈을 빌리면 경영 간섭을 받게 되는데 하물며 국가 간에도 마찬가지라 할 수 있다. 미국이 안보를 받쳐주고 있으니 SOFA 같은 불평등 조약이 있고, 자기네 무기 사라는 압력도 있을 것이나 그렇다고 미국 없이 자주독립 국가 노래 부르는 것이 과연 현명한가 생각해봐야 한다. 그래서 미국이 전시작전 통제권 회수해 가고 우리는 국방비를 증액하는 등 비싼 대가를 치르는 것이 정말 온당한가? 한반도를 둘러싼 지정학적 관계에서 다시 한 번 생각해볼 필요가 있다.

우리 젊은이들이 미국을 싫어하게 된 것이 미국이 지난 독재정권을 비호했다든가 시시콜콜 내정간섭을 했기 때문만은 아닐 거로 생각하는 것은 이제 경제발전도 이룩했고 미국 원조 없이 세계를 상대로 수출도 하여 먹고 살 만큼 살고 있으니 자주 국가로서 대등한 관계가 되고 싶고, 그래서 자주 국가로서의 자신감을 가져야 하는데 아직도 미군이 주둔하고 있으니, 이게 말이 되느냐 이런 정서 때문일 것이다. 중국의 반한 감정이 번져 가는데 한국이 갖는 배일 정서에 반미 감정이 늘어갈 때, 만에 하나 한반도에서 군사적 충돌이 일어날 때, 누가 우리를 도울 것인가? 자력으로 외침을 물리칠 수 있다고 장담할 것인가? 독도 불씨가 결국 동해에서 우리가 일본하고 한판 붙는다 치면, 우리 의지대로 필승을 자신할 수 있는가 생각해봐야 한다.

국토를 지키지 못하는 것은 집에서 쫓겨나는 것과 같다.

미국의 안보 우산을 받다 보니, 배알 꼴리는 일은 있어도 국토 뺏기는 일은 없지만, 중국과 일본의 경우는 미국과 다르다. 국가 간에 허점을 보인다면 언젠가 충돌할 수 있는 것은 인접 국가 간의 숙명이다. 중국과 일본과 가깝게 사는 원죄 때문에 침략과 간섭을 받아왔고 이는 향후에도 없어지지 않을 만고불변의 진리라 할 것이다.

좌우대립의 국론 분열이 계속된다면 이 나라도 망할 수 있다는 현실을 자각해야 하는 것은 사회 지도층이 희생정신과 도덕성을 잃어버린다면, 로마가 멸망했듯이 우리도 멸망할 수 있다는 사실이다. 개천절의 의미를 망각하고 미국과 동맹 없이 자주권을 외치다가, 이 땅에서 좌우가 대립하고 외세와 충돌이 일어나면 자멸할 수도 있다.

전시작전 통제권으로 유사시에 자동으로 개입하는 것이 우리 안보에 얼마나 유리한지 모르는 것이 진짜 우리의 위기이다. 기계 장치를 다루어본 사람이라면 자동과 수동의 차이가 얼마나 크고 유용한지는 경험한 사람 많이 알고 있는 상식이다. 개천절 날, 전작권 환수를 주장하는 정치인들의 인식의 전환을 생각해본다.

우중(愚衆) 민주주의

정부의 선심성 정책으로 다수의 국민 지지를 이끌어내는 방법을 포퓰리즘 정책이라고 한다. 허리띠를 졸라매더라도 내일을 위한 성장을 지향하는 정책이 아니라, 정권 유지를 위해 곳간을 푸는 손쉬운 좌파 이념의 정책이다. 국가의 미래 발전 시각으로 볼 때 이러한 포퓰리즘 정책과 닮아 형제간으로 불리는 우중 민주주의라는 게 있다. 소수의 시민 또는 집단들이 조직화된 다수의 힘으로 법과 원칙을 무시하고, 국민 정서와 감성적 호소에 힘입어 불법행위를 하고, 떼쓰기로 자신들의 주장을 관철하고, 그로 인해 조직화하지 못한 일반 국민들만 피해를 보게 되는 민주주의를 말한다. 주로 농민, 노동자, 교사 등 직능단체 및 이익집단의 조직화된 사 권력으로, 정치적 영향력을 키우고 정부에 압력을 넣어 경쟁과 개방을 막고 기득권을 유지하려고 한다.

작게는 중소도시에 대형마트가 들어오는 것을 막는 것부터 크게는 FTA에 반대해 농산물 개방을 반대하는 것까지, 모두 이에 해당될 수 있다. 이익집단이 정부의 제도 개선이나 법령 반대에 나서는 것도 포함된다고 할 수 있다.

생존권 때문에 상인, 농민 등 영세 계층의 권익 보호를 위해 불가피한 점도 있지만, 의사·약사·한의사와 같은 명색이 전문가라는 집단까지 가세하여 나라가 온통 집단 시위로 정부를 압박한다면, 기득권을 지키기 위하여 국민의 이름을 도용하는 것이 된다. 기본적으로 시장경제에 맡기지 않고 울타리를 쳐주는 것은 근본적으로 개방과 자율에 대한 역행이다. 소비자가 싸게 다양한 물건을 구매할 수 있는 선택을 박탈하는 것이며, 질 좋은 서비스를 하지 않겠다는 것이다.

FTA에 반대하는 것은 모순이다. 글로벌 시대에 공산품을 수출하여 나라가 먹고 살면서도, 그 나라 농산물은 수입하지 않겠다는 것은 자유경제 시장 원리의 근간을 깨는 일이기 때문이다. 그러나 정부와 정치인은 표를 의식하여 원칙을 지키지 못하는 것이 현실이며, 그 부담은 고스란히 집단이 아닌 전체 국민의 손실로 다가온다.

국민 동원 경선

대통합민주신당 대통령 후보 경선은 한마디로 기본 원칙도 지켜지지 않는 편법, 탈법이 판을 친 요식 행위라 할 수 있다. 선거인단의 투표를 위해 조직 동원과 차떼기 실어 나르기는 약과이다. 수천 명의 명단을 무단으로 선거인단에 불법등재한 행위야말로 명백한 사문서위조 행위이며 선거법 위반 행위이다. 그런데도 경선에서 이기니 유야무야되는 세상이다. 법도 약한 자에게나 법이지, 강한 자에게는 아무런 강제력도 발휘하지 못한다. 누구도 아니고 이 나라 대통령을 선거인단에 등록하고 서명까지 했으니 죄도 보통 죄가 아니다. 그런데 수사한다는 경찰이 불법을 했다는 경선 후보의 선거 사무실을 압수 수색하려면 제대로 해야 하는데, 친절하게 미리 알려주고, 그래서 법 집행을 가로막는 캠프 당원들에게 못 이기는 척하고 돌아오고 만다. 그런 이 나라의 경찰이 과연 법의 집행자인지 묻고 싶다. 증거물을 가져갈 수 없게 만든 공무집행 방해 행위에 어떠한 제재 조치 또한 없다. 이렇게 해서라도 이기면 모든 게 덮어져 버린다.

말이 국민 경선이지, 국민 동원 경선이다. 정당 행사에 자발적으로 참여하는 것이 아니라 본인도 모르게 선거인단에 등록되는 세상이다 보니, 투표율도 1/5도 못 되게 창피할 정도로 낮게 나오는 것이다. 그래가지고도 국민이 참여하는 국민의 경선이라고 국민을 속이고 있다. 정당이 정당 정치에서 자기 당의 정책과 이념을 실현할 수 있는 후보자를 당원만 선출할 수 있는 정당의 자기 결정권을 포기하고 국민에게 떠넘기는 행위는 정당하지 못하다. 또한, 국민의 호응도가 없으니 선거판 흥행을 위해서 무더기로 선거인단 명단을 무단 등록하는 불법 행위를 저지르고도 석고대죄하는 법도 없다.

오직 이기기 위해서는 선거인단 투표, 여론조사, 모바일 투표 등 별의별 방식을 다 동원하고, 경선 중에 방식을 바꾸면서 원 샷 경선으로 승부수를 띄웠다. 승자는 가려졌으나 국민의 관심도가 계속 냉랭하다. 그것은 경기가 기본 원칙을 지키지 못했기 때문이다.

한국의 농업 대안은 없는가?

천하지대본(天下地大本)인 농업의 위상이 오늘날 땅에 떨어지고 농촌의 현실은 비참하기 이를 데 없다. 농촌에 아이 울음소리가 없어진 게 언제인가? 노인들만 사는 동네로 변했으며 값싼 수입 농산물에 웬만한 것 아니면 항상 적자 농업에 부채만 늘어간다. 농민들은 부채를 탕감해 달라면서 연일 도심 시위를 하더니, 이젠 고속도로를 점거하고 항의 시위까지 벌인다.

군청마다 트랙터를 진입시켜 농정 실패를 인정하고 보상하라는 농민의 심정을 어찌 이해 못 하겠는가. 하지만 문제의 시발이 비단 정부의 잘못도 아니며 또한 특정인의 과실에서 온 것도 아님은 분명하다. 세계가 한울타리가 되어 농산물의 국제교역이 늘어감에 따라, WTO 이후 보호 장벽의 문이 걷히게 되었다. 그러자 정부는 아직 자생력을 갖추지 못한 농업의 경쟁력 향상과 농민의 소득 증가를 위하여 농특세를 신설하여, 무려 42조 원이라는 천문학적인 돈을 농촌에 쏟아 부었다. 그러나 남은 것은 부실화한 시설물이요 자포자기한 심정들뿐이다. 벼농사를 지어봤자 항상 정부 수매가 인상 폭은 생색내기요. 밭떼기 배추농사도 갈아엎기 일쑤다.

농업의 위기는 어제오늘의 일이 아니다. 농업이 가난과 부채의 대명사가 된 것이나 노인과 아낙들의 몫이 된 것은 오늘 우리 농업의 현실을 말해준다. 일반 농작물이건 특용작물이건 간에, 풍수해나 병충해 때문에 흉년이 들어도 손해지만 풍년이 들어도 나아질 것도 없다. 생산량이 많으면 그만큼 가격이 하락하여 손해를 본다. 또 작황이 불량하여 조금만 가격이 오르거나 물량이 달리면, 잽싸게 수입한다. 농사 지어 돈 번다는 말은 옛말이 되었다. 축산 농가 역시 고통은 이만저만이 아니다.

수입육이 절반을 넘는 쇠고기 시장도 그렇고, 돼지고기 닭고기 물불 안 가리고 수입하는 국경 없는 WTO 시대에 비싼 사룟값, 약품값 때문에 가축 키우기가 그리 쉬운 일이 아니다. 설상가상 구제역이다 광우병이다 하고 한바탕 태풍이 몰아치면, 그야말로 억장이 무너진다. 특이한 경우를 빼놓고는 농사짓고 가축 키워 돈 번다는 것은 다 옛말인 성싶다. 병충해는 늘어가고 농약, 비룟값은 오르는데, 환경에 대한 가치가 높아지면서 과학 영농이 아니면 힘들게 되었다.

WTO 이후 수입 농산물에 대한 보호 장벽이 무너지면서 농민들의 농사 의욕도 무너지기 시작했다. 값싼 중국산 마늘을 제한하려 했다가 오히려 무역 보복을 당하고 난 뒤 개방하지 않을 수 없는 세계 무역의 냉엄한 현실을 실감하지 않을 수 없다. 농민을 대표하는 전국농민총연맹은 현재 약 35조 원으로 추정되는 농가 부채가 생존권을 위협한다며 특단의 정부 정책을 요구하고 있다. 그렇다고 탕감할 수도 없는 일이다. 하루빨리 정치·관료·학계·농민 단체 등이 머리를 맞대고 한국의 농업 대안을 내놓아야 할 것이다. 따라서 앞으로 농업의 방향은 기르는 농업에서 가공하는 농업, 다시 판매하는 농업으로 연결되는 선순환 농업 구조로 정착되어야 한다. 이렇게 되어야 가락동 농산물 시장으로 싣고 온 농산물이 운임 비도 안 나와 도망치는 농민이 없어지게 될 것이다.

이놈의 시상 개혁이 말로만 되나?

어떤 정권이든 간에 정권이 바뀌고 새 정부가 출범하면 판에 박은 듯이 나오는 구호가 있다. 그것은 바로 개혁이다. 개혁이 무엇인가? 지구 모든 만물이 생명이 있는 한 스스로 생화 육성해 나가듯, 사람 사는 일도 개인이건 조직이건 간에 부단히 확대 재생산해 나가는 타성을 갖고 있다. 그러나 풍선이 계속 부풀면 터지고 말 듯이, 소위 조절의 완급이 필요하다. 과수나무에 가지치기를 하지 않으면 열매가 부실해진다. 뿌리에 비해 잎과 가지가 무성하므로, 이를 어느 정도 솎아내지 않으면 좋은 과일을 얻을 수 없다. 감나무는 해갈이를 하여 스스로 생산을 조절함으로써 사람이 말하는 개혁을 실천하는 셈이다.

어떤 사물이든지 변화가 있기 마련이고, 그 변화에 맞춰 바꿀 것은 바꾸어야 한다는 것이다. 고쳐야 할 필요가 있을 때 고치는 것을 개선이라 한다. 고쳐야 할 때 고치지 않으면 문제가 생기고, 이것을 바꾸는 것을 개혁이라 한다. 개혁해야 할 때 개혁하지 않으면 혁신의 필요성이 생기고, 이 과정이 실패하면 혁명을 꿈꾸게 된다. 따라서 개혁은 정치·경제·사회 각 분야의 변화에 맞게 그 규범의 속도를 조절하는 것이다.

개혁의 이치는 자연에서 얻으면 된다. 나무의 잎과 줄기는 무한히 성장하려는 속성이 있다. 그러나 스스로 자제하거나 가지치기 등 외부의 제재가 없으면, 뿌리보다 과분수가 된다. 그래서 폭풍이 불어치면 맥없이 쓰러지거나 눈의 무게를 이기지 못해 넘어지고, 과실이 제대로 열리지 않는다. 그래서 결국 전체가 죽고 말기 때문에, 피해가 있는 결과를 방지하고자 개혁의 시련이 필요한 것이다. 자연의 감나무를 봐라, 한 해에는 스스로 열매를 맺지 않는 해갈이를 하지 않는가? 그런데 개혁이 무엇이 길래 이토록 힘이 드는가? 역대 정권마다 개혁 개혁 하지만 되는 것은 별로 없고, 결국에는 도로나무아비타불이요 성과는 없게 마련이다. 국민의 정부에서 더 미룰 수 없어 시행한 정치개혁 중 국회의원 수를 줄이는 것이 얼마나 힘들었는가를 보면 이해할 수 있다.

금융개혁으로 시작한 은행의 구조조정에 감원의 칼을 든 정부 및 은행이나 직장을 떠날 수밖에 없는 수많은 은행원이 부딪치는 피할 수 없는 대결이 개혁의 아픔인 것이다. 과거에는 수출입 물동량을 하역 인부가 했는데, 이제 컨테이너 또는 기중기가 대신하게 되었다. 많은 물량을 빨리 처리하는 경제적 효율성을 얻는 대신, 하역 인부의 일터를 잃게 한 것이다. 개혁은 아픔을 수반한다. 그러나 하지 않으면 모두가 공멸한다. 그래서 국민의 정부가 심혈을 기울이는 4대 구조개혁인 금융개혁, 기업개혁, 노동개혁, 공공개혁이 그 의지에도 불구하고 미흡하다는 전망이다.

지금 벌어지고 있는 사회개혁 과제인 의약분업도 의사협회와 약사협회의 대립과 투쟁, 정부의 줏대 없는 미봉책으로 인해 개혁은 퇴색하고, 결국 국민만 피해를 보게 될 것 같다. 왜냐하면, 개혁의 결실이 국민에게 귀착되어야 하지, 이익집단에게 가서는 안 되기 때문이다. 이미 시행된 의약분업은 국민에게 불편과 비용부담의 증가를 가져왔다. 과잉진료, 약의 오남용 등의 문제가 있다면, 제도 정비와 운용의 묘로 충분히 해결할 수 있었을 것이다. 지역 의료보험조합, 직장 의료보험조합, 공무원 의료보험조합이 통합돼 출범한 국민건강보험공단이 옛 지역의보노동조합인 전국사회노동보험조합과 싸우느라 국민만 골병들고 있다. 정치개혁, 교육개혁, 사회개혁 할 것도 많지만, 총체적 개혁부실이란 말처럼 개혁의 피로 현상이 곳곳에서 나타난다.

개혁 때 반드시 부딪칠 수밖에 없는 기득권의 반발을 설득하지 못하고, 실제에서 집단 이기주의의 벽을 넘지 못해 개혁의 당초 취지가 빛바랜 것이 한둘이 아니다. 의약분업을 자세히 들여다보자. 국민이야 임의 조제이니 대체 조제이니 하는 것 가지고 싸우는데, 과연 누구를 위한 의약분업인가. 분통이 앞선다.

지금까지 의료보험 제도 때문에 쉽고 싸게 병원을 이용할 수 있었다지만, 사실은 그게 아니었다. 간단한 감기 정도야 부담 없이 주사한 대 맞고 약도 받았지만, 막상 중병이 걸려 병원에 입원하면 그게 아니었다. 초음파, MRI 등 고기능 진단 장비는 보험 혜택이 안 된다. 또 이것저것 첨가된 계산 목록을 보면 이것이 진정한 의료보험인지 의심이 앞선다. 이러한 국민적 불만을 해소하는 의약분업이 아니라 고통은 가중되고 비용은 더 늘어나는 의약분업이 과연 개혁인가 되묻고 싶다. 이젠 가벼운 질병도 병원과 약국을 오가고 해야 한다. 치유 효과가 좋은 신약이 나왔어도 이를 선택하여 쓰기 힘들다. 의약분업으로 처방전의 약이 한정되었기 때문이다. 약국에서 비치하고 있는 약을 처방해주는 제도. 같은 효과가 있다 해도 다른 약은 안 되는 대체 조제. 이 모든 것이 누구를 위한 의약분업인가.

의사들의 반발 속에 타협이 안 되자 내놓는 정부의 강경책이 또한 가관이다. 폐업 병·의원에 대한 세무조사나 강경 투쟁에 나서는 전공의에 대한 해임, 입영 조치. 더 나아가 의료기관이 없는 지역의 약사 임의 조제 허용 등 대응책을 내놓고 있으나, 이러한 미봉책은 근원 치유방법이 되지 않는다.

이제 그 해법을 의료보험료 40% 단계적 인상이라는 국민 부담으로 해결하려 하고 있다. 부실기업의 처리나 금융권 부실을 막기 위해 공적 자금을 50조 원이나 추가로 투입한다니, 이것이 결국 국민 부담으로 전가되고 있다. 만만한 것이 뭐라는 속담처럼, 죄 없는 백성은 개혁한다고 삐끗거리는 와중의 최대 피해자이다.

다시 말해 주인의식 없는 공무원이나 공기업의 도덕적 해이가 근본 원인이라고 볼 수 있다. 흉내만 내는 구조 조정, 노사가 서로 짜고 나눠 먹기, 성과급 지급 등 공기업의 방만한 경영 실태는 어제오늘의 일이 아니라, 바로 한국의 고질적인 구조요 개혁의 대상이다. 그런데 이를 하지 못하고 있으니 정말 안타까운 일이다.

서울 공화국 이대로 둘 것인가?

말이 태어나면 제주도로 보내고, 사람이 태어나면 서울로 보내라는 속담이 있다. 그만큼 사람으로 성공할 수 있는 기회의 땅이기에 서울로 서울로 모여들어, 돈도 벌고 명예도 얻고 권력도 얻었으리라. 그러나 성공이 보장된 기회의 땅 서울이 문제투성이의 도시로서 골머리를 앓고 있다. 대기오염, 교통지옥, 쓰레기, 물 부족에 강력사건, 벼룩의 간을 빼먹는 사기꾼이 득실거리는 서울이 무엇이 좋다고 서울 서울, 하면서 몰려오고 있다. 역대 시장치고 불법, 무질서를 뿌리 뽑겠다고 하지 않은 친구 없고, 교통질서 바로잡겠다고 호언장담하지 않은 포도대장 없건만, 서울의 문제점은 갈수록 심각해지고 있다.

어떤 사회이건 문제점이 없는 사회 없으려만, 문제의 핵심은 넘치는 서울 때문에 멍들고 있는 지방이 문제인 것이다. 서울은 넘치다 못해 과잉포화 상태요 폭발 직전인데, 지방은 영양실조로 크로키 상태이다. 아무리 수도권 억제 정책에 공장 신축을 허락하지 않는다 해도, 헛간이나 자투리땅이라도 서울에서 공장을 돌려야 수지타산을 맞출 수 있다. 하지만 지방은 특별한 자생력이 없으면 도태하기 마련이다. 훈짐을 쐰다는 말같이, 서울에 있으면 뜨내기손님이라도 서로 뜯어먹고 안 되더라도 그럭저럭 버틸 수 있다. 하지만 지방은 그렇질 못하다. 모든 것이 다 서울에 집중되어 있으니, 지방의 경제는 서울에 종속된 경제다. 어린 새끼가 어미의 먹이를 기다리듯 매달리고만 있다. 행정도 금융도, 교육도 산업도 다 마찬가지다. 서울은 공장 지을 땅이 없어 야단인데, 지방은 공장을 유치하고자 막대한 투자를 해도, 건설한 공단이 풀밭으로 변한 지 오래다.

중소기업 진흥공단이 조성한 김제시 순동의 중소기업 전용 공단은 거의 분양되지 않는 상태가 지속하다가, 노는 땅 아까워 농민회에서 고구마를 재배하여, 이를 캐내라 못 캔다 하는 웃지 못할 난센스도 있다. 수천억의 돈을 들여 만든 지방 공단의 분양률이 평균 20~30% 정도이니, 지방의 열악함이 그대로 보인다. 산업이 쇠약하니 세금이 들어오지 않고, 돈이 없으니 지방자치제마다 빚 얻어 살림 꾸리기 바쁘다. 전국 16개 시도의 부채가 118조 원이 훨씬 넘어섰으며, 248개 지방자치 단체 중 자체 지방세 수입만으로 공무원 인건비도 해결하지 못하는 곳만 144개(58.5%)라니, 지방의 실정이 어떠한지 바로 알 수 있다.

경제의 지표는 돈이다. 돈이 없으면 몸에 피가 없는 것이나 마찬가지이다. 구멍가게가 슈퍼마켓이 되는 것이 소비자들의 편의를 위해서 당연한 추세라고들 한다. 그래서 동네 슈퍼마켓이 서울의 대형 백화점, 할인점의 교두보가 되고, 지방 진출의 무장해제에 그치지 않고, 허약한 지방 돈의 흐름에 설상가상 더 심한 돈의 역류 현상을 가속화시키고 말았다. 정감이 오가고 소식이 오고 가곤 했던 지방의 재래시장이 무너지고, 이로 인한 지방업계의 도미노 붕괴 현상이 생겼다. 이것은 더 이상 방치되어서 안 된다. 자유 시장경제 원리에 따라, 정글의 법칙 아래 내맡겨둔다면, 지방의 상권은 완전히 무너져버릴 것이다. 해법을 찾아야 한다.

좌파 정권의 언어폭력

지난 대선 시 민주노동당의 선거공약에 부유세 신설이 있었다. 가진 자의 것을 빼앗아 없고 못 사는 하위 계층에 나눠주겠다는 것이다. 섬뜩하고 급진적인 내용 때문에 국민의 표를 얻는 데 실패했다. 어이없게도 표심의 향배는 정책이 아니라, 투표 전날 정몽준 후보의 노무현 후보 지지 철회로 인해 동정심을 느낀 네티즌의 몰표가 민주당의 노무현 후보에게 한나라당의 보수 깃발을 누르고 개혁 이미지로 당선케 했다.

정치적 색채를 국민에게 나타낼 때 크게 보수와 진보로 나뉘고, 정책의 속도와 강도에 따라 수구로, 혁신 세력으로 불리기도 한다. 개혁이라고 하여 진보세력의 독점물도 아니며, 보수 측에서도 이미 자주 사용하는 실천 구호가 되어버렸다.

문제는 시의적절하고 합리적인 방법으로 부작용을 줄이고 최대 효과를 공유할 수 있느냐에 있다. 참여정부의 정책이 좌파적인 것은 이미 공지의 사실로 되어 있지만, 지도층의 씸벅 씸벅 하는 말들이 국민을 불안하게 한다. 국가 정책을 총괄하는 청와대 정책실장이 종합부동산세가 8배 올라 세금 폭탄이라 하는데, 아직 멀었다고 거침없는 적의를 드러냈다. 폭탄은 적을 궤멸시키기 위해 터트리는 살상무기이다.

　부동산을 많이 가진 자에 세금을 왕창 매겨 부동산을 가질 수 없도록 만들겠다는 발상 자체도 문제지만, 세금 폭탄이라는 원성을 듣기는커녕 아직도 멀었다고 적개심을 드러낸 정책실장의 공격적 의식이 더 큰 문제이다. 8·31 부동산 정책을 우습게 보지 말라는 대통령에게 어쩌면 그렇게 딱 맞는 참모인지, 부럽기만 하다.

호박씨와 뒤통수

　배신이란 약속이나 신의를 저버리고 뒤집는 행위를 말한다. 대개의 방법은 은밀하게 상대가 눈치채지 못하게 진행하다가 결정적인 순간에 실행에 옮겨 이득을 취한다. 은밀하게 진행하는 것이 호박씨 까는 것이요, 이것을 실행하여 나온 결과가 정정당당하지 못한 것이라면 뒤통수 친 것이다.

　배신자가 이득을 취하게 되면 상대가 손해 보는 것은 세상의 이치다. 작금의 북핵 위기를 보면 북한이 배신행위를 한 것이고, 남한은 그 결과로 손해 보고 처지가 난처하여 진퇴양난에 빠졌다. 그런데 어찌 된 일인지 정부는 배신자에 대해 응징을 하기는 고사하고 오히려 미국에 원죄가 있다는 식의 변명을 하고 있으니, 한심하기 이를 데 없다. 우리도 박정희 시절에 핵 개발을 시도한 적이 있었다는 건 비밀이 아닌 공공연한 사실이다.

강대국만 가진 핵폭탄을 갖고 싶어 하는 것은 북한도 마찬가지였을 것이다. 그러나 더 이상 핵확산이 되어서는 인류의 앞날을 장담할 수 없기에, 강대국이 주도하는 유엔은 더 이상 핵무기로 전용될 수 있는 모든 핵 프로그램 개발을 막고 있는 것이다. 그래도 북한은 갖고 싶어 했다. 남한과 7.4 공동성명을 발표하고 체제 안정을 다져 해빙 무드가 조성된 뒤 한반도의 비핵화를 실현한다고 해놓고, 핵의 유혹을 떨쳐 버리지 못하고 1993년 NPT(핵확산금지조약) 탈퇴를 선언했다. 한반도에 전쟁의 먹구름이 드리우고, 이를 막기 위해 미국은 당근을 제시했다. 이듬해 북미 제네바 합의로 나온 북한의 핵 동결 대가로 경수로 건립과 중유 지원 등을 얻어냈다.

한국은 북한과 인접한 한반도 당사자로 경수로 건설에 참여했고 핵 위기를 벗어난 듯했다. 그러나 북한은 호박씨를 까고 있었다.

경수로 건설과 중유를 지원받으면서도, 은밀하게 핵실험 전 단계인 고폭 실험을 계속했고, 핵물질인 플루토늄을 추출하는 데 심혈을 기울였던 것으로 추정된다. 이를 알아챈 미국은 계속 압박을 가하면서 핵 개발 포기를 제안했지만, 2003년 북한은 최종 이를 거부했다. 중유 지원도 중단되고 KEDO(한반도에너지개발기구)도 할 일이 없게 된 것이다. 그러나 북한은 핵 개발을 절체절명의 최우선 과제로 밀고 나갔다. 금강산 관광으로 들어오는 막대한 돈으로 충당했을 것이고, 그래도 모자라면 달러도 위조했을 것으로 미국은 보고 있다.

그렇게 줄다리기, 시간벌기 작전이 성공하여, 꿈에 그리던 핵폭탄을 제조하기에 이르렀던 것이다. 2004년 베이징 6자회담에 참가한 것도 막판에 이른 핵 개발을 감추기 위한 연막작전이었다. 오픈게임으로 미사일을 발사했고, 드디어 핵폭탄을 터뜨렸다. 경수로 지원에 천문학적인 돈을 보태고 건설을 주도했던 한국은 뒤통수를 맞은 것이다.

수조 원을 북한을 향해 아낌없이 주었던 근본 이유가 사실은 북한이 핵을 갖지 못하게 하는 데 있었는데, 북한은 철저하게 이를 배신한 것이다. 개인의 약속보다 국가의 약속은 더 필히 지켜져야 하며, 지키지 못할 경우엔 전쟁으로까지 이어질 수도 있다는 것이 역사의 교훈이다. 유엔 안보리는 만장일치로 북한의 목 죄기에 나섰다. 이 정부는 중국과 미국 사이에 벌어지고 있는 대북 제재 방법에 줄타기해서는 안 된다. 줄타기를 잘못하다 추락하면 만사 끝장이다. 북한이 호박씨를 까고 뒤통수를 친 것에 원칙적 대응을 하지 못하고 감싸기에 나선다면, 대한민국은 전쟁의 소용돌이에 말려들거나, 영원한 북한의 핵 인질로 물봉 노릇하는 신세가 되거나, 둘 중의 하나가 될 것이다.

행동 감염과 다중 심리

조그만 중소기업에서는 무엇보다도 사내 분위기가 중요하다. 몇몇 안 되는 직원들에 사이에 회사에 대한 불평을 늘어놓는 직원이 있다면 쉽게 물들어버리고, 그러면 생산성은 떨어진다. 회사가 어려워지면 직원들은 사표 내기 마련이다. 인간이 의사를 결정하는 데 중요한 것은 자기 판단임에도, 다른 사람의 말이나 행동을 보고 결정하는 일이 대다수이다. 인간이 원래가 동물로서 무리 지어 생활했던 유전적 요소가 있기에 어쩌면 당연한 일인지도 모른다. 그러나 현대사회에서 자신의 객관화된 판단에 의하지 않고 다른 사람의 행동에 따라 같이 움직인다면, 이는 바람직하지는 않다.

심리학자들의 실험에 의하면, 건널목 적색 신호등에도 바람잡이 서넛이 건넌다면 같이 따라서 건넌다고 한다. 또 시험 치는 사무실 문 틈에 연기가 스며 나오는데, 역시 실험 내용을 알고 참여한 사람들 때문에 일반인들이 일어나 대피할 줄 모른다는 실험 결과가 있다. 인간의 의사결정이 주위 사람들의 행동에 따라 결정된다는 동물학적인 유전적 요소 때문이 아닌가 한다. 인간의 결정은 주변 정서에 의한 행동 감염으로 바르지 않은 선택을 할 수 있다. 따라서 선거에서 후보자를 고를 때 대의정치를 실현하는 냉철한 판단이 아니라, 대중적인 집단 분위기에 휩쓸려 다중심리로 투표하는 경우가 다반사이다. 그러니 인물이고 뭐고 상관없이 그 지역에 정서가 내린 정당의 깃발만 내세우면 당선되는 것이 현실이다. 그래서 그 정당의 공천권을 쥐고 있는 권력자에게 사람이 모이는 것이다. 그래서 현재와 같은 지역 정서가 판을 치는 선거 구도에서는 중선거구제가 이러한 다중심리로 나온 결과를 완화하는 데 도움이 될 것이다.

시위폭력 강력 대응해야

경찰과 군인이 시위대에 각목으로 얻어맞는 기막힌 현실이 도래했다. 얼마 전 쌀 개방 반대 농민시위에서 농민이 죽자 경찰청장이 타의적으로 물러나고 두드러진 현상이다. 시위를 진압해야 할 경찰 간부들이 차라리 얻어맞더라도 과격대응을 하지 말라고 방관적 자세로 돌아선 결과이다. 평택 미군기지 이전 반대 시위에서 국방부 장관도 맞더라도 대응하지 말라고 지침을 내렸다고 한다.

법과 질서를 유지해야 할 국방과 치안 당국의 자세가 이 정도니, 시위대야 신바람 난 것이다. 평소 환경문제 등에서 좌측 쪽에 서 있던 한명숙 총리도 모든 당사자들이 한 걸음씩 물러나 냉정함을 되찾자고 말했다고 한다.

총리 눈에는 폭력 시위대나 군인이나 똑같은 싸움 선수들로 보였던 모양이다. 지난해에도 1,000여 명의 경찰이 시위대에 죽봉으로, 쇠파이프로, 또는 각목으로 얻어맞아 중경상을 입었다. 시위 현장에서 국방의무를 다하고 있는 전경들에게 간부들이 "차라리 그냥 맞아라, 맞아!" 하고 소리치는 것이 다반사가 되어간다고 한다. 어쩌다가 이렇게 되었는가?

시위의 천국인 미국에서는 폴리스 라인을 벗어나면 공권력에 대한 도전으로 보고 무차별 초강경 대응으로 연행하고, 경찰에 폭력을 행사하면 현장 사살까지 허용된다고 하는데, 이게 무엇인가? 꼭 미국의 시위 진압이 잘되었다고 하는 것은 아니지만, 법과 질서를 무시하고 시위 천국을 만드는 우리의 현실에서는 이제 강한 공권력의 집행으로 질서를 회복해야 할 때가 왔다. 더 이상 늦출 수 없다.

교수 외도 시는 퇴직으로 처리해야

언제가 서울대 총장이 일주일에 한 번 학교 나오는 교수들이 있다며, 교수들의 무책임을 질타하면서 외도를 간접적으로 비판했다. 학교에 나오지 않는 것은 그만큼 바깥 활동을 많이 한다는 것이다. 각종 위원회나 세미나 등에 참석하고 얼굴 알리기에 주력하다 보면, 그만큼 학생 가르치는 일에 소홀하게 되기 때문이다. 외도란 교수 본연의 임무인 학생 교육과 연구개발에 전념하기보다, 정치판이나 언론 등에 기웃거리다가 요행히 장관 또는 국회의원으로 진출하여, 교육 이외의 행정이나 입법 활동을 하게 되는 것을 말한다.

모든 사람이 직업선택의 자유가 있기에 공직에 진출한다고 해서 안될 것은 없지만, 외도라고 표현하는 것은 공직에 진출했다가 쓰임이 다하면 교직에 다시 안전하게 돌아올 수 있기 때문이다. 교수에게는 휴직이라는 제도가 있기 때문이다. 이는 교수만 가진 특권으로, 공직 진출에 실패해도 안전하게 교수직은 보장된다. 선거에 출마하기 위해 몇 개월간 교직에 종사할 수 없어도 마찬가지다. 선거 출마는 의원이나 단체장으로 소임을 하고자 해서 나서는 일로 교육을 접는 일이다. 그러나 양다리 걸칠 수 있는 것은 이러한 퇴직이 아닌 휴직으로 얼마든지 출마하거나 타 공직에 진출했다가 다시 되돌아올 수 있도록 제도가 되어 있기 때문이다.

따라서 선거 때만 되면 밑져야 본전이라는 생각 때문에 교수들은 자문역을 자처하고 유력 인사에 줄을 대기 시작한다. 잘되면 국회나 장관에 진출하는 가문의 영광을 누릴 수 있고, 안 되어도 각종 위원회의 명단을 올려 정책이나 안건을 심사할 수도 있다 심사위원이 되다 보면 힘이 생기고, 프로젝트에 참여할 기회가 많아 연구비 혜택도 누리게 된다. 그러나 그런 교수 때문에 학생은 학습권을 박탈당한다. 현재 노무현 정부 산하 위원회의 40%를 교수가 차지한다고 하니, 이러한 외도를 가능케 해주는 휴직이라는 제도는 분명 형평성에도 문제가 있다.

일선 행정 공무원은 선거에 출마하려면 공직에서 사퇴해야 한다. 그러나 같은 공무원인 국립대 교수는 출마했다가 낙선해도 다시 복직할 수 있다. 그러다 보니 선거 때만 되면 정당 문을 두드리는 교수들이 부지기수요, 대권이라는 한 판 승부 판에는 온갖 정책안을 들고 자문역을 맡겠다고 대권 주자 캠프로 밀려드는 교수들로 북새통을 이룬다고 한다. 따라서 교수가 선거에 출마하거나 국회 또는 단체장으로 진출하려면 퇴직 처리를 해야 한다. 그래야 당사자에게도 교육이면 교육, 정치면 정치로 분명하게 길을 선택해줄 수 있고, 그 빈자리는 저임금에 차별당하는 시간강사에게 희망의 기회가 될 수 있기 때문이다.

염불보다 잿밥에 마음이 있다는 속담이 있다. 염불을 하게 되면 시주 돈이 들어온다. 그렇다고 시주로 들어오는 돈 욕심 때문에 하지 않아도 될 염불 시늉을 하려 한다면, 이는 본말이 전도된 것이다. 따라서 교수는 엄연히 교육을 위해서 해야 할 본분이 있는바, 학생을 지도하고 가르치는 데 열정을 쏟아야 한다. 교수라는 직분을 이용해서 외도만 꿈꾸는 교수들을 양산하지 않기 위해서, 현재의 휴직으로 외도할 수 있는 길을 퇴직으로 바로잡아야 한다.

4장

언론 · 시민 운동

광우병 문제 퍼레이드

2002년 효순, 미선 양 추모 시위에 이어 2005년 내신 입시 반대시위, 2008년 미국산 소고기 수입 반대시위, 3년마다 거리로 쏟아져 나오는 청소년들의 시위에는 인터넷이나 휴대전화 문자 메시지가 결정적인 작용을 한다. 미국산 소고기를 먹으면 광우병으로 죽는다는 괴담으로 변질되어 감수성이 예민한 청소년을 거리로 내몬 일은 좌파의 선동에 기인한 바 크다. 이는 언론이 결정적으로 부채질한 것인바, 4월 29일 방영된 MBC 'PD수첩'에는 다분히 좌파적인 정치적 의도가 깃들어 있었다.

주저앉는 일명 '다운 소'는 미국 동물보호 단체가 만든 동물 학대 고발용이다. 이를 광우병 증세와 같이 사망한 미국 여성과 함께 내보내고 인터뷰 내용을 'CJD'(크로이츠펠트야코프병)를 'VCJD'(인간 광우병)로 오역해 인간 광우병 증세로 숨졌다고 날조하여 소개했다. 미 농무부의 인간 광우병이 아니라는 발표를 쏙 빼버린 건 물론이며, 미국에서 쇠고기를 먹고 광우병에 걸린 사람은 단 한 명도 없는데, 걸릴 가능성을 가정하여 광우병에 걸리면 100% 죽는다고 과잉 선정보도를 했다. 언론중재위원회의 정정보도 결정을 받았으나, 이미 엎질러진 국민적 편견과 국민적 파장을 되돌릴 수는 없다.

광우병은 반추 가축인 소에게 식물성 사료 대신 단백질 덩어리인 양의 내장을 사료화하여 먹여서 발병한 것이다. 영국에서 그 대가를 톡톡히 치른 다음 원인을 밝혀낸 질병이다. 왜 양의 내장이 광우병의 원인이 되는지는 음양오행이 원리로 된 사주학에서도 그 단서를 찾을 수 있다. 즉 축미상충(丑未相沖)이라 하여 소와 양은 서로가 상극이라고 했는데, 이는 시사하는 바가 크다. 따라서 1997년 이후 동물성 사료를 소에게 주는 것이 금지된 이후 광우병은 급감하고 있으며, 소에게 정상적인 사료를 주는 지금의 급식 체계로 광우병의 우려는 사라졌다고 볼 수 있다.

WTO 세계보건기구가 2007년 말에 통계한 세계의 지난 광우병 발생 건수는 영국이 183,823건, 아일랜드가 1,353건, 프랑스가 900건, 독일 312이다. 그에 반하여 미국은 3건에 지나지 않았는데, 그것도 1마리는 캐나다에서 수입된 것이고, 나머지 2마리는 육골분 사료에 대한 금지조치가 시행되기 전 태어난 소라는 사실이다. 따라서 미국은 1997년 동물성 사료를 금지한 이후 광우병의 발생 요인이 원천적으로 사라졌다. 하지만 이에 대한 과장 선동으로 국민을 혼란스럽게 만들었다. 30개월 이상의 소는 안 되고 이하는 되고 하는 식의 기준도 무의미하건만, 이를 가지고 첨예하게 대립하고 있다. 오히려 일본도 26건인 데 비하면 미국은 광우병 무풍지대임이 틀림없다. 광우병 사망자도 영국은 163명, 프랑스 11명, 아일랜드 4명이다. 그에 비하여 미국은 아직 1건도 보고되지 않았다.

그럼에도 아고라에는 미국에서는 안전한 호주산 소만 먹는다는 둥, 광우병 걸린 소를 사료로 만들어서 수출한다는 둥 하는 글이 올라와, 이런 글을 읽은 감수성 강한 청소년들은 쇠고기를 먹지 않아도 화장품과 생리대를 통해 전염되는 병으로 오해하는 끔찍한 일이 생긴 것이다. 이제 광우병 파동 촛불 시위가 수그러지니, 정부는 농산물품질관리법에 의해 모든 식당에서는 원산지 표시를 의무화하는 뒷북을 치고 있다.

촛불 시위에 혼쭐난 정부가 구이, 탕, 찜에 국한하지 않고 밥과 반찬 모든 메뉴에 월령 표시와 원산지 표시를 강제하게 되었다. 그러다 보니 전국의 64만여 요식업소의 혼란과 불편함이 가중되고 있으며, 덩달아 포상금을 노리는 쇠파라치들이 한 몫 보는 웃지 못할 세상이 되었다. 6개월 된 호주산 송아지를 국내에 들여와 사육 후 도축하면 국내산 육우(호주산)라고 표기해야 한다니, 이 어찌 웃기는 일이 아닌가?

천주교 정의구현 사제단

이름만 들어도 믿음의 상징인 천주교 정의구현 사제단이 요즘 삼성 떡값 폭로 파문으로 시민들의 입방아에 오르고 있다. 막강한 권력 앞에서 정의구현 사제단만이 할 수 있는 용기 때문에 그동안 국민들의 찬사를 받았지만, 이번같이 삼성이라는 금력을 물고 늘어지는 특권은 유신독재 시대에 명동성당에서 군사 권력과 맞섰던 용기와는 상당한 차이가 있는 듯하다. 정의를 위한 일이라면 방법도 정당해야 한다. 그런데 떡값 로비 대상 명단자가 있으면 명단과 증거자료를 한꺼번에 일괄해서 특검에게 넘기는 게 정도이다. 그런데 찔끔찔끔하는 방법이 무언가 꿍꿍이속이 있는 것처럼 보인다.

새 정부에 임명된 주요 공직자 등을 겨냥해 확실한 증거도 내놓지 않으면서, 기자들을 모아놓고 홍보성 폭로를 하여 국민을 혼란케 하고, 곧 있을 검찰 인사에도 삼성으로부터 자유로운 사람을 임명하라고 주문하여, 떡값 검사 명단을 갖고 누가 임명되는지 두고 보겠다고 검찰에 으름장을 놓는 것은 성직자들로서 할 짓이 못 된다. 삼성에서 법무팀장으로 일하면서, 일반 샐러리맨이 상상할 수 없는 고액을 받아 언필칭 삼성의 은전을 입었음에도, 재직 중 알게 된 비밀을 삼성을 죽이는 데 앞장서 정의의 사도처럼 평지풍파 일으키는 김용철 변호사를 보호하면서, 김용철을 대신하여 폭로해주는 일도 국민의 눈에 모양새가 너무 거슬린다. 작년 11월에 검찰 간부들에 대한 떡값 폭로에서 이번 새 정부 각료까지 거명하면서, 증거는 안 내놓고 제대로 안 하면 또 폭로하겠다고 하는 것은, 하는 방법이 꼭 똘마니 수준의 조폭 협박으로 오해받지 않을까. 사제단을 아끼는 마음에서 매우 마음 졸인다.

언론의 자의적 보도의 근원은 무엇인가?

얼마 전 완주군 소양면의 한 장애인 복지시설에 대한 한 언론의 방송 보도로, 여자 목사인 원장이 하루아침에 장애인을 학대하는 사악한 사이비 성직자로 전락한 일이 있었다. 장애인들을 개 사육하듯 묶어놓아 인권을 침해하고 있으며, 장애인 숫자를 늘려 정부의 지원금을 착복하고 있다고 보도했다. 그럼으로써 그동안 시골에서 묵묵히 장애인을 돌본 희생적 성직자로 보아온 주변의 많은 사람들에게 충격을 주었다.

보도는 보도 자체만으로 진실 유무와 상관없이 시청자에게 사실로 인식게 하는 기능이 있다. 우리는 TV 드라마가 작가의 꾸며진 상상력의 산물임에도, 그것을 보고 울고불고한다. 그것은 그 드라마가 실제로 생동하는 사실감을 가졌기 때문이다. 따라서 동영상이 가지는 사실성 때문에 객관적이고 공정한 보도가 생명처럼 요구되는 것이다. 한국의 대표적 준공영방송인 MBC도 그런 점에서 자유롭지 못하다고 눈총을 받고 있다. PD수첩에서 광우병에 대한 오역과 왜곡된 방송으로 감수성이 강한 청소년들에게 촛불 시위의 불을 당겨주었고, 그로 인하여 국민적 혼란과 시위에 따른 고통과 사회적 비용을 지출하게 하였다.

장애인들에 대한 보호와 관리를 전적으로 국가가 책임지지 않는다. 다만 장애인 복지시설에 대한 일정 부분을 지원하면서 감 놔라 배 놔라 관리하는 것이다. 문제는 현실과 동떨어진 책상머리 행정이 괴리가 있게 되고, 발생한 문제는 고스란히 국가가 아닌 시설의 책임자가

지게 된다.

중중 장애인들은 언제 어떤 행위를 할지 모른다. 특히 소년기를 넘어선 남자애들은 판단력도 없고 자기 몸 하나 제대로 가눌 수 없지만, 그것 하나만은 누가 가르쳐주지 않아도 본능적으로 잘 알고 뻗치려 든다. 걸핏하면 옷을 벗어버리고 만지작거려 꼿꼿이 세워서는, 주변에 이브가 있는지 잘도 찾아내어 덮치려 든다. 인간의 본성이니 정말 애완견처럼 불알 깔 수도 없고 힘도 세니 항상 방비해야 하는데, 그게 쉽지 않다.

조그만 틈만 보이면 사고가 발생하는 것이 정신 장애인들의 방이다. 그렇다고 독방 관리를 할 수도 없다. 하루 이틀도 아니고 여기저기 배설물을 발라놓는 난장판이나 머리를 들이박고 괴성을 지르는 자해 소동도 감당하기 어렵다. 이처럼 상대에게 피해를 줄 수 있기에 경우에 따라 묶어놓을 수밖에 없는 것이 현실이다. 이러한 이면을 모르고, 그렇지 않아도 사회적 약자인 장애인들을 개 사육하듯 묶어놓고 기른다고 공격하면 할 말이 없는 것이다. 말은 맞기 때문이다.

언론의 자의적 보도 경향은 기자나 PD의 성향 이외에도 구조적인 것에서도 기인한다고 말할 수 있다. 구조적인 것이란 언론끼리 경쟁에서 든든한 물주의 지원이 없는 경우, 스스로 힘을 키우지 못하면 경쟁에서 밀릴 수밖에 없는 현실을 말한다. 예를 들어 KBS는 공기업으로서 수신료까지 보장받고 있으며, SBS는 태영이라는 물주가 대주주로 받쳐주고 있으나, MBC는 사정이 다르다. 방송문화진흥회와 정수장학회가 주주이나, 이 또한 투자한 자본만 있지 지속적인 이윤 창출을 하지 못하고 있다. 기실 주인이 없는 물주로서 태생이 지난 군사정권에서 민간 재산을 강제로 헌납받아 만든 단체이니, MBC는 투자할 주체나 강력한 CEO 없는 회사가 될 수밖에 없다. 직원보다 간부가 많아도 구조 조정은 할 수 없고, 따라서 돈은 더 벌어야 하니 이것저 것 뻗칠 수밖에 없다는 것이다.

리사이틀 같은 연예인 공연 등에도 유달리 문화방송 이름을 내놓는 일이 많은 것을 보면, MBC의 처지가 왜 그런지를 다시 한 번 생각하게 해준다. 따라서 주 수입원인 광고를 많이 확보하기 위해 의도적이진 않지만, 항상 방송이 무섭다는 걸 주변에 보여줘야 한다. 방송 한번 나가면 그 길로 끝장나는 것을 안다면, 누가 방송사에서 하는 일에 협조 안 하고 배길 것인가?

힘이란 상대의 잘못만 파헤치면 저절로 생기는 법, 누가 가르쳐주지 않아도 MBC 구조 자체가 그렇게밖에 될 수 없다. 그러니 정부를 상대로 한 왜곡된 'PD수첩'이 나오는 것이다. 이제 MBC는 신문사의 방송 경영을 허용하는 일명 미디어법을 놓고 정부 및 메이저 신문과 한판 대결을 앞두고 있다.

MBC의 간판 앵커들까지 투쟁에 나선 것을 보면, 그만큼 생존의 절박함이 있다는 것이다. 오래전 방송 중간에 광고 넣는 것을 가지고 『조선일보』와 볼썽사납게 싸운 일을 기억하는 국민들은 내세우는 명분이야 언론 수호이며 독점 반대지만, 사실은 밥그릇 싸움이라는 것을 모르는 사람이 없을 것이다.

용산 참사 어떻게 볼 것인가?

서울 용산 4 재개발 구역에서 발생한 참사는 그동안 발생한 과격 시위와 강경 진압의 사태가 다시 터진 것이다. 1989년 부산 동의대 사건에서도 진압 과정에서 불이 나 경찰 7명이 순직했는데, 그것이 다시 재현된 것이다. 왜 이러한 참사가 반복되는가? 한마디로 공권력이 국민으로부터 불신을 받고 있기 때문이다.

일제 시대에 경찰은 두려움의 대상이었다. 식민지 백성으로서 힘이 없었기에 무소불위의 핍박을 해도 숨을 죽여야만 했다. 해방 이후 우리의 경찰은 독재정권의 앞잡이로, 또는 일부 경찰의 부패와 자의적인 법 집행으로 국민의 불신이 깊어만 갔다. 민주화 이후 시민의 목소리는 높아갔고, 집단이기주의와 보상 문제는 시위 천국을 만들었다. 그리로 국민, 참여정부에서는 시위의 목적을 달성하는 효과를 톡톡히 보았던 것이다.

이른바 떼법이 유행했고, 협상의 우위를 점하기 위하여 시위를 이용하곤 했다. 돈벌이가 된다고 하면 집회 시위는 단골 메뉴였다. 이에 물컹하게 대응한 정부의 책임이 크다. 1969년 동경대 야스다 강당 사건 때 점거농성 중이던 좌파 학생조직 전공 투에 경시청 기동대 8,500명이 강제해산에 들어가면서 수많은 희생자가 발생하고 강당은 전소되는 홍역을 치렀다. 그런 다음 좌파의 준동인 적군파가 지하로 들어가고 일본의 정치·경제 발전의 발판이 마련되었다.

용산 참사는 원인이 자명하다. 재개발 지역의 세입자들에게 법적 테두리의 사각지대에 있는 권리금 등의 피해가 발생하게 된 것을 해결하지 않고 밀어붙이려던 재개발 측에 원천적인 원인이 있지만, 또한 공공질서를 유지해야 할 경찰이 마냥 손 놓고 있을 수도 없는 일이다.

참사가 벌어지니 결국 경찰이 욕을 먹고 지휘관이 책임을 지게 되었다. 하지만 다시 그런 일이 벌어진다면, 누가 발 벗고 불법시위를 해산하려 들 것인가? 교통이 막혀도, 국민 불편이 가중되어도, 팔짱 끼고 눈치만 보는 일만 생길 것이다.

시민단체의 기업에 손 벌리기

한국의 대표적인 시민단체인 환경운동연합은 스마일 -1이라는 지속가능 경영지수를 만들어 관련 국내 기업에 적용하고, 나온 평가 항목을 공개했다. 환경뿐만 아니라 인권, 윤리, 지역사회까지 평가 대상에 포함시켰으며, 평가비용을 부담시키고 등급을 매겨 이를 공개했다.

시민단체가 무슨 권한으로 평가의 주체가 될 수 있는지 도무지 이해되지 않는다. 이는 염불보다 잿밥에 마음이 있다는 속담처럼, 국가에서 위임받은 사무가 아니며, 관련 기관이 있음에도 시민단체에서 나선 것은 실상은 시민 권력을 위해서이다. 이를 뒷받침할 수 있는 사례로, 환경운동연합을 이끄는 환경재단이 후원금 마련을 위한 행사의 초청장을 기업들에게 보낸 것을 들 수 있다.

명목이야 어린이 환경기금 마련을 위한 것이라고 하지만, 참석 기업들에게 100만 원에서 1,000만 원까지 후원 금액을 선택하도록 했다는 것은, 한 손에는 환경 평가라는 칼을, 다른 한 손에는 후원금 고지서라는 주머니를 들고 있는 것이 아닌지 생각하게 된다.

또한, 2006년 4월 4일 중앙일간지 보도로는, 참여연대가 사무실 이전비용을 마련하기 위하여 관련 기업 850곳에 후원금을 모집하기 위한 초청장을 보내 말썽을 낳고 있다. 최대 500만 원까지 낼 수 있는 후원금은 자발적이라 하지만, 기업 감시 활동을 많이 한다는 참여연대로부터 돈 갖고 오라고 초청장을 받았으니, 강심장이 아닌 이상 안 갈 수가 없는 것이다. 버젓이 초청장에 첨부된 후원금 약정서는 말 그대로 고지서인 것이다.

시민운동 이대로 좋은가?

우리 속담에 뭐 묻은 놈이 겨 묻은 놈 나무란다는 말도 있지만, 남을 탓하기에 앞서 자신이 깨끗해야 함은 개인이건 조직이건 너무나 당연한 것이다. 한국 시민운동의 메카이며 원조 격인 경제정의실천연합이 자체 후원의 밤 행사에서 정부 공기업 등에 거액의 후원금을 요구했다 하여 말썽이다. 문제는 후원금을 요구한 것 자체가 아니라, 그 시점이 정부 투자기관에 대한 판공비 사용 내역에 대한 자체조사를 벌이고 있을 때였다는 점이다. 쉽게 말해 상대방의 약점을 미끼로 금품을 갈취하는 공갈배와 다를 바 없는 행위라고 비판을 받는 것이다.

경실련은 언제인가 자선기금을 마련하기 위해 미술 전시회를 주최한 바 있었다. 목적이 숭고하다 하여 시민단체가 그림 장사에 나서고, 시민단체의 서슬 퍼런 위력에 전전긍긍할 수밖에 없는 기업들이 앞다

뒤서 그림을 사줄 수밖에 없었다면, 그 목적은 이미 순수성을 잃어버린 것이다.

성경을 읽는다는 명목으로 촛불을 훔치는 행위가 용납될 수 없는 것처럼, 목적이 순수하다면 그 수단도 좋아야 한다. 또한, 명망 있는 한 시민운동가가 그를 따르는 자원봉사 여대생을 성추행한 혐의로 구속되었다. 그동안 쌓아올린 자신의 공덕을 하루아침에 파멸시킨 작금의 사건도 시민운동이 아직 시민 다수가 참여하여 움직이는 도덕성이 확립된 단체라기보다, 소수에 의해 움직이고, 전문성이 부족하면서 특정 정파나 이익집단의 전위대 역할을 한다는 의혹의 눈길을 갖게 한다. 그것을 볼 때 한국의 NGO가 뿌리내리려면, 건전하고 투명한 시민사회를 만들려는 시민들의 자발적인 참여가 매우 절실하다.

시민단체도 돈이 있어야 운영할 수 있고, 재정은 원칙적으로 회원들의 회비로 충당하는 게 마땅하다. 하지만 아직 한국의 시민단체는 다수의 시민이 참여하기보다, 소수의 엘리트들에 의해 움직여지고 있다. 그래서 단체의 위상을 강화하고 보다 국민에게 클로즈업되기 위해서 꼭 필요한 개발에 있어서도, 합리적 대안 제시는 못 하면서 항상 발목을 잡는다는, 반대를 위한 시민단체라는 누명을 쓰게 된다.

그러나 어렵고 힘들더라도 관청의 지원금에 의존하거나 말썽이 날수밖에 없는 기금 협조를 얻는 일 등은 시민운동의 순수성을 위해 아예 단념하고, 회비와 푼돈이라도 시민들을 위한 수익성 사업으로 해결하는 것이 마땅하다. 시민들이 참여하지 않는 시민운동은 그 힘이 공격적일 수밖에 없고, 위상 강화와 더욱 많은 지원금을 타내기 위해 무차별 반대나 감시를 펼칠 수밖에 없다.

그런 점에서 지금의 시민운동은 한 분야의 전문성과 지역성을 갖고 시민을 참여하게 하여, 스스로 그늘지고 가려운 데를 찾아내어, 시민들의 권익과 의무를 다하게 하는 시민운동이 아니다. 그보다는 사회적으로 이슈화될 수 있는 대형 국책개발 사업이나 대기업 관련 사업 아니면 지자체의 공공사업을 환경을 무기로 사업을 반대하거나, 다수의 시민단체끼리 연대해 몸집을 키우고 위상 강화에 힘을 쏟는 경향이 강하다.

그런 점에서 2000년 다수의 시민사회 단체가 총선연대를 결성하여 국회의원 선거에서 회오리바람을 일으킨 데 이어, 올해에는 더 많은 시민단체가 참여하는 개혁연대를 결성, 출범시켜 정치개혁, 지방자치 발전 등 개혁이 필요한 현안에 대해 운동을 펼친다고 한다. 하지만 그 순수성에도 불구하고 적지 않은 부작용이 나올 수 있다.

시민운동이 다양성에 기초한 개별적 운동이 되어야 하는데, 효율성을 이유로 패거리 집단화하여, 결국 힘으로 목적을 성취시키는 결과를 초래하게 된다면, 이는 시민단체가 세력화하여 이익 집단화할 가능성이 높다. 다시 말해 사회적인 모든 문제는 국민의 권한을 위임받아 행사하는 정부 및 국회의 기능으로 해결할 수 있어야 한다. 시민사회 단체의 운동은 국가의 주인인 시민이 스스로 권리와 의무를 다하여 헌법 제2조에 명시한 바와 같이 스스로 주인 역할을 할 수 있도록 시민을 참여하게 하고, 사회적 문제를 국민의 입장에서 시기에 맞게 정부와 국회가 고쳐 나갈 수 있도록 대안을 제시해야 한다. 그것이 시민단체의 정당하고 올바른 선택이다. 집행 기관이 정확한 여론을 수렴, 행정과 입법의 정도를 걷도록 하는 개별적·지역적 감시와 계도성 운동에 그 범위를 두어야 할 것이다.

언론은 공정성이 생명이다

언론의 기능은 보도성과 계도성에 있다. 어떠한 사건, 사실 등을 알려줌으로써 많은 사람들이 정보를 공유하게 하는 뉴스 전달의 역할은 그 자체로서 끝이 아니라 여론까지 형성시킨다. 그래서 보도에만 그치지 않고, 사설이니 기획 기사로 국민을 계도하기도 하고, 특정 방향의 여론을 만들어간다. 따라서 언론은 권력의 제4부로 불리고, 민주화 사회일수록 그 권력의 힘은 막강하다. 이러한 힘은 원하든 원하지 않든 간에 비리와 모순이 많은 사회일수록 상대적으로 막강한 힘을 얻게 된다. 그리고 이를 핑계로 언론 자체가 힘을 통한 이익 추구 및 몸집 불리기 타성에 젖게 되는 것이 현실이며 속성이라 할 것이다.

그런 점에서 우리 한국의 언론도 여기에서 자유롭지 못하다. 특히 민영방송 및 영상 매체에 밀리고 있는 일간 신문들은 더욱 그럴 것이다. 소위 메이저 신문으로 불리는 4대 신문사들이 창간 기념일에 정치·경제·문화 각계각층 인사들을 초빙하여 기념행사를 하는 것은 그들의 위상 강화와 무관하지 않다. 그런 점에서 언론의 권익은 어떠한 경우에도 침해받아서는 안 되지만, 언론 경영이 족벌 체제를 유지하고 부와 권력을 세습하면서, 재벌의 세습을 비판하고 편집성 독립을 운운한다면, 그것은 이율배반적이다.

현재 벌어지고 있는 중앙 언론사에 대한 세무조사가 정권의 언론

길들이기인가, 아니면 조세 정의실현인가에 대해 여야가 첨예하게 대립하는 것은 그렇다 하더라도, 같은 언론이면서도 방송사와 후발 신문사들이 세무조사에 강한 불만과 반발을 하는 소위 빅3로 불리는 권위 있는 신문사와는 다른 시각을 갖고 동조하는 것을 보노라면, 언론도 언론사마다 서 있는 위치에 달라 보도 내용이 달라진다는 것을 알 수 있다. 언젠가 『조선일보』와 문화방송의 볼썽사나운 싸움질은 그 내용이 방송의 광고 시간 늘리기에서 촉발된 것이다. 이는 국민 편익과 공공성을 위한 다툼이 아니라, 광고시장을 놓고 벌인 한판의 먹자 싸움인 것이다.

2001년 새해 벽두 한국방송 광고 공사가 MBC의 미디어랩 관련 보도가 허위라며 제동을 걸고 나온 것도 방송 광고 판매대행 등에 관한 법률안 심의와 관련한 관계기관 및 당사자들의 이익을 위한 속 보이는 신경전이었다. 이 또한 황금대의 광고시장을 놓고 벌이는 뺏고 뺏기는 싸움인 것이다.

언론의 이러한 정도를 넘어선 이윤추구 행위는 편파 보도, 추적 보도 등 다분히 어떤 의도성 보도로 흐르게 마련이다. 한국 언론의 편파 보도와 불공공성은 어제오늘의 일이 아니지만, 나 자신이 관심 있는 사항을 겪고 보노라면 그 정도가 너무 심하여 이를 쓰지 않을 수 없다.

평소에 새만금이 전북 발전의 교두보가 되리라는 믿음을 가진 필자는 새만금에 대한 중앙 언론사의 편향된 보도와 기획 방영에 몹시도 언짢아 있었다. 그러던 중 한 해가 저물어가는 연말 대형 국책사업 새만금에 대한 예산안이 삭감되느냐 마느냐 하는 국회 예산결산

위원회의 심의가 한창일 때, 『조선일보』 조간 사회면 사진은 독자의 눈을 끌기에 충분했다. '새만금 갯벌 살려야 한다'는 환경단체의 국회 앞 시위 사진이 이를 극명하게 말해준다.

사회면 상단에 데모 사진이 크게 실렸다고 하여 크게 문제 될 것은 없으나, 문제는 언론의 이러한 새만금에 대한 보도 관행이 형평성을 잃었다는 것이다. 민관 공동 조사단이 출범하고 연구 조사한 결과를 발표하기로 했으나, 찬반 측 위원의 대립이 팽팽하여 갈등을 일삼던 중, 반대 측 일부 위원들이 기자회견을 하고 장 밖으로 튀어나가, 어떻게 경비가 삼엄한 국회 안에 들어가 시위를 할 수 있었는가. 웅장한 국회 전경을 배경으로 SOS 피켓을 들고 연출한 사진은 과연 갯벌을 살려야 한다는 메시지를 전달하는 훌륭한 예술작품이었다.

시위도 그렇지만, 그 짧은 순간에 사진을 찍어 대문짝만큼 실어주는 이 나라의 언론이 정말 정도를 걷고 있는 것일까?

또 있다. 얼마 전에는 1면에 큼직하게 '새만금은 밑 빠진 독에 물 붓기'라는 시위대의 퍼포먼스 같은 행동을 크게 클로즈업하여 실었다. 이를 보는 독자라면 새만금은 국민의 혈세를 쓸데없이 낭비하는 것으로 생각하게 할 수 있다.

시민운동 과연 이대로 두고 볼 것인가?

조선 후기 서원의 폐해는 가히 상상 이상이었다. 대원군의 집권 직전에 무려 650개의 서원이 있었는데, 백성들로부터는 사설 세금을 거뒤들이고, 정부로부터는 국고 보조금을 받아 무위도식하는 유생들의 집합체가 되었다. 면세전과 노비가 있었으며, 서원의 개축 및 건축 수리 등의 명목으로, 또는 춘추제전을 빙자하여 지방 관헌, 일반 백성들로부터 막대한 재화를 받아들였다. 그리고 군역을 기피하려는 사람을 원로로 지망하게 하여 이들의 도피처가 되었다. 또 아무리 범죄인이라도 서원에 피해 들어오면 잡아낼 수가 없었다.

서원의 권력화를 위해 연판장 운동으로 여론 구실을 하고 당쟁을 조장했으며, 상소를 통해 유생들의 힘을 과시했다. 이는 당파싸움에서 상대를 누르고 꺾기 위해 유생들을 이용하려는 정부의 당파적 권력자들의 요구와 맞아떨어져, 서로 상부상조가 필요했기 때문이다.

이것이 지금 이 시대의 시민운동과 과연 비슷한 점이 없는지 한번 연관 지어 생각해보자. 정당은 당선되고 집권하기 위해 시민운동을 통한 여론몰이와 표가 필요했고, 시민운동가는 정부의 인허가를 받지도 않고 시험 한 번 안치고도 끼리끼리 패거리 연대해 목소리 외쳐대면, 여러 가지 막대한 반사 이익이 돌아왔다.

시민운동 한다는 이유만으로 막대한 국고 보조금이 지원될 수도 있으며, 시민운동으로 자연스럽게 생기는 시민 권력을 이용하면 물건 팔아먹는 재미 또한 쏠쏠하다. 얼마 전 KBS에 보도된 환경운동연합의 수력 원자력 같은 관련 기업에 선물용품을 판매한 것 같은 사례가 이를 잘 말해준다. 또한, 잘하면 권력의 심층부나 정부의 각종 위원회에 착석할 수 있으니, 이 얼마나 유리하고 편리한 방법인가?

그러나 한번 생각해보자. 미래를 준비해야 할 정부가 당연지사 할 일인 개발의 발목을 잡고, 그러면서도 책임을 지지 않는 이러한 시민운동이 후손에게 준비 못 한 민족의 실책으로 다가올 때, 어떻게 감당할 것인가? 조금이라도 양심이 있는 시민운동가는 반성할지어다. 새만금이 그 대표적 예이다.

내부 고발자가 정의 사도인가?

삼성 비자금을 폭로한 전 법무팀장 김용철 변호사에 대한 평가가 엇갈리고 있는 것은 내부 고발자에 대한 인식이 정의와 배신의 양면성을 갖기 때문이다. 내부 고발을 하면서 양심의 상징으로 비치는 천주교 정의구현 사제단의 힘을 빌리는 것을 보면, 단순한 고발이 아니라 정치성을 갖게 되는 것이다. 언론의 스포트라이트를 받으면서 하는 고발 회견은 단순 내부 고발 차원을 넘어 이미 정치적인 사건으로 만들어진다. 이는 한 기업의 부도덕성의 문제가 아니라, 삼성이 갖는 위치로 보아 한 나라의 이념적 좌우 대립에서 싫든 좋든 좌측에서 한 판 승부를 겨냥한 것이 되기 때문이다.

그가 삼성에서 100억 원 정도의 대가를 받고서도 또는 어떤 개인적인 요구가 받아들여지지 않자, 정의의 사자라는 이름으로 변신한 것이 진정성이 없어 보이는 것은 삼성 재직 시 불의를 알았을 땐 왜 고발하지 않고 이제 하는가 하는 것 때문이다. 삼성 비자금 폭로가 단순한 폭로에 머물지 않고 나라를 송두리째 뒤흔들 사건이라는 것은 검찰 고위층의 떡값 시비를 보더라도 알 수 있다. 이번 사건을 보면서 우리 사회에 남의 약점을 잡아 한 몫 보려는 사람들이 있어서 살벌하기 그지없다는 생각이 다시 한 번 들게 된다.

　모텔을 출입하는 남녀의 사진을 찍어 신원을 확인하고, 부적절 관계가 밝혀지면 한 몫 챙길 수도 있고 교통법규 위반자를 찰칵하면 돈이 생기는 사회이다. 해고당하거나 서운하게 나오면, 노동부에 진정과 함께 공장의 사소한 불법 소각 사실을 고발하여 기업주를 코너로 몰아넣기도 한다. 조그만 추돌사고에도 병원에 드러눕는 나이롱환자가 조금도 줄어들지 않고 있다. 세상이 이렇게 남의 약점을 가지고 한몫 챙기려 든다면, 이게 사람 사는 사회인가? 야수만도 못한 사회 아닐까.

오해는 증오를 낳고, 증오는 엄청난 결과를

　유대인은 2차 대전 전후하여 600만 명의 귀중한 생명이 참혹하게 희생되었다. 나치스 히틀러의 게르만 민족주의의 제물이 된 이면에는, 독일 내 상권을 쥐락펴락하던, 독일사에서 독일인이 겪은 경제적 피해의식이 있다. 하지만 유대인에 대한 편견과 오해가 이를 부채질했음을 대다수 사람은 잘 모르고 있다. 꼭 집어 이야기할 것은 아니지만, 셰익스피어의 희극 '베니스의 상인'이 끼친 영향도 알게 모르게 있을 것으로 생각한다.

　다시 말해 유대인은 그렇게 잔인하고 야만적이지 않은데도 불구하고, 독일인들은 유대인 고리 대금업자 샤일록이 채무자 안토니오가 빌려 간 돈을 못 갚자, 약속대로 가슴에 붙어 있는 1파운드의 살을

집요하게 요구했다는 소설 속의 사실에 알게 모르게 유대인에 대한 편견과 증오를 키웠다는 것이다. 이렇듯 소설이나 영화처럼 사실이 아닌 허구라 하더라도, 사실적으로 받아들이는 일반인들에게 그것이 끼치는 영향은 실로 지대하다.

요즈음 KBS 주말 드라마 '서울 1945'를 보면 이러한 허구적 작품이 사실로 현실화되어 오해를 불러일으키고, 따라서 생각과 판단이 편향됨을 우려하지 않을 수 없게 된다. 해방 전후 좌우 대립에서 좌측에 있는 사람들은 분단이 아닌 완전 통일을 염원하고, 의젓하고 맑고 신념에 찬 인상을 심어주는 데 주저하지 않는다. 그에 반하여 우측에 있는 사람들은 친일의 잔재를 수용하고 여운형 암살을 은연중 지시하고 있음을 보여주고 있다. 그들이 탁하고 박약한 인물들로 그려지고 있어서, 현재 사회에 극심한 좌우 갈등에 끼칠 악영향을 생각하면 참으로 안타깝다.

주인공인 김혜경과 최운혁의 이미지, 그리고 문석경과 이동우 보좌관의 이미지는 전혀 딴판이다. 그렇게 해서 6.25를 모르는 요즘 젊은이들의 시선을 끌 요량으로 구성된 의도적인 것이라면, 정말 문제가 있다. 관객 천만 명을 돌파했다는 '태극기를 휘날리며'를 자세히 보면, 국군의 활약상이 무엇인가 이상하게 그려져 있다. 이북의 공산군에 비해 잔인하고 휴머니티가 없게 그려져 있음을 영화를 본 사람이면 바로 알 수 있다. 실수이든 의도이든 영화라는 것이 비록 사실 같은 가짜이지만, 알게 모르게 오해와 사상을 감염시킬 수 있다는 사실을 안다면, 그냥 넘어갈 일이 아니다.

5장

사회복지

시간 속에 세상의 조화가 있다

　봄엔 난초가 피고, 가을엔 국화가 핀다. 이처럼 꽃도 종류에 따라 피는 시기가 다르듯, 사람의 성공도 그렇다. 일찍 성공을 이룬 사람도 있는가 하면, 말년이 되어서야 늦게나마 되었다는 소리를 듣는 경우가 있다. 언제가 한 대학원생이 석사학위 논문에서 사회적 현상을 확률로 나타낸 바에 따르면, 교통사고는 10월에 많이 나고, 자살은 4월, 고혈압 환자의 사망률은 1월에 많다는 것이다. 10월은 놀러 다니기 좋은 계절이어서 교통사고가 많이 나고, 만물이 생동하는 봄은 자신의 처지를 볼 때 스스로 비관할 수밖에 없는 시기이며, 그래서 4월은 잔인한 달이라 하지 않았던가. 1월의 엄동설한에는 추위 때문에 운동은 안 하고 기름진 음식을 즐기니 혈관계가 고장 날 수밖에 없으리라. 이처럼 계절에 따라 사회적 현상이 다르게 나타나듯, 인간의 생명 현상도 이 범주에 벗어나지 못한다고 할 것이다.

　사람은 동등한 조건이 아니라 서로 다른 시공간의 운명적 요소를 갖고 태어난다. 한국에 내로라하는 글 잘 쓰는 문인들이 같은 나이 또래임을 알고 그 출생한 해를 보았다. 그러자 소위 역술인이 이야기하는 문창성이 비치는 해여서 문인들이 많이 배출되었다고 한다. 이는 믿거나 말거나 하는 이야기가 아니라, 바뀌는 해마다 그 비치는 기운이 다르기 때문이라는 것이다.

언제인가 중국에는 9자가 들어가는 해에 큰 홍역을 치른 다 했는데, 5.4 민중반란, 천안문 사태 등이 그랬다. 한국에서는 토금 운이 있는 10년 단위로 큰 사건이 일어난다 하여 입쌀에 오르내리고 한다. 경술년 국치가 그것이요, 기미년 삼일 독립사건, 10년 뒤의 광주 학생사건, 1950년 6.25사변, 1960년 5.16 군사 쿠데타, 1970년에는 다른 어떤 해보다 태풍이 많고, 수백 명이 죽은 남영호 침몰사고 같은 재난과 사건·사고가 많았다. 그 뒤 1980년 무고한 시민이 희생된 광주 민주화운동 등 10년 주기로 큰 사건이 도래했다. 이는 인간의 사회적 활동 이전에 그 어떠한 기운이 뻗치기 때문이라 생각하지 않을 수 없다.

왜 이런 말이 있지 않은가? 여자가 범이나 말의 해에 태어나면 팔자가 세다 하여 여성을 비하했던 옛날이야기는 현대사회에서 보면, 그만큼 그해 태어난 여성들이 적극적이고 자기주장이 뚜렷하여 유순하고 복종만을 원했던 가부장 시대에는 맞지 않은 여성상이었던 것이다.

입춘에 일양이 시행하고, 하지에 일음이 시생하여, 육양과 육음이 번갈아가면서 음과 양이 교차하여 만물의 기를 주관하고, 양이 시생하는 시기에, 그것도 5양처럼 왕성한 양의 시기에 여자로 태어났다면, 여자라 하더라도 씩씩하고 활달한 것이 웬만한 사내보다 나을 것이다. 또 음이 성하는, 4음이 성하는 시기에 태어난 사내아이라면, 왠지 계집애보다 못한 나약한 샌님이 되기 쉽다는 것이다. 연 단위의 구분만 있는 것이 아니라, 한 달 중에서도 계집아이가 초승달이 뜨는 음력 초에 태어나면 그 괄괄함이 남성 같으며, 반대로 그믐에 태어나면 유순하다 못해 순둥이가 된다고 한다. 남아 역시 이런 이치로 보면 태어난 아이의 성격 등을 알 수 있다. 이는 선천적 조건으로서 운명의 기틀이 되며, 그것을 타개하려는 의지가 있어도, 내 의지와 상관없이 주위에 있는 삶의 조건이 이를 억눌러버린다. 그래서 이에 순응하며 살아갈 때 우리는 그것을 숙명이라 부른다.

방글라데시 같은 나라의 농촌에서 가난한 아버지를 둔 여러 형제의 하나로 태어났다면, 배움을 갖기도 어렵고 먹고사는 것이 힘들어 가난을 숙명처럼 받아들이게 될 것이다. 어른이 되어서는 내세를 위한 믿음을 가지게 되며, 물질보다 정신적인 위안에서 행복감을 찾으려 하는 것이 어쩌면 숙명적이라 할 것이다. 그러나 똑같은 가난 속에 태어난 빈민가 출신의 흑인이라도, 그 장소가 기회의 땅이자 노력한 만큼 얻을 수 있는 미국이라면 사정은 달라질 수 있다. 그러나 시기가 링컨의 노예해방 이전에 흑인으로 태어났다고 할 때, 아무리 기회의 땅이라도 그 기회는 성취될 수 없다. 이처럼 인간의 운명은 시간과 공간 속에 천차만별의 조화를 부리고 있는바, 이러한 시공간이 미치는 절대적 영향에 대해 우리는 공간을 환경이라 칭하고, 시간은 운이라 칭한다. 공간과 시간은 서로 상호 의존적인 함수관계를 갖고 있다. 포유류, 각갑류, 조류, 어류, 파충류 등 많은 동물들도 그가 가진 태생적 공간이 시간을 만날 때 커지거나 쇠락하는 것이다.

암은 치료가 아니고 예방이다

　현재 4대 성인병의 주범인 암은 현대인에게 두려운 공포의 대상이 되어 있다. 한 번 발견되면 치료 방법이 마땅한 것이 없어서, 더 이상 진행되지 않게 항암제를 투여한다든가 방사선 치료를 하는데, 그로 인한 환자의 고통은 이만저만이 아니다.

　암은 전염병이 아니지만, 암이 바이러스나 세균에 의해 유발될 수 있다면, 간접적으로 전염될 수 있다는 추리도 가능해진다. 독일 하이델베르크 대학 의대 팀은 암이 1/3 정도가 바이러스나 세균에 의해 발생한다고 발표한 적이 있다. 이들이 간염 바이러스, 파필로마 바이러스, 헬리코박터 세균 등이라는 것은 이미 잘 알려진 사실이다.

　이러한 바이러스나 세균 말고 암의 발생 원인으로 주목받고 있는 것이 바로 스트레스이다. 요즈음 현대인들은 스트레스가 만병의 원인이 된다 하여 스트레스 노이로제에 걸려 있다. 스트레스란 인체의 자연적인 심리적 현상으로서 세균 자체가 본래 악의가 없듯이 스트레스도 인간을 해치는 악마는 아니다. 어떠한 대상이 내 마음에 반응하여 몸의 변화를 일으키는 단순한 자극일 뿐이다. 이러한 자극에 신경이 작용하고, 호르몬 등 내분비계에 영향을 끼쳐 결국 신체의 어떤 부분들이 변하는 것이다. 스트레스는 고혈압, 심장병, 당뇨, 암 등 난치병의 원인으로 지목받고 있다. 모두 이를 무서워하고 피하려 하고 있어, 스트레스를 푸는 사업이 호황을 맞는다는 것이다.

　그러면 스트레스가 이처럼 백해무익한 것일까? 어떤 연구에 의하면 감기에 잘 걸리는 사람들이 암에 걸릴 확률이 낮다고 한다. 일견 모순된 것 같지만 시사하는 바가 매우 크다. 감기는 바이러스에 의한 감염이다. 자주 바이러스가 침입하면 신체는 방어 기능이 작용한다. 즉 싸움을 자주 해본 사람이 싸움을 잘한다는 이치와 같다. 적당한 스트레스는 외부 자극에 대한 방어기작을 작용시켜 면역력을 증대시킨다. 따라서 스트레스는 인체 건강을 유지하는 데 매우 긴요한 자극제인 셈이다. 다만 그 스트레스가 풀리지 않고 계속 쌓여갈 때 문제가 되는 것이다. 남성우위 시대에서 많은 여성들이 억눌림과 분함이 마음속에 쌓여 한이 되어 화병으로 쓰러진 우리의 여인사를 보면 알 수 있을 것이다.

따라서 암이란 우리의 신체기작에서 외부의 침입보다 내부의 평형이 깨어졌을 때 발생하는 것이라 할 수 있다. 일석삼극이라는 표현을 쓰기에 적당치 않지만, 하나의 음에서 셋의 양이 조화를 이루는 신체의 오묘함을 우리는 기(氣)라고 한다. 하나의 무형 경락이 12 통로를 이루고 360 경혈이 있어, 이것이 바탕이 되기에 우리 몸의 유형의 통로가 생겼다. 이게 바로 순환계, 림프계, 신경계 등인데, 이 세 가지는 서로 함수관계를 가지고 있다. 따라서 신경을 너무 많이 쓰면 림프계의 호르몬 분비와 혈액의 산도에 영향을 줄 수 있다. 그러므로 건강을 유지하기 위해서는 이 세 가지가 통로가 적거나 많지도 않고, 약하거나 강하지도 않아야 한다.

따라서 신경과민이나 스트레스에 따라 내분비 계통의 호르몬에 이상이 오면 그것이 신체균형을 떨어트리고, 이것이 정상 세포의 돌연변이를 초래할 수 있다. 또 산성화된 식품이나 본인 체질에 맞지 않는 음식을 과식, 과음할 때 필요 이상의 성분이 증가하여, 생리대사 기작에 불균형을 초래함으로써 피가 탁해지고 질병의 원인이 된다. 이런 점에서 암 발생의 방지를 위해서는 편안하고 낙천적인 생각과 적당한 운동, 부족하고 체질에 맞는 신선한 약알칼리성 식품을 섭취하는 게 중요하다. 이는 혈액과 내분비 계통에서 농도 평형을 유지하는 데 매우 중요하다. 우리는 이것을 산·염기 평형설이라 한다. 사람의 생장과 소멸은 이러한 산·염기의 반복인 순환작용에 의한 것이라 볼 수 있다. 유전자의 나선형 염색체처럼, 뫼비우스의 띠처럼 산화와 환원 법칙은 생물을 자연과 함께 서로 바꾸는 신비함을 지속해 나간다.

양·한방 협업 진료가 사람을 살린다

현미경을 발명하고 세균을 찾아낸 덕에 비약적으로 발전한 서양의 양방 진료는 의학의 본류로서 의료계 중심에 자리 잡았다. 외과적 수술과 항생제의 비약적 개발은 많은 바이러스 퇴치와 함께, 수많은 질병으로 고통받던 인류를 구원했다. 그러나 세기말에 이르러 서양의학의 한계와 무력함이 속속 드러나기 시작했는데, 특히 내성에 의한 부작용이 큰 문제로 대두되었다. 암, 고혈압, 당뇨 등 성인병에 대한 근본 치료가 이루어지지 못하고 대증요법에 머무르고 있으며, 항생제 남용으로 생기는 것으로 보이는 슈퍼박테리아의 출현에 속수무책인 실정이다.

얼마나 많은 사람이 암 치료에서 종양을 도려내는 외과적 수술을 택한 결과, 결국에는 전이되고 재발하여 죽어갔는지 헤아릴 수 없다.

당뇨로 살이 썩어갈 때도 인슐린을 주사하여 일시적으로 당의 수치를 낮추는 것으로 끝이다. 근본 치료를 못 하는 것이다. 그런데도 서양의학의 자만심은 여전히 메스를 들이대는 것만을 능사로 삼고 있으며, 동양에서 수천 년 내려온 또 다른 진료인 한방 치료나 침, 뜸의 입증된 효과까지 인정하지 않고 있다.

서양의학은 실험과 검증을 요구하는 생물과학 이론이다. 따라서 매우 과학적이다. 반면 동양의학은 인체를 소우주로 보고 음양철학의 음양오행 이론을 기본 이론으로 설정하고 있다. 이러한 이론의 출발점의 차이는, 서양의학이 병을 외부에서 침입한 세균과 바이러스에 의한 것으로 보고 항생제를 투여하여 병을 몸 밖으로 내보내려는 치료법인 반면, 동양의학은 병이란 내부의 기능이 불균형되어 생긴 것으로 판단하여 기, 혈을 순환케 하고 저항력을 키워 몸이 병을 이기게 하려는 치료법이다. 어떠한 상태나 물질이 과불급이 되어 본래의 평형이 깨진 것으로서, 저항력이 약해져 병이 생긴 것으로 보는 것이다.

따라서 신체의 면역 기능을 높여줌으로써 세균들이 살지 못하게 하는 개념이다. 따라서 서양 의술은 병이 생긴 해당 부위의 병명을 밝혀내고 화학 성분의 약효를 국소적으로 얻고자 하는 데 반하여, 동양 의술은 성분의 개념보다 전체적인 균형을 살리는 데 목적이 있다. 어느 것이 좋은 치료법이 되는가는 병의 중상과 원인에 따라 다르고, 치료 시기에 따라 다를 수 있다. 다만 우선 급한 불은 끄는 데는 서양 의술이, 불이 발생하지 않도록 예방 차원에서는 한방 진료가 도움되지 않을까 싶다.

즉 한방 진료는 웅덩이에 물이 고여 해충이 생기면 그것을 우선 잡아내되, 이어서 물을 흘려보내 썩었던 물이 정화되어 자연적으로 벌레가 없어지도록 하는 방법인 것이다. 썩은 물은 그대로 놔두고 해충만 없애려는 어리석은 방법을 새천년에도 지속해야 하는가? 질문하지 않을 수가 없다.

동양의학은 전체적인 균형을 맞추기 위해서 기(氣)와 미(味)의 개념을 한약에 도입한다. 열이 많은 사람에게는 서늘한 기운의 식품을 복용하게 한다. 균형이 깨지는 것은 태과불급의 이치로 보는 것이다. 따라서 열로 인하여 발생한 병에는 열을 설기하고 식혀주는 방법으로 약재의 성질을 이용한다. 열에 열을 더하면 열이 넘쳐 균형이 깨져 상하게 된다는 뜻이다. 따라서 몸에 한기가 많은 사람은 온성 식물로 따뜻하게 보해주는 방법을 쓴다.

즉 반대의 개념을 적용하는 것이다. 열하고 온하고 편하고 서늘하고 찬 다섯 가지 기운과 시고, 쓰고, 달고, 맵고, 짠 다섯 가지 맛으로 균형을 맞추려는 것이 한약의 본질이다. 우리가 감기에 걸렸을 때 보리차를 마시는 것은 보리가 가지고 있는 찬 기운을 이용하여 감기의 열을 상쇄하려는 방법이기도 하다.

따라서 서양 의술은 외과적 수술이나 급성인 염증에, 동양 의술은 예방적 차원의 진료와 만성적인 퇴행성 질환에 알맞은 치료법이라 할 수 있다. 이러한 점을 미루어 볼 때 이제는 제3의 의학인 양방과 한방이 협업 진료로 나가야 한다. 동서양 의학의 만남이 병마에 시달리는 인류를 구원하는 대체의학이며 제3의 의학이라고 볼 수 있다. 지금까지 서양 의술이 환자의 특성을 고려하지 않은 채 진단을 보편적으로 적용하는 것에 반하여, 환자 각자의 체질적 특성을 고려하여 판단하는 개별적 적용을 할 때 보다 치료의 효율성을 높일 수 있기 때문이다.

또한, 양·한방 진료는 지금까지 암 치료에 있어 항암제 부작용, 특히 백혈구 감소로 인한 면역력 저하를 극복할 것으로 기대해볼 수 있다. 다시 말해 세균에 의한 감염 증상에 강한 항생제만을 의존할 것이 아니라, 동양의 철학 개념을 도입하여 면역력을 증대시키는 한방 치료가 같이 병행되어야 한다. 현재 양방과 한방으로 나뉘어 운용되는 진료 체계를 통합 운용시키는 작업이 필요하다. 병이 들어 양방 진료를 한 후 다시 한방을 간다? 비능률이고 비효율적이다. 우선 병의 상태가 심각한데, 국소적 응급치료보다 한방 병원에서 면역력을 증대시킨다고 보약만 먹고 있을 수는 더더욱 없다. 한 곳에서 이루어지는 양·한방 협업 진료 시스템이 현재 제기되는 문제의 병들을 고칠 수 있는, 우리가 선택할 수 있는 진료 방법이다.

서양의학이 이러한 진료 체계를 받아들인다 하여 위상이 훼손되는 것은 아니다. 오히려 양·한방이 가진 서로의 한계를 극복하기 위한 상부(相扶)의 새로운 의학 시대를 여는 것이다.

MRSA 박테리아가 서양의학의 오만함 때문에 식인 박테리아로 불림을 깨달아야 한다. 세균도 우리와 더불어 살아가는 조물주가 만들어낸 소중한 생명체이다. 역설적으로 이야기하자면, 세균이 없으면 우리의 생명도 존재할 수가 없다. 세균을 박멸해야 할 대상으로 삼고 수많은 항생제를 개발, 남용해왔기에 이제 그 반격을 우리가 받는 것이다. 업보인 셈이다.

우리는 세균과 더불어 살고 있다. 체내에서도 체외에서도 더불어 살아가는 동반자이다. 우리가 영양소로 필요로 하는 광물질에도 중금속이 있듯이, 세균에도 병이 되는 세균과 병이 되지 않는 세균이 있을 뿐이다. 우리 몸속에 각종 세균이 있다 해도, 그것이 병이 되지 않고 외부의 균이 침입해도 병이 되지 않는 것은, 세균들의 세력이 평형을 유지해주기 때문이다. 사람의 신체적 평형을 이루는 것이 바로 예방의학이며, 우리의 건강을 유지하는 길이다.

의료 진료의 개방개혁

사람이 일생을 살아가면서 행복의 조건을 꼽으라면 두말할 필요도 없이 모두가 건강을 내세우지 않을 수 없다. 건강은 빈부귀천을 떠나서 모두가 원하는 삶의 필요조건이다. 의학의 발달과 의료 진료의 사회보장으로 많은 국민이 의료혜택을 보고 있는데, 이는 정말 우리가 선진국임을 느끼게 해준다. 그러나 이제 새로운 21세기를 맞이하여 새로운 의료 진료의 개혁이 절실히 필요함을 말하지 않을 수 없다.

그러면 누구를 위한 의료 개혁을 해야 하는가? 마땅히 국민을 위한 의료 개혁, 다시 말해 국민을 위한 의약분업이 시행되어야 한다. 그러나 그 내용을 잘 살펴보면 국민이 아닌 의사, 약사를 위한 의약분업이요, 그래서 둘이서 머리 터지게 싸운 것이 새천년 내내의 일이었다. 결국, 의약분업의 상당 부분이 변질되고 국민들의 의료비 부담만 늘어나게 되었다. 이것은 개혁이라 할 수 없다. 한때는 개업 몇 년이면

빌딩 한 채 생길 수 있어, 혼기를 앞둔 처녀들의 일급 신랑감으로 중매쟁이들이 찾아 나서곤 했는데, 이제는 그렇지 않다.

매년 의대에서 무한정 쏟아져 나오는 의사들의 양적 팽창으로 거리마다 병·의원들이 넘쳐나며, 당연히 치열한 경쟁을 수반하게 되었다. 한 마디로 왕진 가방을 들고 환자를 찾아 나서야 하는 판국이 된 것이다.

약사들은 어떤가? 대다수 모든 국민이 죽을병이 아니면 가까운 약국에 가서 약 한 봉지 사 들고 먹고 견디던 시대가 있었다. 그래서 국민의 1차 진료기관으로 사명감과 보람이 있었고, 수입도 어느 장사보다 나았다. 하지만 의료보험이 시행되고 거리마다 동네마다 병·의원이 넘쳐나고부터는 낙엽의 계절이 왔다. 병·의원이 의료보험이라는 제도 아래 값싸게 진찰에 약까지 지어주니, 편리한 의료혜택에 약국에는 찬바람이 쌩쌩 불었던 것이다. 여기에 간단한 드링크나 소화제 정도는 슈퍼에서도 살 수 있게 되다 보니, 약국의 생존 위기가 도래했다. 그래서 나온 것이 한약 조제권이요, '약은 약사에게'라는 의약분업인 것이다.

약사를 살리기 위한 의약분업 정책은 위기에 서 있는 의사들의 반발을 사게 되었고, 싸움 끝에 얻은 휴전 조약의 결과는 고스란히 국민 부담으로 전가되었다. 그동안 부와 명성을 얻는 지름길로 선생님, 박사님의 대명사인 의사가 새로운 변환의 시대에 들어선 것이다. 다시 말해 의료 행위도 고귀한 생명을 다룬다는 성스러운 특수 직업에서 일반 직업화되었고, 스스로 사회적 지위를 끌어내려 의료 일꾼으로 환자를 찾아 나서야 하게 된 것이다. 의약분업으로 이래저래 국민이 최대 피해자가 되었다.

1999년 의료보험 재정 적자가 1조 원이 훨씬 넘어섰다는 통계와, 이를 극복하기 위하여 본인의 외래진료 부담금을 상당액 인상하리라는 전망이 바로 그것이다. 시행된 의약분업에 따라 의사의 처방이 있어야 약을 구입할 수 있게 되어 있어, 지금까지 웬만한 병이면 그저 약국에서 약 한두 번 지어먹고 버텼던 서민들이 이제는 원칙대로 병원 진료를 통해 약을 먹어야 한다. 이중의 시간적, 경제적 부담을 지게 된 것이다.

의약분업 시행 3개월째 지역, 직장, 공무원, 교사, 의료보험 조합에서 지급하는 월급여비(보험자 부담 진료비)가 의약분업 시행 이전보다 월 3,000억 원이 늘어났다. 값비싼 약 처방과 의보 수가 23% 인상이 주된 요인이었다는 것이 이를 잘 말해준다. 의약분업이 약의 남오용을 막고 국민의 올바른 건강 관리와 의료 진료와 체계의 투명화를 실현하는 이점이 있다는 등 여러 명분과 이유를 들고 있지만, 기실은 의사, 약사의 실리추구를 위한 제도였음이 드러났다. 그러므로 이제 이제도의 실현에 앞서 생각해보아야 할 의료 진료의 개방과 다양성의 제도를 법제화하는 방안을 시급히 강구해야 할 것이다.

의약분업 시행 목적인 의약품 오남용은 여전하고, 보험공단에서 지급한 보험 약값은 더욱 늘어나고, 환자들이 내는 본인 부담금도 30% 이상 높아진 의약분업이 과연 의료개혁인가? 묻고 싶다. 동네 의원, 약국의 수입만 늘어나고 국민 불편만 늘어난 '으약분업'(?)은 당장 근본적 수술이 필요하다. 국민 1인당 의료보험료 부담액이 약 2만 원으로, 이를 4,000만 인구에 곱해 계산하면 8천억 원이라는 계산이 나온다. 천문학적인 돈을 거둬들이면서 환자의 진료 시 본인 부담률이라 하여 또 돈을 내게 하고, 특수한 CT 촬영이나 MRI 등은 보험혜택을 못 받게 한다. 그뿐만 아니라 의사가 치유상 주사제나 신약을 쓸 때, 보험 수가에 맞는 저가 약만 처방해야 하는 한국의 의료 현실, 과연 무엇이 문제인가?

결국, 국민의 의료 보장을 명분으로 한 정부와 이익단체의 나눠 먹기 운동 아닌가? 현재 국민들의 병원에 대한 불만사항으로 지적되는 과잉진료, 불필요한 검사, 진료비 이중청구 등이 개선되지 않고 의약 분업을 실시할 경우 환자들의 많은 시간적·경제적 손실은 불가피하다. 국민들은 가벼운 질병에는 가볍게 진료받을 수 있는 시스템을 요구한다. 지압, 뜸, 침 등 전래의 한의학적인 진료 방법도 제도권에서 양성화하고, 더 나아가 생활 속에 이용되고 있는 전통적인 한방약의 제조와 건강원의 의료식품 제조 행위도 체계적인 연구와 검증으로 국민의 건강을 책임지는 1차 분야로 설정하여, 약이 아닌 다른 방법의 진료 체계도 갖추어야 한다. 이미 서구에서는 음악 및 미술 등이 질병 치료의 한 분야로 진입, 과학적인 연구와 개발로 이미 예술 치료사가 활동하고 있다고 한다. 그런데 수천 년 내려오고 임상학적으로 그 치유 효과가 입증된 침, 뜸, 지압 등의 진료를 합법적으로 인정해주지 않는 현 의료 체계는 문제가 있다. 질병 치료에 꼭 약과 주사와 칼을 들이대야만 하는 것이 아니라, 우리 몸에서 스스로 질병을 극복할 수 있는 자연 치유력을 향상하는 것이 제일 중요하다. 따라서 다양한 치료 방법이 국민 스스로 필요한 진료와 치료 방법을 채택할 수 있는 권리를 줘야 한다.

옛말에 훌륭한 의사를 꼽을 때, 맨 아래가 약이요 둘째가 식의이요 제일 위가 심의라 했다. 약보다 음식으로 치료하고 마음을 치료하는 것을 최고로 보았던 지난 성현의 말씀을 되새겨볼 필요가 있다. 양·한방 협업진료 체계가 정착되지 않은 현시점의 의약분업은 국민의 진료비 부담과 시간적 불편함을 가져올 뿐이다. 병을 예방하고 치유할 수 있는 모든 방법을 국민이 알고 그 혜택을 누려야 하는 것이 시행해야 할 의료의 기본 개혁이다.

세상의 이치

하늘과 땅은 서로 감응하여 만물을 생화 육성하고, 사람은 남과 여로 나뉘어 태어났다가 서로 결합함으로써 가정을 이루고 사회의 기본이 된다. 동물들도 짝짓기를 해야만 종족보존과 번성을 기할 수 있으며, 식물들도 암수 수정이 되어야 열매를 맺고 번식을 할 수 있다. 물질의 기본은 입자와 파동이라는 두 가지의 결합으로 이루어졌음이 과학에 의해 밝혀졌다. 또한, 정신은 에너지와 기의 결합으로 존재하는 것으로 판단되고 있다. 이렇듯 세상의 이치는 서로 반대의 것을 얻음으로써 완성되고, 이것이 또 다른 반대의 것과 결합해야 더 큰 것을 이루는 이치라고 했다. 이를 『주역』에서는 음양합덕이라 했으니, 음과 양이 합하여 큰 것을 이룬다는 것을 설명하는 것이다.

하늘은 양이요 땅은 음이다. 하늘은 양의 원소인 질소가 주를 이루고, 여기에 음의 원소인 산소가 21% 있어 음양합덕한 것이다. 땅 또한 지각의 64%를 음의 성질인 규산이 주를 이루고, 여기에 양이온 광물질 원소가 주를 이루고 있어 역시 음양합덕을 이룬다. 식물은 음의 원소인 탄소를 기본으로 하여 셀룰로스가 몸체를 이루고, 양의 원소인 질소를 영양소를 이용하고 있다. 이에 반하여 동물은 양의 원소인 질소를 기본으로 한 아미노산이 있는 단백질을 몸체로 하고, 음의 원소인 탄소를 에너지를 얻는 영양소로 하고 있다.

어찌 이뿐이랴. 따라서 음인 식물은 동물의 단백질을 성장 영양소로 이용하고, 양인 동물은 식물의 탄수화물을 식량으로 이용한다. 산소와 수소는 탄소와 질소가 몸체를 이루고 에너지를 얻는 데 서로 교합, 결합함으로써 만물의 변화무쌍한 작용을 일으킨다. 즉 산소와 수소가 음이라면 탄소와 질소가 양이 되며, 이를 다시 나누면 산소는 음이요 수소는 양이 되며, 탄소는 음이 되고 질소는 양이 된다. 본시 수소 원자 1에서 출발하여 무수한 원소가 있는 것은 1에서 1을 합하면 2가 되고, 그 2를 합하면 3이 되는 숫자의 진화와도 같다. 따라서 체(體)와 용(用)의 관계이며, 주(主)와 부(副)의 관계인데, 이것이 1/2 관계는 아니라는 것이다. 황금비율이 시사하듯, 세상의 이치는 많고 적음의 이치요, 강하고 약함의 이치요, 길고 짧음의 이치인 것이다.

바이러스와 같이 사는 길

인간보다 더 훨씬 오래전부터 있었던 바이러스는 동물의 숙주세포에 침입해야만 살 수 있는 무생물과 생물의 중간적인 존재이다. 1938

년 전자 현미경에 의해 발견된 바이러스는 숙주세포 밖에서는 무생물로 존재하며 자연과 조화를 이루면서, 인간에게 그다지 큰 해를 끼치지 않았다. 그러던 것이 문명에 의한 자연 파괴와 자연의 순리를 역행하는 인간의 행위 때문에 동물의 몸속에서 인간에게, 또 인간의 몸속에서 돌연변이를 일으켜, 치명적인 독성을 띠는 바이러스가 출현하기에 이르렀다. 바이러스란 세균보다 훨씬 작은 최소의 미생물체인데, 그 크기는 20~200㎚로서 광학 현미경으로도 측정이 불가능하다. 흔히 잘 알려진 독감의 인플루엔자 바이러스, B형 간염 바이러스가 생각나지만, 그 수는 밝혀진 것만 해도 수백 가지로 알려져 있다. 그것의 생성 원인은 아직 밝혀진 바 없다. 다만 규명된다 해도 내세울 이론도 희박하지만, 지구의 물질 체계와 같이 움직이는 기(氣)의 발현, 즉 음기와 양기가 물질의 구성 성분인 질소와 탄소와 어우러져 함께 생성된 생명의 시원이 아닌가 생각해본다.

인간과 동물의 몸속에서 더불어 존재하던 바이러스가 금세기에 퇴치해야 할 대상에서 다시 그 존재 의미를 되새기는 데 긴 시간이 필요하지 않았다. 백신의 발견으로 인류의 공포였던 천연두를 1980년께는 완전 근절시키고, 이제 소아마비까지 이 지구상에서 추방할 날을 기다리던 인간에게, 그것이 인간의 오만함이라는 것을 깨닫게 하는 데는 시일이 오래 걸리지 않았다. 백신의 개발로 바이러스를 퇴치하려는 인간의 생각에 변신술의 천재인 바이러스는 무서운 변이의 속도로 독성을 갖고 우리 인간에게 달려오고 있는 것이다.

새로운 바이러스의 출현은 인간의 백신 개발보다 바이러스가 항상 우위에서 인간을 괴롭히고 있었음을 보여준다. 이제 새천년 새 시대에 바이러스에 대한 인식을 바꾸자. 바이러스는 박멸해야 할 인간의 적이 아니라, 우리가 자연과 조화를 이루면서 살아갈 때 우리와 같이 조화를 이루고 살아갈 존재이다. 음과 양의 이치가 합을 이루지 않고 균형이 깨어질 때 새로운 돌연변이가 출현하게 된다. 무생물에서의 균형, 생물에서의 균형, 이러한 균형이 깨어지면 병이 된다. 바이러스도 마찬가지다.

동성연애자들에 의해 감염되는 것으로 알려진 에이즈 바이러스도 이러한 음양 조화가 아닌 돌연변이의 형태인 것이다. 에이즈 바이러스를 가진 원숭이가 에이즈 증상을 일으키지 않거나, 들쥐를 매개체로 하여 유행성 출혈열을 일으키는 한타 바이러스 역시 쥐가 아닌 사람에게서 발병되는 점을 생각한다면, 왜 인간이 자연과 조화가 필요한지를 알게 된다. 모든 생명체는 고유 영역이 있음을 인정해야 하는 것이다. 쉽게 생각하면, 단백질이라 해서 우리가 단백질이 있는 모든 동물을 먹이로 할 수 없는 것과 마찬가지다.

이제 환경을 파괴하여 인위적 기후 변화를 일으키거나, 자연스러운 식생활보다 효율성만을 생각한 영양 가치 비교 우위의 식생활 패턴에서 자연과 더불어 사는 환경으로 바꾸고, 음은 양으로, 양은 음으로 보하는 자연식 식생활로 바꾸어가야 한다. 그렇게 하여 무조건적인 바이러스 박멸에서 인간이 가지고 있는 면역력을 최대한 증대시켜 질병의 공포에서 벗어나는 길을 찾아보자. 아프리카 콩고에서 수많은 생명을 앗아간 에볼라 바이러스가 인간의 질병 치료 시설인 병원을 통해 감염된 사실은 인간이 얼마나 바이러스에 대해 취약한 존재인가를 알 수 있게 한다.

지금도 알지 못하는 많은 질병이 병원에서 전염된다는 우려가 현실로 다가오고 있다. 문제는 바이러스가 그들도 존재해야 할 생명체이기 때문에, 그들을 박멸하고자 할 때 그들은 변신을 거듭하여 더 강력한 독성을 가지고 우리에게 온다는 사실이다. 아프리카 흑인 여성 일부는 에이즈 면역성이 있어서, 양성 반응이 있는데도 정상 생활을 하고 있다. 이는 우리가 박멸이냐 공존이냐를 생각게 하는 시금석이 될 것이다.

광우병이 주는 교훈

　1985년 영국에서 발병된 광우병은 이 병에 걸린 소의 뇌 조직이 스펀지처럼 흐물흐물해지고 소가 미친 듯이 발광한다 하여 광우병이라 이름 지어졌다. 이 병이 그동안 좀 잠잠하다 싶었는데, 지금도 일파만파 전 세계적으로 확대되고 있다. 그동안 수십만 마리의 소가 그 병으로 죽거나 폐기되었다. 광우병에 걸린 축산물에 의해 인간도 지금까지 198명이 피해를 보았다. 그 병의 확산을 막기 위해 감염 우려가 있는 소 400만 마리 이상을 도살시켰음에도 사그라지기는커녕 더욱 번져만 가고 있다.

　소나 양의 값싼 내장을 사료화하여 공급한 것이 원인이라고 추정하고 있는 이 병은 프라이온이라는 변형 단백질이 중추신경계에 병을 일으키는 것으로, 인간에게는 변종 크로이츠펠트, 야코프병으로 발병된다고 한다.

광우병에 걸린 고기를 먹어도 발병까지 잠복기가 10~40년이라는 이 병은 이제 한국도 안전지대가 아니다. 세계는 서로들 광우병 우려가 있는 지역의 축산물 수입을 금지하고 있으며, 우리나라에서도 유럽산 소고기의 반입을 금지한 바 있다. 감염성 있는 소의 골분 및 혈분의 수입과 용도조사를 했고, 소먹이로 공급하는 음식물 찌꺼기로 만든 사료에 대한 논쟁이 계속되고 있다. 일본에서도 소나 양의 태반 등을 원료로 하여 만든 화장품의 판매를 금지하는 결정을 내리는 등 광우병 파문은 전 세계 여러 분야로 퍼져가고 있다. 흡사 동성애자들에 의하여 발병된 에이즈가 전 세계로 퍼져나가 인간에게 최대의 천형이 되어버린 것같이, 광우병이 제2의 에이즈가 되어가고 있는 것이다.

국내에서는 인간 광우병이 없다는 국립보건원 발표에도 불구하고 시중에는 누가 죽었더라는 소문이 확산되고 있다. 광우병이란 무엇이며 광우병이 현대 인간사회에 주는 교훈은 무엇인가? 소는 반추 가축으로 초식동물이다. 소화되기 힘든 거친 풀을 먹음으로써 되새김과 미생물에 의한 소화 작용을 통해 우리에게 귀중한 젖과 고기를 생산해내는 것이다.

이러한 초식동물에게 양의 내장을 사료화하여 먹인 것은 순전히 인간의 욕심 때문이다. 부단한 육종 개량을 통하여 우수한 품종을 만들어낸 축산 선진국 영국에서 광우병이 발생했다는 것이 아이러니이며, 과학기술만을 신봉하는 현대사회에 대한 경고인 것이다.

육식을 많이 하는 유럽에서는 그동안 양이나 소의 도축 과정에서 나오는 대량의 내장이 환경오염이며 골칫거리 쓰레기였다. 이를 사료화하여 먹인다면 우수한 단백질 공급 사료를 얻을 수 있으며, 심각한 오염 발생원인 축산 부산물인 내장 쓰레기 문제를 해소할 수 있어 일거양득이라고 쾌재를 불렀을 것이다.

그러나 이는 천리를 거스르는 오만한 발상이 아닐 수 없다. 동양학적으로 분류하면, 식물은 음, 동물은 양에 속한다. 식물은 탄소를 체로 하여 질소를 용으로 하지만 동물은 질소를 체로 하고 탄소를 용으로 쓴다. 이를 다시 나누면, 식물의 뿌리는 음에서도 음에 속하며, 동물의 머리는 양에서도 양에 속한다. 따라서 동물의 머리는 양 중의 양이라, 여기에는 음인 산소를 제일 많이 필요로 한다. 그래서 식물의 뿌리가 절단되면 전체가 고사하듯, 동물도 머리가 절단나면 그것은 바로 죽음이 된다.

동물의 종류마다 오행이 있는바, 돼지는 동물이면서 음의 성질인 찬 성질이 있는 반면에, 양은 동물 중에서도 양의 성질인 더운 성질이 있는 동물이다. 따라서 양의 내장을 사료로 하여 소에게 먹이는 것은 단백질 공급의 차원을 넘어 양의 태과를 의미한다. 정상을 벗어난 과불급은 생리대사에서 돌연변이를 유발할 수 있는데, 이것이 광우병의 인자가 되지 않았을까 생각해본다. 음양이란 만물의 상대적인 조화인데, 같은 성끼리 동성연애를 한다 함은 음양 조화를 깨뜨리는 것이 되며, 이것이 바로 그 유명한 AIDS를 유발한 것이다.

이처럼 음양의 이치를 거스른 사육 방법이 광우병을 탄생시켰다. 이러한 음양 부조화에서 생성된 특이 바이러스가 여러 감염 경로를 통하여 각처로 뻗어 가고 있다. 광우병의 홍역을 치른 다음 세계는 축산의 사육 방법에 대한 근본적 생각을 달리하게 되었는데, 그것이 바로 자연에 순응하는 소규모의 유기농법 영농을 추구하는 것이다. 자연의 이치를 무시한 대량 위주의 생산 방법이 얼마나 많은 폐해를 일으켰는지 생각해보면 바로 알 수 있다. 우유와 고기를 더욱 많이 생산하기 위하여 육종 개량을 넘어 유전자를 조작하고, 내병성 품종에 만족하지 않고 대량의 항생제를 쓰는 사육 방법이 바로 그것이다.

우리가 식탁에서 매일 대하는 농축산물이 유전자가 조작되고 대량 생산에 필요한 농약, 비료, 항생제 과용의 결정체라면, 이는 심각한 문제가 아닐 수 없다. 이제 세계가 혼쭐 난 광우병 파동을 겪으면서 우리는 옛 성현의 가르침을 되새길 필요가 있다.

『장자』의 〈소요유〉 편 제1장에 나오는 내용이다. 과객이 길을 가는데 한 노인이 우물 아래에 들어가 물을 길어 올리는 것을 보고 "아니, 노인장 어른, 도르래를 쓰면 편하고 더욱 많이 물을 길어 올릴 텐데, 왜 그런 힘든 방법으로 하십니까?" 하고 물었다. 그러자 노인장 왈, "나도 도르래를 쓰면 편한 줄 알지만, 편함을 추구하다 보면 일하는 본성을 잃어버릴까 봐 그렇게 한답니다."라고 했다고 한다. 음양의 이치를 모르고 이익과 효율성만을 따지며 달려온 인간의 업보가 이번 광우병 파동이 주는 교훈이라 할 것이다.

몸뚱이가 삭지 않는다니

언제가 한 친구가 이야기하기를, 이장(묘소 옮기는 것)하는 사람들이 그러는데 요즈음 시신은 육탈(뼈와 살이 분리됨)이 잘 안 되어 있다는 것이다. 이게 무슨 소리인고 하니, 옛날 사람들보다 육탈이 잘 안 된다는 이야기인데, 그만큼 요즈음 사람들은 몸속에 방부제가 축적되어 있어 그렇다고 추측들을 한다는 것이다. 증명된 바 없는 소리이니 무시해도 좋으련만, 왠지 꺼림칙해 우리가 정말 계속 이렇게 먹고살아야 하는지 한번 되돌아보게 된다.

한 해의 시작은 동지에 일양(一陽)이 시생하여 육양이 위로 올라오고, 하지가 되면 일음(一陰)이 시생하여 육음이 올라오면서 음과 양이 서로 위치를 바꾼다. 따라서 겨울을 지낸 식물은 찬 성질이 있는 대신 양기가 있고, 반대로 여름을 지낸 식물은 더운 성질이 있는 대신 음기가 있다. 음과 양이 교차하여 계절이 오가듯 하루도 이와 같다. 아침은 양(陽)이 태생(始生)하는 시간으로, 새벽인 인시(寅時)가 되면 양이생하여 아침이 되고, 아침의 충만한 양기(陽氣)에 의해 생명이 있는 것들은 하루를 시작한다.

그래서 『동의보감』에는 인시에 떠온 물로 약을 달여야 약효가 좋다고 하는 것이다. 이제 오후 신시(申時)가 되면 음(陰)이 시생하여 밤으로 점차 바뀌게 되고, 만물은 고요 속에 내일을 준비한다. 양(陽)이 승(升)하는 춘하 계절에는 일찍 일어나고 늦게 자는 것이 좋고, 음(陰)이 승(升)하는 추동 계절에는 늦게 일어나고 일찍 자는 것이 좋다. 적어도 겨울잠을 자라는 것은 아니지만, 음이 성하는 시기에는 활동을 적게 하고, 양이 성하는 시기엔 마음껏 활동해야 몸에 좋다는 것이다.

청소년기는 양(陽)이 승하는 시기이므로 양의 식품인 인삼 녹용을 많이 먹여서는 안 되고, 여성은 남성보다 음이 많은지라 같은 고기를 먹어도 양에 해당하는 염소가 좋다고 하는 것이다. 여름에는 겉은 더

위도 속이 차기 때문에 돼지고기 같은 찬 성질의 음식을 피하라고 한다. 이는 찬 데에다 찬 음식은 찬 것의 태과가 되기 때문이다. 따라서 여름에는 속이 냉하니 닭 같은 열성 식품을 섭취해야 하며, 노년기엔 산성식품을 피하고 알칼리성 식품을 섭취하여 몸의 산성화를 막아주고 항상성을 유지해야 한다.

그러나 무슨 세상이 뒤죽박죽되어, 되는대로 주는 대로 먹고 마시며, 상생하는 자연 섭리의 기준도 없다. 그러니 세상이 잘못되어도 한참 잘못되어 어린이한테 당뇨가 생기는 세상이 되었다. 세상의 이치란 부족하면 채워주고 넘치면 덜어주어야 하는 것처럼 자연의 순리에 따라 살아야 하는데, 주관도 없이 생각도 없이 남이 하는 대로 나도 따라 한다. 왜냐하면, 남 따라 하지 않으면 뒤처질 것 같고, 그래서 남 하는 대로 살다 보니 생각도 행동도 건강도 모두 똑같아진다.

동양인의 창자 길이는 서양인의 것에 비하여 길다. 그것은 우리가 오랫동안 채식을 해왔기 때문이며, 그래서 서양인의 유전인자와 다르게 진화해온 결과이다. 따라서 오래도록 옹달샘 물에 위장이 길들여지고, 채식을 함으로써 그들과 다른 유전인자를 갖게 된 우리가 갑자기 변화된 식생활에 적응하지 못하고 몸살을 앓다가 돌연변이까지 일으킨다. 결국, 빨리 바뀌어버린 먹거리 때문에 암, 당뇨, 심장병 등 성인병이 그동안의 전염병을 대신하여 우리의 생명을 위협하고 줄곧 우리 곁을 떠나지 않는다.

보다 많이 생산하게 하기 위하여 가축의 본성 따위는 아예 거들떠보지 않고 가두어 키움으로써 매일 알을 낳게 하거나 매일 살이 찌게 한다. 젖을 생산하는 기적을 이루었지만, 본성을 해치는 사육 방법이 얼마나 큰 부메랑이 되어 돌아오는지, 지금 그 대가를 톡톡히 치르고 있다. 대량생산의 목적을 달성하기 위해 영양가 위주로 조성된 사료와 약품에 의존하는 것이 얼마나 비정상적인가는 조류독감에 감염된 농장의 닭, 오리들이 집단 폐사하는 것을 보면 알 수 있다.

어찌 가금류뿐이랴? 식품 진열대에 놓인 인스턴트 식품들은 보관성이 좋다. 그래서 편리하게 먹을 수 있다. 보관성이 좋다면 그만큼 우리 뱃속에 들어가서도 보관성이 좋다는 뜻이다. 음식은 뱃속에 들어가면 삭여지고 소화되어 영양소로 바뀌어야 한다. 그런데 음식에 축적된 잔류물이 우리 몸속에 계속 잔류한다면, 그래서 죽어서도 썩지 않는 살이 된다면, 이건 그냥 넘길 일이 아니다. 계절과 관계없이 생산되고 소비되는 과일과 채소들, 유전자 조작을 통해 생산된 농산물, 가축의 본성을 무시하고 키우는 축산물들, 이게 모두 이윤 극대화란 상업 윤리에 덮여져 우리의 먹거리로 자리 잡고 생명을 위협하고 있다. 자연으로 돌아가자, 산속에 숨어 살자는 이야기는 아니다.

우선 마실 물부터 옛날로 돌아가자. 물속에 모든 용존 물질을 제거한 초순수를 좋은 물로 착각하는 어리석음 때문에 지금 건강을 해치고 있는지도 모른다. 제철에 나지 않는 과일은 그 계절의 기운을 갖지 못한 무늬만 과일이다. 그 허깨비 과일을 사시사철 먹을 수 있다고 좋다고 한다. 오랫동안 진열되는 인스턴트 식품이 뱃속에 들어가서 오랫동안 보관되지 말라는 법은 없는데, 우리는 계속 진열대에서 먹을거리를 찾고 있다. 사람이 죽어서 썩지 않는다니, 이 얼마나 잔인한 먹거리의 보복인가?

6장

문화, 예술

미술 시장, 이대로 좋은가

과연 이대로의 미술 시장이 계속되어야 하는가 하는 의문은 그림이 안 팔린다고 해서 묻는 화상(畫商)의 질문만은 아니다. 현재 침체된 미술 시장에 새로운 전환점이 필요함은 너무나 명백하다. 그 이유는 관여하는 작가와 화상, 평론가와 미술 저널리즘이 전문화를 꾀할 때 활성화의 길이 열리기 때문이다. 그것은 궁극적으로 미술 인구 저변확대의 길이요, 미술인 모두에게 더 나은 이익을 주기 때문이다. 또 다른 이유는 미술도 이제 생활 속에 정착되어 모든 사람에게 미적 가치를 구현하는 정신문화가 필요하기 때문이다.

그러면 문제점은 무엇인가?

첫째, 작가의 직거래와 작품 가격의 혼란이다. 가격의 이중시세는 유통질서의 혼란과 침체를 가져오는 요인으로서 작가의 산탄 식 직거래가 주원인이 된다. 다양한 화상 거래, 각종 명목의 기부 그림, 친분 그림, 물물교환 등 직거래가 이중삼중 가격을 만들어낸다. 일반인과의 직거래가 작가에게 더 많은 이익과 편리함을 준다 하더라도, 또 시장의 여건이 성숙하지 못했다 하더라도, 작가 본연의 임무인 창작에 전념키 위해서도, 유통 질서의 확립과 미술 시장의 활성화를 위해서도 직거래는 지양되어야 한다.

둘째, 정착하지 못한 비현실적인 작품 가격과 낙관 위주의 구매 경향이다. 작품가(作品價)는 작품에 얼마만 한 조형(造形) 정신이 반영되고 미적 가치가 표현되었는가 하는 화랑(畵廊)의 객관적 평가로 결정되어야 한다. 그런데 작가 스스로 정하는 일방적 가격은 비싼 가격을 만들어낸다. 작가의식에 집착하여 누구는 얼마이니 나는 얼마를 받는다는 식의 행태는 낙관만 보고 사려는 비정상 구매 인식과 함께 시정돼야 한다. 소위 대가(大家)들의 작품이 해가 바뀌면 명분도 없이 오르고, 신진작가들도 입·특선(入特選)만 했다 하면 으레 값이 오르는데, 이 풍조는 무엇을 의미하는가?

경력과 작품은 꼭 정비례하지 않을 수 있다는 사실을 밝혀야 한다. 명작이란 자신과의 극기 싸움에서 얻어지는 것이지, 경력에서 얻어지는 것이 아니다. 경력이 대우받는 풍토이다 보니, 매명(賣名)을 하기 위한 경력의 나열과 그 경력을 얻기 위한 공모전의 입상에 혈안이 된다. 신진작가의 등용문은 이제라도 공모전에서 발표 전시회로 점차 이양됨이 바람직하다. 또한, 뿌리 내린 화단계의 계급제도가 타파되고 작품가의 새로운 정립이 필요하다.

셋째, 무분별한 상업 작품의 대량생산과 전시회의 질적 저하다. 아무런 창작의 노력 없이 숙달된 손끝의 기교로써 그린 상업성 작품들이 회화의 질적 저하와 함께 미술 애호가에게 그림 매력을 잃게 한다. 물론 새로운 형상미를 늘 창조하려는 작가들이 많이 있지만, 조형 세계(造型世界)를 외면하고 대가(大家)라는 낙관을 무기 삼아 상품성 그림만 판 찍어내듯 그려대는 작가들이 버티고 있는 게 문제이다. 예술성의 작품보다 상업성의 그림이 마구 나오고 있음을 볼 때, 수요 창출의 긍정적 평가보다 그림 범람으로 인한 평가절하의 부정적 측면을 논의 안 할 수가 없다. 상업전(商業展)이 성행하여 안면 판매, 할인 판매, 스폰서의 판매가 생겨나고, 일반인의 전시회 기피 현상이 늘어나고 있다. 전시회 가격과 시중 화랑 가격이 터무니없이 차이 나고 그저 그런 그림들로 전시장이 메워져 있어 고객의 입맛을 식상케 한다.

넷째, 화랑의 전문성 결여와 영세 운영, 그리고 화상(畵商)의 사명감이 없다는 것이다. 화랑은 쾌적하고 충분한 전시 공간을 갖추고 우수 작가를 발굴하여 지속적인 작품판매를 해야 하는데, 미술에 대한 식견과 미학의 전문지식 없이 찾는 그림, 돈이 많이 남는 그림만 팔고 있지 않은 지? 그래서 특정 작가 것만 팔리고, 진정 예술성 있는 작품은 먼지만 쌓이게 한다. 숱한 유명, 무명 단체나 개인의 각종 기금 조성 전시회, 또는 한탕 위주의 전시회가 전시회의 참뜻을 흐려놓고 있다. 모름지기 화랑은 성격 있는 기획전을 자주 열어 고객을 발굴하여, 수용하기 쉬운 그림에서 점차 비구상의 현대미술까지 알게 하는 교육적 판매를 해야 한다.

다섯째, 일반인의 미술에 대한 그릇된 인식과 미술의 보조기능 부재이다. 하나의 작품에서 작가의 사상과 감정을 읽어내고 정서적 감흥을 얻기보다, 단순한 실내장식이나 금액을 계산한 선물의 역할을 한다. 그것은 매명(賣名)을 낳게 하고 상업 그림을 만들어낸다. 고객

스스로 그림의 안목을 키워갈 때 옥석의 구별이 가능하고 낙관 선호가 없어지는 것이다. 지금까지 올곧은 평론의 부재와 미술 저널리즘 및 행정기관의 무관심 속에 미술 시장이 침체되어 있었음을 끝으로 지적한다.

그러면 개선점은 어떻게 찾아야 할 것인가? 우선 작가는 지역마다 특정 화랑과 약정을 맺고 판매를 일원화함으로써 안정된 시중가격을 형성시킨다. 화랑은 작가의 생활보장을 해주어 상업 그림보다 예술작품의 창작을 유도하고, 일반 대중의 구매욕을 창출하기 위한 전시회 화집 발간, 세미나 등의 사업을 자주 하여 미술 붐을 일으켜야 한다. 또한, 선진국 제도인 경매 제도를 하루빨리 이 땅에 정착시켜, 고객의 그림을 되사주고 바꾸어주는 역할을 증대시켜야 한다. 그것이 바로 미술 활성화의 길이요, 국제시장으로 진출할 길이기도 하다.

미술은 이제 사치스럽고 부유한 사람의 전유물이 아니다. 산업사회의 우리 모두에게 꼭 필요한 정신문화의 양식이다. 고객의 사장된 심미안을 눈뜨게 하는 것이 작가와 화랑의 의무이기도 하다. 미술에 종사하는 모든 사람들이 사명감 있는 직업관으로 전문화하고 발전시켜 나갈 때, 일반 대중의 드넓은 토양 위에 미술은 뿌리내리게 된다. 그렇게 될 때 훌륭한 예술성 작품도 만들어지고 건전한 미술 시장이 발전되어 나가는 것이다.

문화의 음기 시대 어떻게 할 것인가?

하나에서 둘이 되고 다시 넷, 다섯으로 분화해나가듯, 문화도 하나에서 다양하게 분화 발전해 나갔다. 서화 동일체라는 말처럼, 그 옛날 선사시대 때 의사전달 방법으로 그렸던 그림체의 표현 방식이 서(書)나 화(畵)라는 방식으로 분화하고 각자 새로운 장르를 만들어갔다. 그림에는 사실과 표현이란 양대 산맥이 있다. 옛날에는 사실 속에서 표현을 나타냈다면, 지금은 표현을 위주로 해서 거기에 사실을 전달하려한다. 인물화에서 어떤 여인을 그렸다면, 사실은 그 여인을 그린 것이아니라 단아하고 청순한 아름다운 이미지를 표현하기 위해 여인이란소재를 택했다는 것이다. 이는 미술의 기본 ABC이다.

그러나 여기에 만족하지 않고 과감한 생략과 단순화를 거쳐 추상미술이 탄생했다. 더 나아가 액자 속에 박혀 있지 않고 붓과 캔버스라는 미술 재료에 얽매이지 않으려는 작가의 무한한 욕구는 거리의행위 미술(퍼포먼스)로까지 발전했다. 그러다 보니 이게 미술인지 무용인지 연극인지 갈피를 잡을 수 없었다. 표현을 위해서 미술에서 출발했지만, 고정된 미술의 틀을 깬 새로운 개념의 미술 문화를 만든 것이다. 그런 점에서 현대 문명의 브라운관 영상 매체를 이용한 비디오아트를 개척한 백남준의 예술 세계는 이를 잘 보여준다. 시간이라는 변화 속에 문화도 변한다.

인쇄 매체에서 영상 매체로 바꾸어가듯, 정보 전달의 주체도 활자의 신문에서 방송, 인터넷 등 전자의 시대로 바뀌어 나간다. 전기가양이라면, 전자를 이용하는 것은 음이다. 따라서 디지털, 인터넷을 사용하는 현대는 음기의 시대이다. 따라서 음기의 시대에 사는 청소년들의 의식과 문화적 양태가 과연 이대로 좋은가 생각해보지 않을 수 없다.

과거 '38 따라지'라는 용어를 만들어냈던 해방 후 전쟁과 가난의 시대에는 배고픔을 이겨내려는 근면과 절약이 생활습관이었다. 그에 비해 이데올로기 갈등과 독재의 억압 속에 성장한 386세대들은 현실 정치에 대한 공격성과 도전성을 갖게 되었다. 또 산업의 발달로 넉넉한 풍요함과 폭발적으로 일상화된 사이버 공간 속에 자라고 있는 N세대를 위시한 젊은이들은 엽기적 문화를 창출해 나가고 있다.

엽기란 원래 잔혹하고 괴기한 뜻을 가지고 있건만, 그들의 문화는 뭔가 색다르고 독특하면 참신한 뜻으로 받아들이고 있다. 멀쩡한 청바지 무릎 부위를 갈기갈기 찢어서 입고 다니는가 하면, 남자가 귀걸이에다 코걸이까지 하는 세대이다. 노란 머리의 염색도 여자의 전유물이 아니다.

이러한 신세대들의 취향에 맞춘 시장을 겨냥하고 있는 광고업체와 언론의 방향도 하루가 다르게 바뀌고 있다. 상식을 깨는 발상이 더욱 어필하고, 그것이 엽기적이라 해도 그들이 좋아하고 택한다면 아무 문제가 없는 것일까? 엽기가 상징하는 광기와 폭력성은 일본 만화에 물든 청소년의 정서인지, 아니면 단순히 기존 질서에 억압받은 본능의 탈출구인지 몰라도, 이러한 신세대의 엽기적 문화를 보다 상식의 건전한 문화로 바꾸어야 할 것이다.

옛글에 "말세가 다가오면 其服은 繰요 其容은 婦요 其聲은 惡이요 其髮은 險이요 其俗은 淫으로 변한다."고 했다. 옷은 조잡하게 꾸민다는 말이니, 멀쩡한 옷을 찢고 기워서 입고 색깔이 현란해도, 이것이 유행이라는 생각에 거부감을 갖지 않는 것이 그렇다. 용모는 남자가 화장하고 몸매를 가꾸는 여자를 닮아간다는 뜻이며, 소리가 악해진다는 것은 노래를 불러도 소리가 높고 짧으며 반복과 템포가 빠르다는 것이다.

이는 새들이 죽어갈 때의 소리를 비유한 것이다. 머리가 험하다는 뜻은 지지고 볶고, 붉고 누렇게 물들이는 것을 말한다. 머리는 북방에 해당하고, 색깔로 치면 흑(黑)에 해당해서 자연의 순리에 맞지 않기 때문이다. 독버섯처럼 퍼져나가는 러브호텔이 말해주듯, 세속의 풍습이 음란 쪽으로 흘러감을 지적한 옛 성현들의 예지를 오늘 되새길 필요가 있다.

한국의 종교 이대로 좋은가?

한국인의 감성적인 심성은 종교의 기름진 토양이다. 한국은 어떤 종교든지 무한히 성장할 수 있는 조건을 갖추고 있다. 불교, 기독교, 천주교, 기성종교 말고도 천도교, 증산교, 원불교 등 헤아릴 수 없는 많은 믿음의 신앙이 이 땅에 뿌리내리고 있다. 그동안 많은 사회적 문제가 있었고 비난도 많았다. 지금도 계속해서 종교에 대한 실망이 여전히 터져 나오고 있다. 이웃의 괴로움을 같이 나누고 도와주는 실천적 사랑보다, 양적 팽창을 추구하는 이기적·집단적 행위가 오늘날 한국의 종교를 대표하게 되었다. 목사의 세습이 과연 올바른 것인가 하는

데 대해서는 논쟁할 필요가 있다.

한국의 대표적 매머드 교회인 순복음교회를 한번 살펴보자. 삼박자 구원으로 유명한 이 교회는 세계 최고의 신도 수와 헌금으로 부를 축적하더니, 무엇이 부족했는지 『국민일보』라는 신문사를 세웠다. 재미를 보았는지 『스포츠투데이』를 창간하고, 현대방송을 인수하고, 경제지 『파이낸셜 뉴스』까지 창간하는 저력을 보이고 있다 한다. 창립자의 아들이 추진하는 언론 재벌의 목표가 자기가 번 돈으로 했다면 무슨 상관이 있으련만, 천문학적인 그 돈의 출처가 교인의 헌금이냐 아니냐 하는 문제로 작금의 소용돌이가 생겨났다. 그것이 사실이라면, 이는 문제가 있다고 할 것이다.

개인 자금으로 했다면 누가 말할 것도 없지만, 그게 아니라면 개인 자금을 벌어놓은 만큼 그만한 사업의 소득이 분명히 있거나 상속이 있어야 한다. 그런데 그것이 명확하지 않은데 개인 자금이라고 운운만 하면 안 된다. 먼저 그것을 밝히는 것이 한국 초대형 교회의 명성에 부합되는 일이다.

사리에 교회 자금이 투입되었다고 의심한 일부 장로를 출교시키고 허물이 없다는 성명서를 발표하는 교단 측의 행동이 과연 초대형 교회의 주도권을 쥐고 있는 힘 있는 목사들의 정당한 조치인가? 아니면 이를 숨기려는 전횡인가? 그것은 두고 볼 일이다. 이번 사건은 우리 한국 종교가 안고 있는 문제인 양적 팽창의 결과물이다.

예술도 중용이다

　미술의 한 장르이면서도 전혀 다른 맛을 보여주는 행위 미술이라는 것이 있다. 그것은 우리가 생각하는 미술, 곧 액자라는 틀 속에 박혀 있는 공간의 시각적 그림이 아니라, 그 공간 밖으로 나와 도구와 몸동작으로 어떠한 모티브를 보여주는 미술이다. 즉 퍼포먼스로 불리는 행위 미술은 지금은 미술의 한 분야로서 많은 작가들이 활동하고 있지만, 초기에는 그것이 시위인지 무용인지 헷갈릴 때가 많았다. 원래 서화 동일체(書畵 同一體)라 하여 '글과 그림은 하나'라고 한다. 그 뿌리가 같음은 세상 이치가 하나에서 분화되어 만물이 생성한 이치와 같다는 것이다. 불가에서 이야기하는 일귀만법(一歸萬法)이요, 우리나라의 고대 경전인 『천부경』의 일석삼극 내용이 같은 것이라 할 수 있다.

　태곳적 원시인들에게 통신수단이 없었을 때, 의사전달 표시로 조개껍데기나 돌에 그림을 그려 보냈을 법한데, 그것이 문자가 되고, 그 문자를 체계화한 것이 서(書)이며, 그것의 멋진 점이 있어 멋지게 그려보니 그림이 되어, 미술의 장르를 열게 되었다는 것이다. 그림의 발달 역사를 여기에서 논할 바 아니지만, 처음에는 사실에 따라 그렸을 것이다. 그러나 사실적인 그림은 아무리 잘 그려도 자연 그 자체보다 못하므로, 그림이 가진 서정성보다 표현성에 더 의미를 두었던 것이다. 따라서 그림 속에 뜻이 있어야 한다고 하여, 그림 자체보다 작가가 전달하려는 의미를 중요하게 그리는 화풍이 중세 이후에 자리 잡게 되었다.

　그러한 미술사의 흐름은 자연주의, 인상주의, 추상주의 등 미술의 진화를 이루었다. 동양에서도 진경산수, 관념산수, 사경산수 등의 산수 그림에 다양한 장르가 펼쳐졌다. 근대 동양화 6대 화가로 꼽히는 의제 허백련 선생이 일본에서 그림 수업 시 그린 그림을 스승이 보고 "왜 거문고가 배보다 크냐?" 하고 물었을 때, 선생의 답은 "저는 거문고를 그린 것이 아니라, 거문고의 소리를 그린 것입니다."라고 대답했다고 한다. 그 대답이 스승을 감탄케 했다는 대목은 역시 그림은 사실보다 그리는 사람의 뜻이 중요하며, 단지 선, 점, 공간 등 그림의 형태적인 것은 전달하려는 뜻의 표현양식에 지나지 않음을 말해주는 것이다.

이처럼 작가가 전달하려는 모티브를 중요시하다 보니, 꼭 그림은 아름다운 것이라는 절체절명의 원칙이 깨지기 시작했다. 표현을 위해서는 그 어떤 재료나 어느 소재도 선택할 수 있는 시대에 들어선 것이다. 따라서 그림이 선이나 색채 또는 명암에 의하여 이루어진 시각적 테두리에서 밖으로 뛰쳐나간 것은 모든 것이 변하고 변할 수밖에 없는 이치 때문이다. 흉물스런 쓰레기를 소재로 하여 멋진 작품을 꾸민 것은 결국 그림은 아름다운 것을 추구하는 기본에 머물지 않고, 표현을 위해서는 그 자체를 깨트리는 것도 당연한 세상이 되었다는 것을 말해준다.

이제 그림뿐만 아니라 음악도 뒤질세라 소리만의 음악이라는 기존의 틀을 깨버리는 작업이 이미 시작되었다. 소리를 담아내고 소리로써 이루어진다는 음악의 고정관념은 이제 앞서가는 실험적 작가들에 의해 파괴되기 시작했다. 폴란드의 하우니 에프스키는 빛에도 색만이 아니라 소리와 같은 파동, 굴절이 있어서, 이를 이용하면 훌륭한 음악

소재가 된다고 했다. 그래서 이를 이용한 전자음악을 시도 하게 되는 것이다. 음악이 미술의 전유물인 빛만 침해하려는 것은 아니다. 빛의 장르인 미술도 소리로 움직임을 나타낼 수 있는 전자 미술을 선보인 것이다. 우리의 천재 미술작가인 백남준의 비디오 아트 영상 예술이 세계의 극찬을 받은 것은 이를 말하는 것으로, 결코 우연이 아니다. 다시 말해 포스트모더니즘의 장르는 이제 음악, 미술 할 것 없이 예술의 전 분야로 퍼져나간 것이다. 소리로만 듣던 음악이 이제 시각까지 의존하지 않으면 안 되는 세상이 되었다. 조성모의 '아시나요'가 노래 속의 의미를 실감 나고 생생하게 보여주는 영상의 CD롬이 없었다면, 아마 그렇게 히트하지 못했을 것이다.

악기가 아닌 우리 주변의 생활도구를 가지고 마구 두드리면서 나오는 강렬한 효과음을 음악의 한 장르로 열어간 난타 음악. 오히려 치고 부수고 하는 행위로 시위에 가까운 퍼포먼스 행위 등은 미술, 음악이 가진 고유의 경계선을 넘는다. 따라서 극은 극으로 통한다는 유법지극이 귀여무법의 시대로 돌아선 것이다.

어차피 빛도 입자와 파동이요 소리도 파동이지만, 그것의 궁극적인 현상은 입자로 나타난다. 결국, 입자와 파동은 한 몸이요, 따라서 빛과 소리도 본래는 하나라는 것도 틀림이 없다. 그렇다고 빛의 예술인 미술과 소리의 예술인 음악이 서로 경계선을 허무는 것은 누구의 허물도 아니요, 또한 잘못도 아니다.

우리 인간이 들을 수 있는 소리도 한정되어 있으며, 쬘 수 있는 태양 빛도 가시광선이라 하여 한정되어 있다. 비단 미술과 음악뿐만 아니라 많은 분야의 예술 장르도 그 고유한 순수성에서 표현이라는 목적성 때문에, 변화라는 생명력 때문에 너무 앞서 나간다든가, 정체불명의 장르로서 색깔을 잃는다면, 세상의 이치인 중용의 도를 잃어버리는 게 아닐까?

붕정만리서운중(鵬程萬里瑞雲中)

태곳적 돈이라는 물고기가 붕이 되어 하늘을 나는데, 날개를 퍼덕이며 날아오는 거리만 수천 리요, 가는 데만 구만리라. 그 크기와 장대함을 이렇게 『장자』의 〈소요유〉 편에 기록했다.

아침에 태어났다가 저녁에 죽는 하루살이는 한 달이 얼마나 긴 것인 줄 모르고, 여름철 나뭇가지에 매달려 맴맴 울던 매미는 일 년이 얼마인 줄 모른다. 모든 사람들이 태어날 때부터 삶의 터전이며 인류의 문명을 영위해 나가는 이 땅덩어리가 뜨거운 용암 위에 떠 있는 판상 구조로 쉬지 않고 움직이는 하나의 생명체라고 하면 어떤 느낌이 들까? 겨우 100년 사는 짧은 찰나의 인생이 수백만 년에 걸쳐 움직이는 땅의 변화를 어떻게 이해할까? 우리가 아는 상식이란 세계의 최고봉 산악지인 히말라야 산맥도 인도의 판 구조가 밀어붙여 그 압력으로 산이 되었고, 그래서 지금도 만년설 높은 산 속에서 바닷속 동식물의 화석이 나온다는 정도일 것이다.

뗏목과 같이 둥둥 떠 있는 것이 믿음의 상징이요, 삶의 터전인 대지라는 것이다. 그러나 인간이 짧은 찰나의 삶을 살고 있어도 우리가 영원한 것은 우리가 계속하여 죽음과 탄생이라는 영원불멸의 순환 고리를 가졌기 때문이다. 길가에 버려진 돌멩이는 죽지 않고 있기에 영원히 죽어있는 것이며, 사람은 내가 죽기 때문에 내 자식으로 인하여 영원히 죽지 않고 살아가고 있는 것이다.

인생도 크게 생각해보자. 나 혼자 이룩하기보다 여럿이 이룩하는 것이 좋고, 당대에만 모든 것을 이룩하려 들지 말고 다음 세대가 이룩할 수 있도록 그 터전을 마련해주는 것이 바른길로 나아가는 길이다. 우리의 내딛는 발자국이 후세가 가는 길이며, 바로 내가 가는 길이기도 하다. 세계가 크다 해도 우주에 비하면 티끌만 한 공간이다. 그러나 내가 의식하고 존재해야만 세계도 있고, 우주도 있다. 붕정만리서 운중을 자각하지 못하고 하루하루 돈과 권력을 좇아 삶을 영위해 나간다면, 한여름철에만 울어대는 매미와 무엇이 다를 바 있으랴.

7장

지역 발전

훌륭한 정책은 미래지향적이어야

공자가 동쪽 지방을 여행할 때의 일이다. 두 아이가 서로 말다툼하고 있는 것을 보고 까닭을 물었다. 그러자 한 아이가 말하기를 "나는 해가 처음 떠오를 때보다 한낮이 더 멀리 있다고 생각한단 말이어요." 했다. 그러자 다른 한 아이는 "나는 해가 처음 떠오를 때가 한낮보다 더 멀다고 생각하는데." 하는 것이다. 그러자 첫 번째 아이가 "해가 처음 떠올랐을 때는 차의 덮개만큼 크게 보이지만, 한낮에는 아주 작거든." 하고 크게 보이는 이유를 설명했다. 그러자 나중 아이는 "해가 처음 뜰 때는 서늘하지만, 한낮이 되면 뜨겁잖아. 이건 가까우면 뜨거워지고, 멀면 차지기 때문이란 말이야." 하고 다투는 것이었다.

이처럼 사물을 보는 시각이란 대저 이와 같은 것이다. 그래서 똑같은 반 컵의 물을 보고 만족과 불평으로 나타나는데, 그것은 보는 시각에 따라 다르게 보이기 때문이다. 내가 새삼스럽게 그러한 논리를 전개하는 것은 지금 현재 전주시 당국과 금암육교반대추진위원회와

의 공방전 때문이다.

금암고가 차도를 설치해서는 안 된다는 추진위의 주장과 절대로 철회할 수 없다는 시 주장은 각자의 시각에서 내용을 정당화하려 들기 때문에 끝없는 평행선을 긋고 있다. 어떠한 내용이 그 시대에 걸맞은 것일지라도, 시간이 지나다 보면 졸작으로 변할 수도 있다. 반대로 천대받는 어떤 것이 나중에 참신하고 훌륭한 정책으로 평가받을 수 있다. 문제의 핵심은 비중을 지금 당장의 현실에 두느냐, 아니면 미래지향적인 데다 두느냐 하는 것이다. 해답은 바로 거기에 있다.

기린로 개통으로 인한 금암 교차로 교통 해소 방안으로 물경 30억 원을 들여 고가 차도를 건설한 것은 분명 잘한 일이다. 그러나 돈 들이지 않고도 차량소통이 가능한 좋은 안이 있다면, 그것은 잘한 것이라기보다 하책이 되고 마는 것이다. 또한, 우선의 교통량 처리를 위해서 10년 앞의 일을 내다보지 못한다면, 그것은 현실을 해결함이지, 결코 장기적 대안이라 할 수 없다.

지하상가의 필요성 때문에 전주시 전체에 대한 용역을 맡기면서 고가 차도를 건설하려는 것은 앞뒤 안 맞는 것이다. 지하철의 시대가 곧 도래하리라는 것을 시 당국이 먼저 알면서도 금암 교차로에 육교를 설치하려는 것은 '나중은 나중이고 지금은 지금이다'라는 단편적인 사고라고 하지 않을 수 없다. 또한, 만에 하나 "차량 소통이 중요하지 미관이 무슨 필요가 있느냐?"라고 하는 사람이 있다면, 나는 그 사람에게 능률만 가지고 깜깜한 밤중에만 살라고 혹평하겠다. 앨빈 토플러의 저서 『제3의 물결』에서 인류의 역사는 양에서 질의 시대로, 질에서 미의 시대로 발전된다고 했다. 그것을 구태여 설명하지 않아도 우리는 이미 미를 떠나 살 수 없게 되었다.

막걸리는 사발에 먹어야 하며, 맥주는 글라스에 먹어야 제맛이 난다. 커피를 투가리에 먹는다 해도 커피가 아닌 것은 아니지만, 커피는 역시 커피잔에 마셔야 제맛이 나는 것이다. 이 모든 것이 미(美)가 생활화됐기 때문이요, 원하든 원하지 않든 간에 아름다움을 우리는 추구하고 있기 때문이다.

도심 로터리 한복판에 숨이 막힐 듯한 거대한 콘크리트 구조물이 들어섰을 때, 그 답답함에 아드레날린이 증가하지만, 확 트인 도로와 쾌적한 조경, 미려한 건축물이 조화를 이룰 때는 엔도르핀이 늘어날 것이라는 어느 의학박사의 조언을 우리는 귀담아들어야 한다. 최상의 것은 자연이란 말이 있다.

도시환경 건설이란 순수한 자연의 상태를 최대한 반영하는 것이라 했다. 고가 차도를 설치하지 않고는 전혀 다른 방법이 없다. 이것은 아니다. 추진위가 제시한 획기적인 일방통행안은 기존 도로를 뜯어고치지 않고도 신호 체계만 바꿈으로써 교차 지점의 제반 도로를 완전히 소통케 해주는 것이다. 전주시는 공사를 보류하고 이 안을 적극적으로 검토하여, 예산을 절감하고 쾌적한 도시환경을 건설해야 한다. 이것이 미래지향적이고 시민에 대한 당연한 의무라 할 것이다.

외국에서는 도시계획에서 미관을 가장 중요시한다. 신축 건축물에는 건축비의 1%를 미술품에 투자하도록 하여, 아름다운 도시건설에 열정을 쏟는다. 그런데도 시 당국자는 "고가 차도가 왜 미관상 안 좋습니까? 내가 보기는 좋은데요." 하고 되레 물어본다. 그 무딘 감성에 놀라움보다 서글픔이 먼저 앞선다. 이제 곧 다가올 지방자치 시대를 맞이하여 시민들의 참여 행정이 절실히 요구되고 있다.

시에서 행정적으로 잘 알아서 해주겠지 하는 무관심주의나, 자기의 이해관계가 걸렸을 때는 물불 안 가리고 무조건 반대하는 이기주의에서 벗어나, 진정 시의 발전을 생각해야 한다. 전체를 위하고 후손을 위하는 일이면, 주민들의 바른 여론을 수렴하여 시 행정에 반영하는 것이 지방화 시대를 맞이하는 지방민의 바른 자세이다.

아무튼, 체전을 위해서 지금 공사를 해야 한다든지, 추진위의 훌륭한 안이 있는데도 거들떠보지 않고, 고가 차도 이외엔 다른 어떤 방법도 있을 수 없다는 독단적인 발상을 하는 것은 위험한 생각이다. 또한, 행정상으로 모든 절차가 끝나기 때문에 절대 철회할 수 없다는 것은 창의성 없는 보신주의라고 우려를 금할 수 없다. 차후 큰 실책으로 기록되지 않기를 진심으로 바라며, 고가 차도 안을 철회해주길 전주시 당국에 두 손 모아 강구해 본다.

전북인의 의식구조

의식은 행동을 낳고, 행동은 결과를 낳는다고 한다. 전북인의 의식이 도민의 생활과 습관에 영향을 미치고, 그 결과로 지역발전의 원동력이 될 때, 우리의 의식구조는 대단히 중요한 것이다. 따라서 현재 전국 최하위의 낙후지역으로 떨어지고 정치·경제에서 소외돼버린 우리 고장의 현실을 전북인의 의식구조와 연결하여 '왜 우리들의 의식구조가 중앙 정치의 차별 정책보다 더 큰 지역발전의 저해요소로 작용했는가?' 규명하여 앞으로 전북이 발전하는 자성의 계기로 삼고자 한다.

프로이트는 그의 저서 『꿈의 해석』에서 꿈이란 잠재된 무의식의 표출이라고 정의했다. 무의식의 반대인 의식은 현실에서의 경험의 총칭으로서, 사고하고 판단하며 생활을 지배한다고 볼 수 있다. 따라서 의식(意識, consciousness)이란 생활 속에서 무엇인가 느끼고 깨달았을 때의 상태를 가리키기도 하며, 정치적·사회적 관심도를 나타내기도 한다.

의식은 본래 생리적 조건을 바탕으로 하기 때문에 신경계통, 특히 대뇌피질의 존재와 기능을 전제로 자기가 의식하고 있다는 직접경험에서 출발한다. 따라서 주관적인 것이기도 하지만, 성장하고 접하면서 얻어지는 타인과 사회의 경험들이 모두 의식화되기에 객관화된다고 볼 수 있다. 의식에는 무의식 또는 잠재의식도 형성되어 있으며, 시간과 공간 속에 엮어지는 복합체적인 것으로서 사물을 식별하고 생각하는 마음으로 정의할 수 있다.

전북인의 의식구조란 전라북도라고 하는 지형적·문화적 틀 속에서, 같이 공유하고 생각하면서 살아가는 사람들의 어떠한 가치 기준이며, 실천하는 실체적 의식의 집합체라고 할 수 있다. 따라서 이는 전북이라는 고장에서 생각하는 마음들이며 판단하고 행동하는 의식들로, 현재 이 고장 사람들의 삶 그 자체라고 봐야 할 것이다.

1. 지리적 관점에서 전북인의 의식구조

전북의 지형은 백두대간의 줄기인 소백산맥과 여기에서 뻗은 노령산맥에 평야가 들어앉은 지세이다. 서쪽으로 바다와 인접하여 중국 편서풍의 영향을 받으나, 동남쪽 지리산의 영향으로 매년 발생하는 열대야 태풍 진로에서 비교적 안전하다. 그래서 예로부터 농산물이 잘되고 사람이 살기 좋은 고장이라 하겠다. 지질은 동쪽에는 선(先)캄브리아대의 화강편마암, 서쪽에는 중생대 쥐라기의 대보 화강암이 걸쳐져 내륙분지 및 호남평야를 형성했고, 토양은 비옥한 편이다. 기후는 전반적으로 대륙성 기후에 속하나, 서부평야 권은 남부 해안형, 동부 산악권은 남부 대륙형에 속한다. 강우량은 동부 쪽이 약간 많은 편이다.

이러한 지형과 기후는 동부의 산채류, 평야부의 곡류, 그리고 서해 해산물과 어울려 맛의 고장으로 발달했다. 이러한 음식 문화는 여유가 있어 습작(習作) 문화까지 발전시켰다. 그러나 풍요와 풍류가 있는 고장은 예로부터 중앙 관료들의 탐욕과 착취의 대상이 되기도 한다.

삼한시대 마한의 중심지로 후백제의 도읍 지역이었던 이 고장이 고려 건국 이후 지금까지 중앙 권력의 인재 차별 지역과 재물의 수탈 지역이 되어, 전북인의 의식구조에 영향을 끼쳤다. 따지고 보면 그것은 이러한 지정학적인 조건에 연유한 바 크다. 그동안 정치 무대인 개성이나 한양에서 멀리 떨어져 탐관오리가 설쳐왔으나, 임진왜란 때 호남을 보전했기에 군량미와 병력을 조달하여 나라를 구할 수 있었다는 사실은 이 고장의 특성을 잘 말해주고 있다. 따라서 전북인의 의식구조는 상층부에 아전 근성(주-상전에 아부하고 아랫사람에게는 군림하는 것)이 배어들고, 평민들은 자신을 내세우기보다 숨어드는 소극성과 고자질 같은 악습도 생겨났다.

상공업이란 본래 농업이 빈약할 때 발달하는 것이다. 농산물이 풍부한데 굳이 기술을 배우거나 장사에 눈을 떠 해상무역을 개척할 필요성이 적었다. 이러한 환경은 전북인이 도전하는 적극적 사고보다 현실에 안주하며 사는 안일한 사고를 하게 된 바탕이 되는 것이다.

2. 역사적으로 보는 전북인의 의식구조

전북은 삼국시대에 백제 지역이었지만, 신라 문무왕 16년에 신라의 지배를 받고, 신문왕 5년에 완산주(完山州)와 남원경(南原京)이 설치되었다. 견훤의 후백제 도읍지였으나 고려 태조에 정복당한 후 안남(安南) 도호부를 두었고, 성종 14년에 강남도(江南道)라 칭하고 전주(全州)를 두게 되고, 현종 9년에 전국이 5도로 나뉘면서 전라도가 되었으며, 이때 안찰사(按察使)를 전주에 두었다. 이후 조선 시대에 관찰사(觀察使)로 바뀌고, 현재의 전라남북도, 제주도 지역을 관할했다. 고종 32년에 13도제가 되면서 전라북도가 되고 26군(郡)을 두었다. 그 뒤 행정구역의 개편을 거치면서 현재와 같은 6시(市) 9군(郡)으로 구성되었다.

위에 서술한 바와 같이 전북은 농업생산의 기반 지역이다. 전주는 지방행정의 중심지로 이어져 왔으나, 5·16 이후 경제개발에 따른 공업화와 서울 영남의 개발정책에 밀려 점차 낙후지역으로 떨어졌다. 그러더니 오늘에는 200만밖에 안 되는 인구와 침체한 지역경제로 높은 어음 부도율을 기록하는 등 정치·경제의 취약 지구로 전락했다. 이에 따른 부작용으로 한때 모략, 투서 전국 1위여서 전라도 사람은 믿을 수 없다는 멸시를 받기도 했다. 그러나 이는 어디까지나 역사적으로 착취당하고 현실의 경제에서 낙후된 데서 비롯된 굴레이며 결과인 것이다.

역(易)에 의하면 한반도는 간방(艮方)에 속하며 중국에서는 해동국(海

東國) 또는 청구(靑丘)의 나라라고 했다. 한반도를 다시 분류하면 전북은 간방에 속한다. 巽은 풍(風)을 말하며, 장녀를 뜻하고, 부드럽고 정(情)이 있으나 흔들리며 바람이 일듯 일어나는 곳이기도 하다. 따라서 전북인은 친절하고 예의 바르며 생각이 깊으나 강하지 못한 점도 있다 할 것이다. 그래서 전북인은 무(武)보다 문(文)이 발달하고, 기(技)보다 예(藝)가 소질이 있다는 평이 있으나. 박해가 있을 때는 회오리바람처럼 분연히 일어서는 기개도 있다. 그래서 난세에 수많은 열사와 지사가 울분을 참지 못하고 나왔음을 임진왜란이나 일제 항쟁에서 살펴보면 알 수 있다.

의암 논개가 있고 동래부사로 순절한 송상현, 이사 대첩의 황진, 태사의 정담, 의병장인 이정란과 이주, 임란 공신인 이영남, 항일의 장태수, 동학의 전봉준 등 많은 선열들이 기개를 펼쳐온 것이 우리 고장이다. 임란의 대승(大勝)인 행주산성 싸움과 한산대첩의 주역이 사실은 이 고장 장병들이고, 만인의총이 보여주듯 평소 유순하고 착한 민초(民草)인 전북인이다. 하지만 억압이 있을 때는 폭발하는 강인함도 의식의 저변에 깔려 있다 하겠다. 따라서 즉흥적이기보다 사변적이며, 공격적이기보다 방어적인 습관을 지니고 있는 것은 역사적으로 풍요의 고장이면서도 피지배 입장에서 살아온 자기방어의 생활 때문이다.

3. 문화적인 관점에서 본 전북인의 의식구조

전북은 진술한 바와 같이 지형상 농산물이 풍부하고 자연재해에서 벗어난 살기 좋은 고장으로 농경 문화의 꽃이 피었던 고장이다. 따라서 농사철이 아닌 농한기에는 여유가 있기에 사랑방에서 또는 대청에서 예(藝)를 즐기는 습작 문화가 발달한 서화(書畵)의 고장이 되었다.

또한, 시조, 농악, 판소리 등 소리 문화의 고장으로서 지금도 국악의 명성을 이어가는 것도 그러한 여유가 깔렸기 때문이다. 이는 생활사적인 습작 문화의 전통에서 유래한 바가 크다 하겠다. 음식 문화역시 전북의 풍요와 바탕에 깔린 풍류와 더불어 발전했다. 전주비빔밥은 조선 시대의 개성탕밥, 평양냉면과 더불어 3대 음식으로 꼽히기도 했다.

이러한 풍류와 맛의 고장이 지금은 사치와 낭비로 빠져들어 외식비용이 늘고, 느는 것이 식당이라 하겠다. 또한, 제조업보다 타도(他道) 공산품의 소비 지역으로 전락하여 대리점 영업이 유통의 주를 이루고 있다. 따라서 유통이윤을 따먹는 시장 구조로서 높은 어음 부도율을 기록하는 등, 경제 취약의 원인이 되기도 한다. 따라서 풍요를누렸으나 수탈 지역으로서의 역사적 배경을 지닌 전북은 60년 공업화 과정에서 소외되고 경제적으로 낙후되면서, 그동안 전북인의 미덕이었던 풍류와 멋의 의식구조가 새로운 시련을 맞고 있다 할 것이다.

전북의 의식구조도 크게 보면 한국인의 의식구조인 동북아 황인종권 문화 속에 있다 할 것이다. 동양인의 의식구조는 서양인의 합리적이고 수평적인 의식구조와 달리 정적이며 수직적인 의식구조를 가진것으로 알려졌다.

이런 점에서 한국인의 끈끈한 정과 상향적 사고는 인맥 사회와 높은 교육열, 그리고 조급성이라는 민족의 특성으로 나타났다. 우리 전북인도 이러한 한국인의 의식구조 틀 속에서 나름대로 특성이 있는 바, 그것이 바로 앞에 전술한 내면적인 사고와 인내하는 습관, 의타하는 기질이라 할 것이다.

흔히 인간은 환경의 지배를 받는다고 한다. 그러나 환경에 적응하면서 자신을 더 나은 방향으로 진행하는 게 인간이다. 사실 지정학적인 위치나 역사성, 생활사적인 것은 따로 분리해서 설명할 수 없는 같은 고리요, 함수관계이다. 따라서 지정학적인 관점에서 고려 건국 이후 중앙 정권의 지배에서 아주 먼 변방도 아니면서 원거리에 위치하여, 농업이 주 생산 활동이었던 시대에 곡창 지역으로서 지배의 대상 지역이었다. 또 북방 오랑캐나 왜구의 침입이 비교적 덜했으나, 탐관오리에 의한 피해가 컸다.

그런가 하면 풍수해에 별 탈이 없는 전북지역은 역사적으로 나서기보다 안주하고, 억압이 있을 때 참을 때까지 참아내는 인내의 고장이었다. 이제 세계의 중심축이 동북아로 재편되고, 그 중심 무대가 한·중·일 삼국이 되어간다고 볼 때, 전북의 위치는 실로 중요하다. 현안 사업인 새만금 간척사업이나 군장국가 공단사업이 이를 잘 말해준다. 따라서 세계 속의 한국의 농업과 공업의 거점지역으로 발돋움하고, 전통의 예술 문화를 보여줄 핵심 지역이 되기 위해선, 지금까지의 패배주의, 안일주의, 의존주의에서 탈피하여 새로운 전북인의 긍지와 자부심을 갖는 일이 중요하다. 이제는 중앙집권 시대가 아니라 지방 분권화가 시행되는 지방자치 시대이다.

값싸고 넓은 개발용지를 갖고 풍부한 수자원을 확보한 전북지역은 도민들이 서로 단합하고, 모든 분야에서 개방적이며 적극적인 실천의식으로 보태준다면, 또한 참고 자족하는 의식에서 개척하고 도전하는 적극적인 의식으로 바꾸어간다면, 전북 발전과 도약의 새 시대를 열게 되리라 확신해도 될 것이다.

전북이여 일어나라

12월 16일 『전북일보』 1면 상단에 2000년 사시 2차 합격자 801명 중 도내 대학 출신자는 3명이라는 분석 기사가 실렸다. 그렇지 않아도 한없이 울고 싶은 요즈음 전북 자존심이 무너져내리는 암울함 그대로였다. 명색이 교육의 고장인 전북이 어쩌다가 이토록 좌절케 되었는가? 과거 전주, 하면 교육도시로 일컬어진 영재의 고장이요. 금만경 넓은 벌에 풍요의 상징이었던 호남 제일성이 있는 우리 고장 전북이 아닌가. 어음 부도율 전국 최고요 모략 투서 역시 상위라는 불명예를 얻었으며, 되는 일 없는 전국 최하위 경제지표를 가진 고장으로 전락하고 말았다.

호남의 식량과 사람이 있었기에 나라를 구할 수 있었다는 성웅 이순신의 말씀처럼, 전북은 과거 이 나라의 식량과 인재의 원천이었다. 근세에 들어서도 농경사회의 이점 때문에 풍부한 재물의 고장이었다. 춘궁기 넘기 힘든 보릿고개를 허기진 배를 움켜쥐고 험한 소백 준령을 넘어온 경상도의 민초들이 우리 고장에서 배를 채웠다. 또 광주와 전국의 수많은 화가들이 우리 고장에 와서 전시회를 열어야만 그림을 팔 수 있을 정도였다. 그런 넉넉함을 가진 고장이 우리 전북이었다.

그러나 지금은 무엇인가? 1960년 개발독재 시대 공업화 과정에 소외되고, 강력한 중앙 정치의 핵심에서 항상 밀리고 변죽만 올리더니, 이제는 되는 일도 없는 낙후 전북의 멍에를 안고 쓰러지는가? 도민의 꿈이요, 전북 발전의 희망이며, 서해안 시대의 거점이요, 중심부가 될 수 있는 새만금 간척사업도 환경단체의 반대몰이 속에 표류하더니 좌초 일보 직전에 와 있고, 출범부터 논란을 빚었던 전주권 신공항 건설도 하나 된 목소리를 내지 못하고 침몰 직전에 있다.

호남 고속전철은 명암도 못 내밀고 있으며, F1 그랑프리는 이미 물 건너간 상태다. 전북의 강력한 리더십이 없으니 도민들은 한없는 무기력함에 빠져 있다. 지난 대선 때 우리는 한마음으로 김 대통령을 지지하여 국민의 정부를 탄생시켰다. 그러나 지금은 기대보다 실망이 앞선다.

우리가 분열하고 절망할 때 누군가는 웃음 짓고 있을 것이다. 새만금의 대안으로 전북에 서해안 관광벨트 조성 사업을 주겠노라는 충남권 의원의 도민을 우롱하는 기사가 실려도 제대로 항의 한번 못 하는 착한 백성이여, 이제는 일어서라! 글로벌 국제경쟁 시대에 무한 경쟁은 국가만이 아니라 한 나라의 지역 간에도 이미 도래했다.

소중한 전답을 수면 아래 잠재우고 얻은 용담댐 물마저 배분량 때문에 물싸움을 하고 있지 않은가? 지방자치 시대의 성패는 경제력이 좌우한다. 은행이 퇴출당하듯 무능하고 자생력 없는 지방자치 단체도 퇴출당하는 시대가 다가오고 있다.

우리는 원하든 원치 않든 간에 지방 간의 경쟁 시대에 이미 살고 있다. 전북의 예산을 선심성이라 하여 삭감하고 자기 지역에 돌리려는 음흉한 계략을 먼 산 쳐다보듯 하면 안 된다. 도내 정치인만 의지하면 안 되는 것은, 정치인이 중앙 무대에서 힘을 쓸 수 있는 것은 도민의 전폭적인 지지가 있을 때 가능하기 때문이다. 이는 바로 도민의 몫이 다. 우리는 새만금과 전주권 신공항에서 전략 부재와 적극적 홍보 미 비가 이번 사태를 초래했음을 반성해야 한다.

호미로 막을 일을 가래로 막는다는 옛 속담을 새기면서 자, 이제부 터 도민의 화합된 한마음으로 일어서자. 환경단체의 반대에, 정치인의 정치 논리에 결연히 맞서 싸워야 한다. 우리의 이익은 우리가 창출하 는 것이지, 남이 거저 가져다주는 것이 아니다. 옛날엔 가난한 집안에 서 공부를 잘했지만, 지금은 그렇지 않다. 투자한 만큼 거둬들이는 것 은 교육도 마찬가지다. 전북의 경제가 수렁에서 계속 헤매고, 전북의 현안 사업이 정치 논리, 지역주의에 볼모로 잡혀 표류한다면, 사법고 시 겨우 3명이라는 불명예는 계속될 것이다.

전북도의 어정쩡,
절대로 안 된다

전북도가 환경단체에 절충안을 내놓고 있다. 과거에는 복합 산업단 지가 전북도의 새만금 개발 방향이었다면, 지금은 국제관광과 생태환 경이 결합한 관광 레저형 기업도시로 추진하고자 한다. 그런 새만금 복합관광 기업도시 용역 안을 마련, 전문가 등의 의견수렴을 통해 이 를 수용해 나갈 방침인 것으로 알려졌다. 지난 연말 전북도가 전북발 전연구원에 연구 용역을 의뢰해 최종 보고서를 받는 대로 이를 구체

화할 계획인 것으로 알려졌다.

그러나 이는 환경단체의 환경 파괴라는 새만금 개발에 대한 타협적인 성격이 강한 확실하지 못한 정책으로서, 지금까지 새만금에 대한 열화와 같은 도민 성원에는 미치지 못하는 개발 계획안이다. 따라서 이러한 어물쩡한 계획안으로 새만금이 전북 발전의 구심점이요, 동북아 허브 역할을 수행할 수 있는지 궁금할 뿐이다. 이에 필자는 전북도에 보다 미래지향적이고 실질적인 전북 발전의 축이 될 수 있는 안을 주문하고자 한다. 즉 새만금은 지방정부보다 국가 차원의 전략적 개발이 필요하므로, 이를 위해 한국판 뉴딜정책으로 개발하라는 것이다. 미국은 대공황 때 성장 동력을 얻기 위해 테네시에 대규모 개발을 실천한 적이 있다.

따라서 내부 개발된 광활한 토지에 외국의 기업과 공장이 유치될 수 있는 개발 특구를 조성하자! 새만금이 국가의 경제특구로 지정되면, 저렴한 토지 공급과 지정학적인 동북아 허브 조건을 갖추고 있어서 한국의 성장 동력이 될 수 있다. 따라서 현재 한국의 산업 공동화가 가속화되는 현실에서 외국 투자기업을 끌어들일 호기가 될 것이다.

명소가 따로 있나?

전북 정읍시 산외면은 한적한 시골 마을이었다. 여느 면 소재지처럼 건물다운 건물이라야 면사무소와 농협 건물 이외에는 없는, 면 소재지 축에도 못 끼는 말 그대로 시골 마을이었다. 그런데 요즈음 산

외면은 달라졌다. 사람이 모여들고, 차량이 몰려들고, 활기가 넘쳐난다. 다 한우고기를 싸게 살 수 있고 먹을 수 있다고 소문이 나서 찾아오는 외지 사람들 덕분이다. 참으로 발상의 전환이 시골 마을을 이렇게 명소로 만들고 있다.

명소가 별것인가? 장충동 족발이나 신당동 떡볶이가 이미 명소로 대접받고 있는 것처럼, 한 집 두 집 소문이 나서 사람이 찾아오면 명소가 된다. 따라서 산외면이 맛있는 쇠고기를 싸고 맛있게 먹을 수 있는 명소로 자리 잡아가고 있다.

도시 식당에서는 200g을 1인분으로 계산하여 돈을 받는다. 그것도 중량을 속이는 일이 비일비재하니 종업원이 가져온 고기를 잴 수도 없고, 또 그 고기가 진짜 한우인지 젖소인지, 아니면 수입 쇠고기인지 모를 판이다. 그러한 도시에서 속아본 시민들이 산외면 시골 정육점에서 직접 눈으로 한우고기를 보면서, 근수대로 사서 바로 옆에서 요리해 먹을 수 있는 편리함이 갖추어져 있다. 또한, 그 고기가 맛있다 보니 소문이 나고, 그러니 사람이 모이는 것은 당연한 일이다. 기존의 정육점이 잘된다 하니 이 집 저 집 우후죽순 생겨 자연히 누가 불러주지 않아도 명소가 되어가는 것이다.

옛말에 도리불언(桃梨不言)이면 하자성해(下者成偕)라 했다. 그것은 복숭아나 배꽃이 오라고 말하지 않아도, 사람은 그곳이 좋기에 함께하려 찾아드는 것이라 했다. 요란한 광고보다 입소문이 사람을 더 끌어들이는 것이다.

내가 꿈꾸는 전북

내가 꿈꾸는 전북은 우리 전북만 잘살자는 것이 아니다. 대한민국에 사는 사람이라면 지역이나 계층을 넘고 이민족의 사람까지 모두다 같이 잘살 길을 소망한다. 그러기 위해서는 잘살 방법을 제시하고 실천해야 하는데, 그 중심에 전북이 있어야 한다는 이야기이다. 꿈같은 이야기가 아니라, 가능성이 있고 또 그렇게 될 수밖에 없는 조건을 지금 전북이 갖고 있다.

다름 아닌 새만금을 통한 국부 창출이다. 한때 세계를 지배했던 힘의 원동력은 유럽에 있었지만 2차 대전 후 지역 블록으로 전락했고, 패권 국가를 자임하는 미국의 위상도 글로벌 시대에는 다른 국가와 연합하지 않고는 잘살 수 없게 된 지 오래이다. 이제 세계가 동북아를 주목하는 것은 비단 한·중·일 3국의 경제 성장 때문만은 아니다.

유라시아 대륙과 북남미 대륙의 물류 교역점으로서의 지정학적 위치에 있어, 이곳을 통해 동서양의 문물이 넘나들 것은 너무나 자명하다. 따라서 한·중·일 삼국은 자국 내에 이러한 허브 거점을 마련하고자 치열한 경쟁을 하고 있다.

특히 중국은 선전, 푸둥, 텐진에 3대 경제특구를 개발하여 앞서나가려 한다. 그런데 이들 도시가 모두 태평양을 바라보고 있는데, 그 저의가 어디에 있는지 우리는 알아야 한다. 따라서 이들과 경쟁하기 위한 세계인의 교역 중심지를 한국에 유치해야 하는데, 그곳이 바로 새만금이다.

새만금은 전북의 것도 아니고, 또한 한국의 것도 아니다. 세계의 문물이 모일 수밖에 없는 동북아에 우리가 세계를 향하여 새만금 멍석을 깔아주지 않는다면, 그것은 단군 이래 가장 큰 천추의 한이 될 것이다. 새만금은 서울, 부산의 삼각 구도 위치에서 대양의 전진기지로 국가 균형발전의 조건을 갖고 있다. 새만금 반경 1,500㎞ 이내에 한·중·일 삼국의 주요 도시를 아우르는 중심 위치에 있어, 세계가 몰려올 수 있는 최고의 지정학적 이점을 갖고 있다.

하늘이 준 축복의 땅 새만금을 세계인에 내어주자. 그리하여 굴지의 다국적 기업들이 새만금에 둥지를 틀고, 동서양 문물이 교역하며, 이곳을 통해 동북아의 비즈니스가 이루어지도록 하자. 그렇게만 된다면 미래의 대한민국 성장 동력은 새만금에 있다. 새만금을 통해 힘찬 글로벌 대한민국의 나래를 펼칠 것이다.

내가 꿈꾸는 전북은 바로 이것이다. 새만금에 국제도시가 건설되고 1억2천만 평의 면적에서 세계적인 석학들이 연구 생산 활동을 하게 될 때, 새만금을 감싸고 있는 우리 전북이 잘살 수 있다는 것은 배우지 않고 보지 않아도 알 수 있다. 이렇게 해서 우리 전북이 최하위 낙후에서 잘살 수만 있다면, 그 길이 무슨 일이든 아무리 험하다 해도 내가 앞장을 설 것이다.

대구에서 새만금 직장으로 출근하여 일하는 날이 진정한 동서화합이다. 대륙횡단 점보기가 새만금 국제공항에 내릴 때 그 혜택은 인천 공항까지 가지 않아도 될 부산 시민이 먼저 누릴 것이다. 내가 꿈꾸는 전북은 바로 이러한 것이다. 전북이 새만금 개발에 백화점식 구색 맞추기나 이해집단의 등쌀에 소신을 펴지 못한다면, 용의 머리를 그리려다 뱀이 꼬리를 그릴 수 있다. 새만금을 국가의 장기 발전전략 차원에서 국민의 희망과 대통령의 의지로 프로젝트화하지 않으면, 새만금의 위대한 역사는 실현될 수 없다. 세계를 향하는 대한민국의 역동성을 새만금에서 펼쳐 보이고, 그로써 우리가 잘살 길을 만드는 것. 바로 내가 소망하고 기도하는 전북의 꿈이다.

8장

경제, 금융

지금도 제조업 하십니까?

언제인가 우리 사회에서 회자되었던 '지금도 제조업 하십니까?'라는 말들이 없어지지 않고 다시 들리곤 한다. 이 말은 지난날 전 국토에 일었던 부동산 광풍 속에 땅 투기 한번 잘하면 일확천금을 버는 사람들이 있었던 터라, 기름 작업복 걸치고 묵묵히 땀 흘린 보람이 너무나 허망해서 나온 말이다. 또 일천 포인트 넘게 활황 장세의 주식 열풍 속에도 객장에 기웃거린 일 없이, 납기에 야간작업 마다치 않았던 제조업 사장님들의 푸념이었다. 그러한 제조업 사장님들이 요즘도, 아니 지금도 '제조업 하십니까?'라는 말을 또다시 듣게 되곤 한다.

또다시 부동산 광풍이 분 것도 아니고, 주식시장은 아직 침체 늪에서 벗어나지 못하고 있는데, 무엇 때문에 이런 소리들이 들리는가? 업체 사장들의 모임에서 나오는 말들은 한결같이 대개 사람 때문에 못 해먹겠다는 목소리다. 사람이 없어서 못 해먹겠고, 사람이 있어도 맞는 사람이 없다고 한다. 이는 석웃값 급등에 폭등한 원자재 난보다,

갈수록 더해가는 고임금보다, 또는 중국, 동남아 등지에서 밀려오는 저가의 경쟁 상품보다 더 힘들게 하는 것이라고 한다. 취업 시장에서 젊고 활달한 청년층이 제조업을 외면한 지 이미 오래이니 공장에는 대개 나이 들고 기력 약한 중장년층만 있는 늘어나고 있다. 특히 임금이 대기업보다 열악할 수밖에 없는 지방 중소 제조업체의 구인난은 매우 심각해서 생산에 차질을 빚고 있다. 직장을 구하지 못하는 젊은 실직자는 계속 늘어나는데, 업체는 사람을 구할 수 없는 아이러니가 계속되고 있다.

따라서 이 땅의 젊은이들이 제조업을 외면하지 않고 평생직장으로 알고 일할 수 있는 여건을 마련해주어야 한다. 이런 점에서 정부가 추진하고 있는 안전하고 쾌적한 사업장 만들기 클린 사업이나 근골격계 예방을 위한 지원책 등 제조 작업환경이 개선되어가는 점 등 긍정적인 면도 있다. 그러나 경직되고 팽팽한 우리 사회의 노사관계가 제조업을 힘들게 하는 중요한 요인 중의 하나이다.

이는 정부가 성장보다 분배에 정책의 초점을 맞춘 데도 그 원인이 있지 않나 생각한다. 구조 조정을 어렵게 만들어 고용의 유연성을 해치는 것이나, 근로 형태를 생각지 않고 근로 시간만 가지고 엄격한 잣대를 들이대는 것 등이다. 근로자는 실직해도 실업수당이 나오지만, 사업주는 부도나면 개인 재산까지 처분해야 한다.

근로자의 요구는 갈수록 높아지고 정부의 간섭은 더욱 확대되니, 사업 의욕은 떨어지고 신규 투자를 하지 않으려 한다. 그저 벌려놓은 일이라 문 닫지 못하고 '해외로 갈까? 팔아치울까?' 하고 궁리하는 제조업체 수가 갈수록 늘어난다. 사람이 있고 기계가 돌아가야 물건이 생산되는 제조업 사장님들은 지금 선택의 기로에 서 있다. 중소기업 협동조합 조사에 의하면, 국내 제조업체의 절반 이상이 해외로 이전을 생각하거나 계획 중에 있다고 한다. 이렇듯 국내 산업의 공동화 현상은 보통 심각한 수준이 아니다.

이러한 제조업체 사장들의 마음을 더욱 어렵게 하는 것은 갈수록 조직보다 개인주의로 바뀌고 있는 젊은이들의 의식구조이다. 예전엔 어음 잘못 받아 부도 위기에 몰려도 제조업 사장들이 희망의 끈을 놓지 않았던 것은 한 가족처럼 열심히 일해주는 근로자가 있었기 때문이다. 그러나 지금은 사업주에 대한 근로자의 진정 및 고발 건이 갈수록 큰 폭으로 증가한다. 이것을 보더라도 사업에서, 특히 제조업에서 사람 때문에 얼마나 사업하기가 힘든지를 단적으로 보여준다.

현장 특성 때문에 서로 합의한 근로 서면계약도 근로자의 진정에는 아무런 효력을 갖지 못한다. 근로기준법에 어긋났기 때문이다. 아무리 잘하려 해도 속칭 코드가 맞지 않아 그만두게 했다고 하면 소위 부당해고에 해당하고, 조심해도 산재라도 한번 나면 그만 죄인시되고 만다. 지난 IMF 때 국민들은 근로자가 실직되어 노숙자로 몰린 것에 가슴 아파했지만, 하루아침에 도산한 중소 제조업 사장님의 자살 건들은 대개 모르고 있다. 물건을 생산해야 수출을 하고, 시장에 내다 팔아야 경제가 돌아간다.

생산이 없고 유통만 있는 산업이라면 껍데기 산업이 된다. 이 땅에 보다 많은 사람들이 창업의 대열에 참가하고 제조업에 나설 때, 확실한 국가 경쟁력이 설 수 있다. 젊은 청년층이 제조업을 외면하고 돈 있는 사장님도 제조업에 투자하지 않는다면 우리 경제가 무너질 수 있다. 왜냐하면, 제조업만큼 관련 산업의 파급효과가 크고 실질적 고용 창출이 이루어지는 산업이 없기 때문이다.

따라서 제조업은 국가 산업의 근간이 된다. 무리한 임금 인상만 주장하고 생산성이 떨어지는 근로조건이나 지나친 휴일 확대 등, 삶의 질 향상이라는 분배의 덫에 걸려 성장이라는 제조업 기틀이 무너지면, 우리 모두 공멸할 수 있음을 생각해야 한다.

이름도 그럴싸한 컨설팅에
쏟아 붓는 정부 예산

'2006년 고령자 고용안정 프로그램 컨설팅 비용 지원 사업'이라는 신문광고가 2006년 4월 3일 중앙 J 일간지에 나왔다. 컨설팅에 필요한 경상경비의 80%를 지급하되 최대 1억 원, 기업은 최대 3천만 원까지 지원한다는 것이다.

지원되는 대상 프로그램은 임금 피크제 등 임금체계 개선, 고령자 적합 직무 개발 등이었다. 고령자의 취업이 안 되니, 될 수 있는 아이디어를 만들어내면 참여 요건에 맞는 컨설팅 회사에 컨설팅해주고 그 비용을 정부에서 부담하는 것이다. 쉽게 설명하면, 1억 원짜리 지원이 결정되면, 컨설팅 회사에서 8천만 원 매출을 올리는 것이다. 또한, 대표적인 지원 정부 산하기관인 중소기업진흥공단의 '2006 수출중소기업 글로벌 브랜드 육성사업 참여기업 안내'에 따르면 브랜드전략 컨설팅이나 브랜드 개발을 위해 70%까지 지원되는 컨설팅 비용에 대해

1억 원까지 지원한다는 것이다.

컨설팅이란 고상한 용어도 따지고 보면 코치한다는 것이다. 기업의 시설 확충에 쓰는 것이 아닌데도 그렇게 많은 돈이 계상되어야 하는지, 또 그만한 효과가 있는지, 궁금하기만 하다. 명분이야 그럴싸하지만, 기실은 정부의 눈먼 돈으로 변질될 가능성이 높은 사업들이다. 결국, 이러한 정부 정책에 컨설팅 회사들이 난립하고 호황을 맞고 있는 것이다.

상속세 이대로 좋은가?

세금은 공정해야 하고, 이중으로 부과해서는 안 된다. 그러나 소득세를 부담하면서 축적한 재원으로 모은 부에 대해 이를 자식에게 물려준다고 하여 다시 상속세를 매기는 것은 어찌 보면 이중과세라 할 수 있다. 1970년 호주, 캐나다가 상속세를 폐지했고, 이탈리아와 포르투갈은 2004년도에, 스웨덴은 2005년도에 폐지했다.

상속세는 부의 집중 억제, 부의 대물림 방지 등의 명분이 없는 것은 아니지만, 부작용도 만만치 않다. 절세 대책으로 운용에 따른 경직성이나 세금 적은 해외로 투자 유출 등, 편법적인 상속 방법을 동원하게 하여 오히려 범죄행위를 조장할 수 있다. 그런데도 한국은 세계적인 상속세 폐지 및 축소에도 아랑곳하지 않고 2004년부터 상속세 완전포괄주의를 도입했다.

그러다 보니 과도한 상속세를 내지 않기 위해 온갖 편법들이 난무하기 시작한다. 특히 재벌들은 후계 구도와 맞물려 그 방법이 현묘하기까지 하다. 들통이 나서 사회문제가 되는 수도 있지만, 평생 쌓아올린 부를 세금으로 왕창 잘려나간다고 생각하면 기업인 입장에서 무슨 수를 못 하겠는가? 따라서 기업인이 범법자가 되지 않게 하기 위해서는 상속세를 재검토해볼 필요가 있다.

지방 중소기업의 현실과 미래의 꿈

중소기업의 주된 매출은 수출보다 태반이 내수에 있고, 대기업 납품과 관급 공사에서 주로 발생한다. 내수는 지난 10년 좌파 정권의 분배 위주 정책에 따른 기업들의 투자 감소로 낮은 성장률을 초래했으며, 이에 따른 경기침체는 소비자들의 구매 감소로 이어지고 있다. 따라서 대기업보다 중소기업의 판매부진이 더 심각한 실정이다.

2008년 들어 더욱 가파르게 상승한 국제 원유가격이 원자재 가격 상승에 도미노 역할을 함으로써 생산원가 상승으로 치명타를 받고 있다. 그러나 대기업 납품에 있어서는 원자재 인상 요인을 즉각 반영하지 못함으로써 헛장사를 하거나 문을 닫는 업체가 속출하고 있는 실정이다. 관급 공사 및 자재 납품에 있어서도 전북은 타도보다 더욱 취약한 여건에서 허덕이고 있다. 지역 업체보다 타도 업체의 수주나 제품이 판치고 있는 현실을 보면, 이것이 입증된다고 할 수 있다.

지역경제를 살리는 길은 지역에서 돈이 순환되도록 하는 것이 첫걸

음이다. 그런데 말만 도내 발주 사업이지, 실제는 지급되는 돈이 고스란히 타도로 유출된다면, 이는 빛 좋은 개살구라 할 것이다. 글로벌 시대에 우물 안 개구리인 양 지역 업체만 감싸고 돌 일이 아니지만, 같은 가격 같은 품질이면 지역 업체를 우대해줘야 한다는 건 지방자치 시대에 당연한 상식이다.

따라서 지역 업체로 공사 발주나 구매하는 것처럼 보이지만, 기실은 타도 업체가 도내에서 눈 가리고 아웅 하는 격이 많다. 특히 농공단지 휴폐업 공장 일부를 임대해 사업자 신고와 공장 등록은 했으나, 실제로는 생산 활동을 하지 않고 도내 업체인 양 행세하여 공사 발주를 받거나 납품할 시에는 타도에 있는 본사에서 직접 수행하고 있다. 따라서 타도의 인력이 직접 전북에 와서 하나부터 열까지 다 하고 있으니, 지역 인력은 발붙일 데가 없다. 이로 인해 도내에서는 매입이 없으니 지역상권이 죽어가고 지역인의 고용 창출도 이루어지지 않아, 소득이 없는 지역으로 전락하게 된다.

지역 채용이 없는 허울뿐인 업체가 이를 말해주고 있다. 알선 브로커를 대리점 업자로 사업자등록을 하게 한 후 공사 및 납품을 하게 되면, 표면적으로 지역 업체가 납품한 것처럼 보인다. 하지만 기실은 지역에 떨어지는 것은 개인에 대한 수수료에 불과하여 지역경제에 전혀 도움이 되지 않는 경우가 많다. 따라서 도지사의 내 고장 산품 이용 캠페인이 무색해지는 것이 작금의 실정이다.

이러한 도내 제조 중소기업의 현실에서는 인력 채용에서 또 한 번 좌절을 맛보게 된다. 누구를 탓할 수는 없지만, 학생들의 취업 목표는 공기업, 대기업, 공무원으로 주로 정해져 있다. 더욱이 중소기업의 임금이 한계가 있으므로 우수 인력을 확보하기란 더욱 어렵다. 정부의 고용 창출을 위한 각종 지원 정책이 실효를 못 얻고 있는 이유는 이러한 학생들의 눈높이가 중소기업을 외면하고 있기 때문이다. 이러한 중소기업 환경 때문에 구직자의 실업률은 높아가는데, 기업은 사람이 없어 애태우는 모순된 결과로 나타난다.

하여튼 현재의 도내 제조 중소기업의 근본적인 문제가 하루아침에 해결될 수 없는 것은 자명한 일이다. 산·학·관이 지혜를 모으고 힘을 합쳐 해법을 하나씩 도출해내야 할 것이다.

한편 전북도 내의 중소기업이 미래지향적 희망을 품고 있는 것이라면, 전북도민들과 마찬가지로 기술, 자본에서 앞선 외국에 있는 유수 선진기업들이 더욱 많이 새만금에 투자하고 둥지를 내려 협력적 납품 시대를 열기를 기대해본다. 또한, 그들의 산업생산, 연구개발의 파급 효과가 우리 중소기업에도 부여되어 글로벌 시대의 경쟁력 있는 기업으로 전환되고, 따라서 도내 출신의 많은 우수 학생들이 도내 중소기업에 입사 지원하는 시대가 오길 기대해본다.

대기업의 경제 비리는
국가의 길들이기인가?

한국의 재벌총수는 필히 공통된 경력을 가지고 있다. 모두가 언론에 의해 까발려지고 여론의 뭇매를 받은 후 결국 검찰의 조사를 받는다. 그리고 난 후 억지 춘향으로 사회공헌을 발표하고 그 뒤 솜뭉둥이 처벌을 받는, 일종의 재벌 신고식 같은 공통점을 갖고 있다. 이러한 신고식을 하지 않으면 재벌 축에 끼지 못한다고 한다.

현재 한국을 움직이는 재벌들의 사법처리 현황을 보면, 삼성 이건희의 특가법상 배임 및 조세포탈, 현대 정몽구의 비자금 조성, 대우 김우중의 분식회계, 사기대출, 한화 김승연의 보복 폭행, 두산 박용성의 비자금 조성, SK 최태원의 부당 내부거래, 대한항공 조양호의 비자금 조성 등이다. 회장님들이 탈세하고, 회계 분식을 하고, 회사 돈을 빼돌렸다 하여 법의 잣대로 들이대는 회초리에 거의 혼쭐이 나곤 한다.

국가권력의 정의 실현인지, 아니면 재벌들의 길들이기인지 보는 각도에 따라 다르겠지만, 어쨌든 법이라는 잣대로 파헤치다 보면 안 걸릴 수가 없다. 그것이 현실이고 보면, 재벌들의 길들이기가 틀린 말은 아니다.

대표적인 예로 삼성 이건희 회장이 삼성 비상장 주식 시가 8,600억 원의 사회 출연을 살펴보자. 2006년 회사 돈 639억 원을 횡령하고 1,034억 원의 비자금을 조성한 혐의로 기소되어 집행유예 선고받기전에, 사회공헌 기금 8,000억 원을 출연을 약속했다. 이는 미국 부자들이 스스로 하는 부의 사회 환원과 다르다. 국내 기업인은 아직 자발적이지 못하다. 따라서 국가권력의 재벌 길들이기라 할 수 있을 것이다.

돈 준다고 사람 채용하나?

김대중 정부에 이어 참여정부의 정책은 평등주의 분배정책이다. 따라서 기업에 대한 지원보다 노동자에 대한 지원을 물심양면으로 아끼지 않았다. 일자리 창출을 최우선 목표로 하여 참여정부 때 쏟아 부은 돈만 해도 2003~2007년 동안 126개 사업에 34조 원으로 나타났다.

예산의 연평균 집행률이 86.2%로, 돈을 받아놓고 쓰지 못한 돈도 천문학적인 숫자이다. 이는 정부의 노동정책에 편승하여 사업검토 없이 벌이다 나온 결과이다. 이는 부정수급, 목표 미달과 부작용, 도덕적 해이 현상을 가져왔다. 채용하면 주는 장려 지원금, 잘리면 주는 실업수당, 대가리 숫자로 채우면 나오는 훈련수당 등 셀 수 없이 많은 정부의 노동정책 지원금이 실효를 거두지 못하고 있다.

이는 공무원 채용시험에 몇백대 일의 구름처럼 모여드는 현실이 그렇고, 실업률이 여전히 고공행진을 하는 것만 봐도 알 수 있다. 일자리는 기업이 만들어낸다. 기업이 사람을 많이 채용할 수 있도록 투자 여건, 기업하기 좋은 환경을 만들어주면, 채용하지 말라고 해도 사람 못 구해서 안달이 날것이다. 그런데 정부는 각종 규제를 더욱 강화하고, 투명성 외치고, 대등한 노사관계 정립 등을 부르짖고 있다. 그래서 기업이 투자하고 사람을 채용하기 위해 일을 벌이기보다 현상 안주만 하려 든다. 편하게 일만 하고 보수만 많이 달라는 근로자들 때문에 최소한의 인원만으로 기업을 하려 든다. 감 놔라 배 놔라 하는 노동조합 꼴 보기 싫어 아예 외국으로 가려 한 기업도 부지기수다.

정부의 회계 투명성이란 참으로 근사한 말이지만, 따지고 보면 정부가 기업을 손바닥에 발가벗겨놓고 확실하게 세금을 거두려는 데서 출발한다. 원래 물이 맑으면 고기가 안 산다고 했는데, 투명성 내세워 돈의 흐름을 꿰뚫어보고 시시콜콜 경비 내역까지 따지는 정부의 속내는 세금을 거두는 데 있다. 이렇게 해서 거둔 재원을 근로자를 채용하지 않는 기업에 채용하면 돈 주겠다는 것이다. 방법이 비효율적이다.

금융위기의 본질
어떻게 볼 것인가?

미국 투자은행 리먼 브러더스가 파산하고 메릴린치가 매각된 데이어, AIG가 구제금융을 신청하는 것으로 시작된 미국발 월가의 금융위기는 아시아, 유럽의 증시를 급락하게 했다. 한국 또한 주가가 폭락하는 직격탄을 맞았다. 자본시장의 요람인 미국발 2008 금융위기가 세계를 휘청거리게 하고, 미국식 신자유주의에 대한 회의를 갖게 한다.

코스피 지수가 1,000선이 무너지더니 천당과 지옥을 오가는 장세가 지속하고, 미국의 오바마 대통령 당선에도 미국의 주가는 힘없이 무너지고 있다. 실물경제의 상황이 너무 안 좋은 것이다.

도대체 실물경제는 무엇이고, 금융경제는 무엇인가? 한마디로 종이에 숫자를 적어서 오가는 것이 금융경제이고, 물건이 진짜로 오가는 경제가 실물경제이다. 원래의 뿌리는 실물경제이다. 원시시대에 화폐의 기원인 조개 패를 가지고 물건을 주고받고 하다가, 엽전을 만들고 지폐를 만들고, 이제는 온라인상에서 숫자가 오고 가는 시대가 되었다. 평가라고 하는 인위적인 제도를 만들어 하나의 물건의 가치가 만 원도 되고 십만 원도 된다. 보증이라는 제도 역시 국가가 하고 사람이 하는 일이라 숫자놀음으로 빠지기 쉽다.

국가는 수출시장을 개척하기 위하여, 또는 중소기업을 육성하기 위하여 다양한 보증 제도를 만들어 팍팍 밀어주고, 손실이 발생하면 언제나 국민 세금으로 물타기 하기를 반복했다. 기술 평가를 하든 신용도를 평가하든, 아니면 자산 가치를 평가하든, 역시 인위적인 평가로 실물이 반영되지 않고, 외부적 요인에 의해 숫자가 정해질 수도 있다. 명작이라는 그림도 경기 호황에 희귀성이 있을 때는 높은 가격이 형성되지만, 먹고살기 힘든 세상이 되거나 가짜로 판명될 때는 단돈 몇 푼도 못 받게 된다.

회사의 주가 역시 경제와 환경에 따라 천당과 지옥이 따로 왔다 갔다 하게 된다. 질량 불변의 법칙처럼 실물이 반영되는 경제라면 이런 일이 없었을 것이다. 그런데 마구 돈을 찍어내고, 채권이니 펀드니 하며 종이에 숫자를 적어서 나눠주고, 모아들인 엄청난 숫자의 자금을 고수익 올린답시고 금융상품에 투자한다 하고…. 그래서 연봉 수천만 달러를 챙겼던 월가의 재주꾼들이나, 같이 부화뇌동한 한국의 금융인들의 돈 잔치는 그들만의 숫자놀음이고 쇼일 뿐이다.

주식시장과 노름판은 닮은 데가 있다. 원래 노름판에서는 딴 사람은 없고 잃은 사람만 있다고 한다. 모처럼 판을 쓸어도 개평 뜯기고, 판돈 대준 사채업자에게 이자 포함해서 주고 자릿세 주고 나면, 횟수를 거듭할수록 판돈 일부가 야금야금 노름판 차린 업자에게 전이되어간다. 그리고 나중에는 모두가 잃은 사람이 된다.

주식시장도 샀다가 팔아야 이문이 생기니, 할 때마다 증권사 수수료가 소리 없이 빠져나간다. 주식이 오르고 거래가 폭주하면, 증권사는 옵션에 성과급에 연봉 인상으로 그들만의 황금 잔치를 벌인다. 돈도 빌려줘 투자하게 하니 노름판의 밑천 대주는 것과 다를 바 없다. 이러한 야바위 잔치의 본질은 원래가 기업의 자금조달에 있었다.

그러나 자금조달의 기능보다 한몫 챙기려는 투전판으로 변질되어 가고 있으니 안타까운 일이다. 금융이 컴퓨터에 의해 세계가 함께 얽혀 있으니, 국민의 연기금까지 외국에 투자되는 세상이 되었다. 우리나라도 미국처럼 돈 잔치하고 신이 내린 직장처럼 그들만 나눠 먹기를 하다가 일이 잘못되면 정부에 손을 벌린다. 그 꼴이 동서양이 다르지 않다.

이래저래 국민들만 그들의 거품잔치에 눈이 흐려져서 실제를 보지 못하고, 가랑비에 옷 젖는 줄 모르고 항상 내 돈, 내 판돈이 돌고 있는 것으로 생각한다. 그 우둔함 때문에 주식시장도 오래 하다 보면 횡재한 사람보다 쪽박 찬 사람이 많다. 딴 사람은 없고 잃은 사람만 있게 되는 도박판 현상과 왜 그렇게 똑같은지 한번 생각해볼 일이다.

강자의 횡포 이대로 둘 것인가?

"있는 자는 더 받아 더욱 풍족하게 되고, 없는 자는 있는 것까지 빼앗겨 더욱 궁핍해지리라." 이것은 성경에 있는 구절만은 아니다. 사실은 약육강식의 법칙이 존재하는 대기업과 중소기업 간에 일어나는 약자의 설움이라 할 수 있다. 대기업의 물품대금 지급 관행과 보증제도가 중소기업에는 말할 수 없이 불리하게 되어 있다.

어음인 선급금을 받기 위해서도 보증 증권을 제출해야 하고, 보증증권을 받기 위해서는 보증회사가 요구하는 담보나 보증인을 세워야 한다. 어렵사리 납품해도 바로 돈을 주는 것이 아니라, 결제 기일이라는 이름 아래 많게는 1달 이상 기다렸다 받은 어음이 3~4개월짜리가 부지기수요, 많은 것은 6~8개월짜리도 있다. 어음을 받으면 이를 다시 현금화해야 하는데, 이를 위해서는 또다시 은행에 담보나 보증인을 세워야 한다. 정부의 각종 중소기업 육성자금 지원제도가 있으나, 기실은 매출액에 의한 평가가 수반되고 있으며, 기술 또는 신용으로 밀어주는 경우는 현실적으로 불가능하게 되어 있다.

정부는 대기업에 대해 물품대금의 현금거래 비중을 높이라고 하지만, 큰 금액은 여전히 어음으로 결제되고 있다. 대기업은 그동안 각종 지원제도에 힘입어 자기 자본에 비해 엄청난 자금을 지원받았고, 계열 금융사를 만들어 재벌을 사금고화했던 것이 엄연한 사실이다. 기득권을 계속 지키기 위한 있는 자들의 횡포는 경제제도 여러 곳에 도사리고 있다. 실질자격 심사제도 같은 거르는 과정은 중소기업을 영원히 대기업에 종속된 관계로 만드는 대표적 제도이다. 이제 대기업도 새로운 시대에 맞는 새로운 거래 관행을 만들어야 한다. 그동안 정부의 구조 조정 주문 아래 부채 비율을 낮추고, 불필요한 자산을 매각하고, 외자 도입 또는 유상증자를 통해 나름대로 몸집 줄이기에 노력한 점이 보였다.

서로의 상호 지급보증을 해소하고 선단식 경영을 종식하는 것이 시대의 요청이다. 양의 시대에서 질의 시대로, 종속관계에서 수평적 협력관계로 이행되어야 한다. IMF 시대에 BIS를 낮추라는 정부 지시로 인해 대기업에 목줄을 대고 있는 중소기업이 대기업보다 더 혹독한 시련을 겪었다는 사실을 우리는 생각해야 한다. 이제 대기업의 중소기업과의 거래 관행은 자발적인 호혜 원칙으로 바뀌어야 한다. 원자재를 들여다가 물품을 만들어 납품했으나 최종 손에 쥘 수 있는 환금성 기간이 1년이 된다면, 어디 말이 되는가 말이다. 언필칭 '와리깡'을 해서 밀린 임금 원자재 대금을 주고 나면 항상 허덕이게 된다.

중소기업이 살아야 대기업이 산다. 중소기업이 보증인을 세우기 위해서 담보를 대고 종이쪽지를 할인해야 할 그 시간에, 기술 개발로 더 좋은 품질을 만들 수 있지 않겠는가? 대기업 불패 신화가 무너지는 시대이다 보니 더욱 그렇다. 작금의 대우자동차 부도, 현대건설 유동성 위기에서 보여주듯이, 하청업체의 목줄은 오로지 대기업의 운명에 달려 있다. 그러니 기업을 사주 관상 보듯 판단하고 납품할 수 없고, 기업의 재무제표라는 것도 기실은 숫자놀음에 지나지 않는 얼굴 화장일진데, 그 속내를 어떻게 알 수 있단 말인가? 현실이 이렇다 보니, 중소업체의 납품은 항상 모험하듯 해야 한다.

제조업체는 그래도 건설업체보다 좀 나은 편이 아닐까 싶다. 중소 아파트 건설업체의 하도급 업자들의 피 말림은 겪어보지 않은 사람은 모른다. 그것은 자기 돈 없이 순전히 남의 돈으로 이렇게 엮고 저렇게 엮어 아파트 짓겠다고 나선 사람들 때문이다. 분양이 잘되면 그만이지만, 안 되면 많은 사람이 죽게 된다. 어찌 분양이 안 되는 결과에 대해 힘없는 영세업자만 죽는가. 그 원인은 어음 제도와 건설업법에 있다 할 것이다. 대금 대신 분양되지 않는 APT를 떠안는 것은 관행이 되었다. 또 고의성 부도를 내는 악질업체 때문에 피해는 끊이질 않는다.

컴퓨터의 키보드에 의해 재산과 모든 경제 상황이 투명해지는 세상이 이미 되었고, 외국으로 도망가도 바로 잡혀 올 수 있는 범인인도 협약이 체결되는 세상이 되었다. 그렇건만 어음을 부도내어 많은 사람의 가슴에 못 박고, 얼마 후 또다시 의젓하게 똑같은 사업을 할 수 있는 제도상의 결함을 어찌 고치지 않는지 질문하고 싶다. 이제 그 위험성을 제도권의 금융기관이나 사업 승인을 가능케 한 정부가 떠안아야 하지 않겠는가?

미래의 에너지는 녹색 화학에서

국제 석유 가격이 하늘 높은 줄 모르게 치솟고 있다. 한때 20달러에서 유지되던 뉴욕 국제 선물시장의 석유 가격이 2006년 4월 현재 70달러에 거래되고 있다. 에너지의 태반을 원유에 의존하고 있는 우리나라에서 원유 수입액이 전체 수입액의 1/4에 달한다고 한다. 그러니 석유가의 폭등이 국내 경제에 미치는 영향은 가히 치명적이라 할 수 있다.

정부는 에너지의 태반을 원유에 의존하는 우리의 현실에 대한 대비책으로 원자력 이외에 태양열, 풍력, 조력 등의 대체 에너지를 개발하고 있다. 그러나 석유를 대체할 만한 뾰쪽한 방법이 아니어서 근본 문제가 안 되고 있다. 따라서 석유를 대체할 새로운 에너지가 없을까 생각해보는 것은 매우 중요한 일이다. 인류가 에너지원으로서 18세기 산업혁명 이후 본격적으로 사용한 것이 석탄이다. 그리고 20세기 들어서는 석유를 사용하기 시작했다.

석탄과 석유는 화석연료로서 대략 3억 년 전 번성했던 엄청난 양의 식물이 지각변동에 의해 깊은 땅속에 묻혀 만들어진 것이다. 석유 역시 엄청난 동물들의 사체가 땅속에서 높은 압력과 지열을 받아 의해 만들어진 것이라는 데는 이론의 여지가 없다. 그렇다면 우리가 소중한 자원으로 이용하고 있는 석탄과 석유는 기본적으로 태양 에너지의 광합성에서 이루어졌다고 볼 수 있다. 따라서 이들 모두 태양 에너지의 산물이다. 인류의 산업을 움직여주는 바탕인 태양 에너지에 의해 녹색식물이 만들어지고, 이를 식용으로 하는 동물의 번성이 지각변동이라는 재앙을 만나 오늘날의 소중한 자원으로 탈바꿈한 것이다.

석탄과 석유는 화학적으로 탄소와 수소가 기본을 이루고 있는 탄화수소이다. 따라서 3억 년 전에 발생한 화학적 조건을 오늘날 만들어주면 석유라는 에너지를 생산해낼 수 있지 않을까 생각해볼 필요가 있다. 한정된 매장량의 석유를 뽑아내는 것이 아니라, 땅 위에 식물을 재배하여 그 식물의 탄수화물로 석유를 만들어내는 것이 결코 불가능한 것은 아닐 것이다.

이미 사탕수수를 원료로 하는 석유 대용 기름이 남미에서는 상용화되어 자동차 연료로 공급되고 있다. 국내에서도 유채꽃, 현미 등에서 바이오 디젤유를 생산해서 경유에 첨가하여 공급되는 엄연한 에너지원으로 자리 잡아가고 있다.

무한한 태양 에너지의 광합성을 이용하여 에너지 이용 식물을 재배하고, 이를 가지고 경제성 있는 양질의 탄화수소 기름을 만들어낼 수 있는 혁신 기술이 절대 필요하다. 이러한 길만이 국제 석유가의 폭등에서 국내 경제를 지켜내고 석유 자원의 고갈에서 국가 생존을 이어갈 수 있는 지혜이다.

공무원 900명 뽑는데
15만 명 몰렸다

10월 첫 주에 뽑는 서울시 7, 9급 공무원 채용시험에 전국에서 15만 명이 몰렸다고 한다. 이태백이라는 은어가 말해주듯, 청년 실업률이 사회문제가 된 우리 현실에서 한번 취직했다 하면 철밥통처럼 정년까지 보장되는 공무원 채용시험에 이렇게 몰리는 것은 어쩌면 너무나 당연한 이야기인지도 모른다. 문제의 핵심은 왜 공무원으로 몰리는가 하는 것이다. 중소기업은 구인난에 시달린 지 이미 오래다. 특히 3D 업종은 오려는 사람이 없어 외국인 근로자 차지가 되어버렸다. 사람이 있어야 할 곳은 사람이 오지 않고, 사람을 줄여야 할 곳은 오히려 사람이 몰리는 기현상에 대해 근본 원인을 찾아내고 대책을 세우려 하질 않는다.

한국 같은 수직적 의식구조에서 공무원은 관료로서 국민에게 봉사하는 위치가 아니라, 지시하고 상위에 있는 개념으로 받아들여지고 있다. 물론 전근대적인 공무원의 우월적 지위는 없어졌지만, 지금도 인허가를 쥐고 세금을 매기고 현장을 조사할 수 있는 권한을 갖는바, 이것이 안정적인 신분보장과 현실화된 급여 인상으로 인해 취업 선호도에 중요한 요인으로 작용한다.

따라서 젊은이들이 기업보다 공무원을 택하게 되고, 공무원 시험 준비를 위해 대학을 졸업하고 학원을 다시 다니는 웃지 못할 기현상이 일어나고 있다. 기업인은 재화를 창출하고 근로자를 고용함으로써 사람을 살리는 활인 상생의 일인 반면, 공무원은 예산을 쓰는 직업이다. 공무원이 많아진다면 그만큼 세금을 더 거둬들여야 한다는 이야기이다. 돈을 버는 기업보다 돈을 쓰는 공무원에 젊은 사람이 몰린다니 정말 큰 일이다.

아줌마들과의 전쟁에서
연전연패하는 이유는?

청와대는 10일 지금 집을 사면 낭패이니 기다렸다가 사라고 친절한 충고를 아끼지 않았다. 그 주에 오른 부동산 가격이 최고치에 치달았기 때문에 국민을 사랑하는 절박한 마음에서 나온 말일 것이다. 참여정부 들어 부동산 정책은 아줌마들과의 싸움에서 연전연패를 면치 못하고 있다. 8·31 부동산 정책을 위시해 신도시 개발, 분양가 공개

등 갖가지 정책을 내놓았으나, 씨알도 먹히지 않고 아파트 가격은 상승 곡선을 진행했다. 세금 폭탄으로 때려잡겠다고 으름장을 놓았으나 부동산 시장은 이에 아랑곳하지 않는다.

콩으로 메주를 쑨대도 듣지 않는다. 정부가 신뢰를 잃었기 때문이다. 결국, 부동산 정책을 총괄하는 청와대 경제 보좌관께서 나는 부동산 전문가가 아니라며 꽁무니 빼기에 이르렀다. 천정부지로 치솟은 집값에 내 집 마련의 꿈을 상실한 대다수 서민들의 망가진 심신은 누가 보상하는가? 집값을 누가 올리는가? 안주인이신 아줌마들이다. 아파트 부녀회에서 우리 얼마 이상으로 팔자, 하면 그것이 시세가 된다.

시장경제의 수요공급 원칙에서 볼 때 서울이라는 과밀 상태의 도시에서는 언제든지 수요가 있기 때문이다. 문제는 그것이 덩달아서 인근 주변으로 퍼지더니, 결국 수도권 전체가 들먹이는 데 있다. 원래 아파트 가격에 강세가 있던 곳은 강남이었다. 강남은 8학군이라는 최고의 교육수혜 지역이자 한국 오피스 중심지가 있는 곳이다. 그 옛날 명동도 아니며 여의도도 아니다. 테헤란로에 즐비한 오피스 빌딩이 바로 기업 본사들의 집결지이자 일자리 1번지가 된 것이다. 여기에 최고의 8학군까지 갖고 있으니 강남에 몰려드는 것은 당연하다.

따라서 강남의 광풍이 어찌해서 수도권 전 지역으로, 더 나아가 충청권까지 넘보게 되었느냐는 말이다. 북경의 나비 한 마리가 워싱턴의 폭풍우를 몰고 온다고 했던가! 정부의 분배 정책에 노동자의 단결된 기세가 하늘을 찌르는데, 권익을 보호한답시고 기업들을 옥죄니 누가 투자를 하겠는가? 기업들이 돈을 가져가지 않으니 은행들은 자연히 주택담보 대출에 매달릴 수밖에 없다. 따라서 가계 빚 2/3가 주택 마련 용도로 쓰였다고 한다. 아파트 인상이 한몫한 것도 있다.

행정도시 건설한답시고 조원이 넘는 토지 보상금을 풀었으니, 그 돈 역시 부채질했음이 틀림없으리라. 대학교 내에는 데모를 부추기는 운동권 학생만 있는 것이 아니다. 도서관의 공부벌레도 있지만, 대다수는 적당히 공부하고 적당히 노는 학생들이다. 운동권 학생을 핍박하고 공격하면 활화산처럼 다른 쪽 학생들로 번져나간다. 강남의 가격을 세금으로 때려잡겠다고 세금 폭탄을 퍼부어도, KO 되기는커녕 기세등등 수도권 전체를 들쑤시고 있다. 세상 이치가 유기적 관계로 맺어지는 평범한 진리 자체도 모르는, 전문가도 아닌 자들이 전문가 자리에서 전문가 행세로 부동산 정책을 좌우하니 나라가 요 모양이 된 것이다.

경제인은 영원한 봉

정몽구 회장이 결국 구속되었다. 비자금을 조성하고 계열사 편법 인수, 경영권 편법 승계라는 죄목이 너무 커 사회정의 차원에서 구속하지 않을 수 없다는 것이다. 국내 재벌 1위의 삼성이 에버랜드 전환사채 편법 증여라는 경영권 승계에 정부와 시민단체는 회초리를 들었고, 삼성은 이에 굴복하여 결국 8,000억 원을 사회 헌납했다. 그러더니 이어 재벌 2위의 현대자동차 차례가 된 것이다. 과거 국제그룹 양정모 회장이 5공 정권의 상납 요구에 맞서다가 공중 분해된 사실을 잘 알고 있는 한국의 기업인들은 대선 때 차떼기로 여야에 보험금 들듯 갖다 바쳐야 하는 무기력한 존재임이 다시 한 번 여실히 드러났다.

대기업의 경제활동이 국가의 가장 큰 조세 자원이 되고, 국가는 나라 살림을 꾸려갈 수 있다. 매년 가장 큰 고용을 창출하여 취업 기회를 만들어주고, 협력 및 하도급 관련 업체와 거래 파급효과는 한마디로 경제 근간이라고 해도 과언이 아닐 수 없다.

이러한 대기업을 이끄는 대기업 총수들은 가끔 뇌물공여, 조세포탈, 횡령혐의 등의 죄목으로 국민한테 혼나곤 한다. 세금 한 푼 안 내고 목소리만 외쳐대는 시민단체의 요구에, 국민 여론을 빙자한 언론의 집중포화에 검찰이나 정치권이 나서지 않을 수 없기 때문이다. 뇌물을 안 갖다 바치니 괘씸죄에 해당될 수도 있어 보험 조로 갖다 바칠 수도 있고, 또 돈 놓고 돈 먹기 장사 원리에 매부 좋고 누이 좋게 사업상 득이 있기에 갖다 바칠 수도 있다.

그래서 비자금을 조성하는 것이다. 또 일생을 바쳐 세운 기업을 자식에게 승계해주고 싶은 것은 당연지사. 그러나 현행법을 따르자면 세금으로 다 뺏기고 마니 편법 상속을 택하게 된다. 세금포탈이야 비자금을 조성하다 보니 매출액을 누락하거나 가공 거래액을 만들어 차액으로 빼돌리는 것이다. 이 또한 비자금 조성에 약방의 감초처럼 따라다니는 것이 자명하다. 그런데 근원을 보지 않고 심심하면 잡아들이는 것은 가진 자에 대한 사회적 욕구의 피할 수 없는 결과이다. 대기업 총수는 가졌기에 겪어야 하는 업보임에 틀림이 없다. 언제까지 경제인이 영원한 봉으로 남을 것인가?

이렇게 놀면 언제 일하나?

2006년 5월은 신나는 날이 많아서 좋다. 주 5일제 근무로, 5월 1일은 근로자 날로서 토요일 포함 3일 연휴가 있었다. 5월 5일은 어린이날과 석가탄신일로 금요일에 있어 또 한 번 3일의 황금연휴를 만끽한 것이다. 이뿐이 아니다. 5월 15일은 스승의 날로 둘째, 넷째 토요 휴무하는 교육청 지침에 따라 선생님들은 아이들과 함께 대다수 연휴를 즐겼을 것이다. 또 있다. 5월 31일은 지방선거 투표일이라 임시 공휴일로 정했으니, 얼씨구나 땡이로구나, 또 쉬는 날이다.

이처럼 쉬는 날이 많으니 월급제 근로자야 좋겠지만, 국가적으로나 경영자 입장에서는 마냥 좋지만은 않을 것이다. 성경에서 말한 6일 일하고 하루 쉰다는 것은 이제 옛말이 되었다. 관공서부터 솔선수범한 주 5일제 근무는 이제 기업에도 강제적으로 적용할 예정으로 되어 있다. 이제 사회적 분위기는 놀토(노는 토요일)가 대세다. 따라서 중간에 징검다리 국공휴일이 있는 경우 위와 같은 장기 휴일사태가 빈번하게 일어날 것이다.

땅덩어리는 좁고 인구는 많아 수출해서 먹고 살아야 할 대한민국이 환율은 갈수록 높아져 수출 채산성이 떨어지고, 여행 씀씀이는 줄지 않는다. 따라서 경상수지 적자가 9년 만에 최고조에 달했다는데, 정말 이대로 놀기만 해도 되는지 다시 한 번 생각할 때가 되었다.

어떤 중소기업 사장이 31일 임시 공휴일에 실제 투표에 걸리는 시간이 10분 남짓 걸리지 않음을 알고 직원들에게 정상근무를 지시했다가, 서늘한 눈총을 받고 서둘러 오후에 작업을 일찍 종료하고 퇴근

시켰다고 한다. 오히려 휴무로 했기에 투표율이 떨어진다는 현실적인 지적도 있지만, 정부가 하는 일을 누가 나서서 말리겠는가?

도덕적 해이가
많은 사람 죽인다

　세계 금융의 메카인 미국이 서브프라임 주택융자 위기로 신호를 보내더니, 굴지의 금융사 리먼 브러더스가 파산 신청으로 불이 붙었다. 이어 AIG에 옮겨붙을 기세로 타오르자, 7,000억 달러라는 돈을 뿌려 화재 진압에 나섰다. 신자유주의를 이념으로 하는 미국식 탈규제 정책은 자본주의의 요람인 월스트리트의 세계 지배를 가져왔다. 하지만 이제는 반대로 정부의 지원과 규제가 있어야 살아남을 수 있는 처지로 전락한 것이다.

　금융시장의 이러한 위기는 시장경제가 가진 위선과 도덕적 해이의 결과인지 두고 볼 일이지만, 망하는 회사 리먼 브러더스 CEO의 작년 연봉이 4,500만 달러라는데, 이는 흡사 야바위가 난무하는 시장바닥의 먹튀(먹고 튀는 것)와 무엇이 다르랴! 규제 없는 시장원리는 결국 실물경제보다 버블 현상에 의해 지배되기 쉽다. 결국, 막판에 한계점에 이르거나 거품이 빠지면 서민만 죽어나는 것이 시장경제의 원죄라 할 것이다.

　그동안 국가 규제를 반대해온 금융회사들이 정부에 손을 벌리는 것은 규제가 없는 시장 만능주의가 가진 모순을 드러낸 것이라 하겠다.

그렇다고 국가가 시시콜콜 개입하는 계획경제가 과연 현대사회의 경제정책의 기본이 될 수 있는가? 이 역시 아니라고 답할 수밖에 없다. 금융이란 원래 예금을 받아 이를 대출하여 마대진의 차이를 먹고 사는 상업은행이 본류이다. 그러다가 주식, 채권, 파생 금융상품을 취급하여 고수익을 올리고, 직접 기업을 인수 합병하여 이를 다시 되팔아 고수익을 남기는 투자은행들이 금융 중심으로 자리 잡은 것이다.

실제 돈을 가지고 있지 않으면서 보증이란 제도를 이용해 싼 이자의 돈을 끌어모아 투자하고 빌려주고, 또는 종이에 숫자를 적어주고 개미군단의 돈을 끌어들여 별별 짓을 다 할 수 있는 마법의 요술이 바로 금융의 본질이다. 따라서 구조적인 문제와 도덕적 해이가 금융위기의 본질이다. 이 때문에 많은 선량한 사람이 죽어나는 것이다.

공룡의 몰락

미국의 GM, 크라이슬러가 파산 위기에 직면해 있다고 한다. 한국전쟁 때 제무시라고 부르던 군용 트럭이 바로 GM을 부르던 한국식 애칭이었다. 전쟁을 승리로 이끌고 힘과 견고한 차의 대명사였던 제무시를 만들어낸 GM은 포드, 크라이슬러와 함께 미국의 빅3 자동차 회사로 불려 왔다. 그런데 이들이 미 의회에 돈 달라고 구걸을 하는 것이다.

태평양 전쟁 초기 일본 진주만 폭격으로 주력 전함들이 침몰하고 쑥대밭이 되었어도 곧바로 일어서서 거인의 위력을 바로 보여주었던 미국이었건만, 도요타 자동차의 본토 상륙에는 힘 한번 쓰지 못하고 맥없이 주저앉고 말았다. 공룡의 몰락으로 상징되는 미국 빅3 자동차 회사들의 위기의 본질은 어디서부터 나온 것인가? 정답은 공룡이 되었기 때문에 몰락한다는 것이다. 석유가 무기화되고 카르텔이 형성되어, 덩치 큰 고연비의 자동차보다 저연비 자동차 시장이 도래할 것을 모르고, 자가용 비행기에 연봉 수천만 달러씩 받고 황제놀음을 했던 CEO들의 안일한 경영도 한몫한 것이다.

재미있는 사실은, 이러한 공룡의 몰락은 미국 자동차만의 일이 아니라는 것이다. 한국에서도 역사와 전통을 자랑하는 공룡 은행들이 초짜 신설 은행들에게 잡혀먹히는 사례가 있고, 서로가 오십보백보라는 점이다. 조흥, 서울신탁 등이 신한, 하나 등에 합병된 것이 이를 말해준다. 조직이 커지면 관리 비용도 늘어나고, 직원들의 임금뿐만 아니라 복지후생비가 늘어나는 것은 동서고금이 다르지 않다. 더욱이 노조가 결성되고 힘이 막강해지면 스스로 감량 조절을 하지 못하고, 계속하여 관성의 법칙처럼 진행된다는 데 있다.

시장은 소비자에게 값싸고 품질 좋은 상품을 제공하는 기업만 살아남을 수 있는데, 덩치가 커지다 보면 고비용 저효율로 빠지게 된다. 하위직보다 상위직이 많아지고, 내용보다 형식에 비용이 늘어나는 구조가 되어, 스스로 이를 제어하지 못하게 된다. 이러한 일들은 은행뿐만 아니라, 조그만 소규모 기업에서도 으레 있는 일이다.

창업 초기에는 일이 있으면 밤낮 안 가리고 일을 하는 데 반하여, 매출도 늘어나고 기업 형태가 갖추어지면 근로기준법을 따지게 된다. 따라서 칼퇴근이 자리 잡고, 시간 외 일을 하게 되는 경우 휴일 잔업을 일일이 챙겨줘야 한다. 그리고 눈빛만 보고도 척척 했던 일들을 문서 만들고 결재 과정을 거쳐 일하게 되니, 자연히 순발력도 늦어지고 고비용의 형태로 진입하게 되는 것이다.

기업 경영의 기본 ABC는 잘나갈 때 어려움을 대비하고, 어려울 때 앞을 내다봐야 한다는 것이다. 그런데 인간 심리 또한 조삼모사와 다르지 않아 회사보다 내 몫, 내일보다 오늘의 몫을 챙기려는 타성 때문에 위기에 대처하지 못한다. 따라서 잘나갈 때는 노사가 서로 담합하여 나눠 먹기를 우선하고, 어려울 때는 솔선수범이 안 된다는 것이다.

미국 상원에서 빅3 구제 법안이 부결된 것은 미국 내 일본 자동차 수준으로 임금을 삭감하라는 의회의 요구를 노조가 거부한 데 대한 분노라고 한다. 이처럼 자기 자신의 살을 깎는 데는 타율이 아닌 이상 자율로는 어려우므로, 회사가 망할 때까지 계속 갈 수밖에 없다. 그래서 공룡이 되기 전에 스스로 몸무게를 줄이거나, 아니면 그 몸무게를 순발력 있게 유지할 수 있는 강력한 심장을 갖든가, 둘 중의 하나를 선택해야 한다.

박연차와
천신일을 위한 변명

그룹 재벌도 아닌 태광실업의 박연차 회장 비자금 로비 사건은 정관계는 물론 전임 대통령의 생계형(?) 범죄까지 들통내고 말았다. 박연차 회장이 평소 형님으로 부르며 수십 년 지기로 알려진 천신일 세중

나모 회장까지 소환하여 조사했다. 이로써 국민의 관심은 과연 살아 있는 권력으로 불리는 이명박 대통령의 대선자금까지 확대될 것인가, 하고 궁금해하고 있다. 박 회장과 천 회장 둘 다 기업인이다. 기업인들이 비자금을 만들어서 돈을 정관계에 뿌리는 고질적인 병폐의 근본 이유는 어디에 있는 것일까?

나뭇가지가 햇볕을 받기 위해 양지쪽으로 뻗어 가듯, 뿌리가 수분과 영양소를 찾아 잔뿌리를 계속 만들어내듯, 기업은 생존을 위해서 하지 못할 일이 없다고 봐야 한다. 그것이 탈세와 탈법에 해당한다 하더라도, 기업 생존을 위해서는 불가피한 일로 변명하고 있다.

막역한 형님 동생 사이가 된 천 회장과 박 회장이 형님은 이명박 대통령 후보의 후원자로, 동생은 노무현 대통령의 후원자로 나서게 된 동기가 무엇일까? 대답은 간단하다. 정권의 보호를 받고 싶었던 것이다. 어느 기업이든지 정권의 비호 아래 보호받고 재채기 없이 탄탄대로를 걷고 싶은 것이다. 진보나 보수의 이념을 가진 것도 아니며, 정치인의 정치 철학에 감동해서도 아니다. 어떤 기업은 여야 가리지 않고 골고루 나눠주는 보험형이 있는가 하면, 어떤 기업인은 도박 한 큐에 승부하듯 한쪽에 올인하기도 한다.

박연차 회장은 아마 후자에 속할 듯싶다. 기업인은 왜 돈을 갖다 바쳐야 하는가? 돈을 갖다 바치지 않으면 철퇴 맞는 꼴을 생생하게 보아왔기 때문이다. 국제그룹이 하루아침에 쓰러지는 것을 보고 그것이 괘씸죄가 원인이라고 생각해온 대한민국의 기업인들이 알아서 기는 것이다. 그것은 기업을 보호하고 보다 많은 이익을 창출하기 위해서 어쩔 수 없는 필요악이라고 생각하는 것이다. 기업은 시시콜콜한 경비지출까지 기록하여 제출하고, 매출을 누락하면 세무조사를 받는다. 털어서 먼지 안 나는 사람 없다고 기업이 세무조사 받으면 회사가 휘청거린다. 재벌이고 소기업이고 간에 세법이라는 잣대는 엄청난 벌금과 추징세액을 부과할 수 있다. 권력을 쥐고 있는 자들이 국민을 위한답시고 거미줄처럼 얽어 매놓은 세법 규정 때문이다.

기업 활동 잘하라고 기업 활동비를 주는 데도 없고, 규정도 없다. 만약 주었다면 세무서가 증여세를 부과할 것이다. 그러나 정치인은 정치자금을 모을 수 있다. 국회의원들은 세비만 받는 것이 아니다. 사무실과 보좌관, 비서, 운전사 급여까지 지원받고도 돈 달라고 후원회를 연다. 국회에서 의석수대로 기준으로 한 정당 보조금의 실질적 혜택도 누린다. 후원금의 사용처에 대해 감사받고 세금 낼 일도, 세무조사 받는 일도 없다. 정치인들이 만들어놓은 자기들을 위한 권위 보호법(?)이 주는 안락을 만끽하고 있는 것이다.

그러나 기업인들은 법대로 장사하면 돈을 모을 수 없다고 하소연한다. 절세만 가지고는 돈을 벌 수 없다고 한다. 정부가 기업 활동에 대해 돋보기로 손바닥 눈금 보듯 들여다보고 있으니, 법과 규정대로 장사하면 먹고는 살지만, 큰돈은 벌 수가 없다고 한다. 이게 현실이다. 그래서 큰 재벌은 전쟁이나 혼란기에 탄생한다고 한다. 안 먹고 안 쓰고 악착같이 벌어 성공한 후발 주자 중견 기업인들은 금력에 있어 재벌과의 경쟁에서 불리하다. 시장을 점유하고 기득권을 누리고 있는 재벌 축에 끼고 싶은데, 그러려면 많은 에너지가 필요하다.

그러나 거미줄처럼 얽어매놓은 법과 규정이라는 형식 때문에 많은 에너지를 갖는 데도 한계가 있다. 그래서 지금의 재벌들이 과거 정치적인 특혜로 성장했듯이, 중견 기업들도 정치적 특혜에 목말라 하고 있다. 그래서 대선 때만 되면 장관 자리 하나 꿰어차려고 이 캠프 저 캠프로 줄을 대어 몰려다니는 대학교수만 있는 것이 아니다. 후원하여 보호받고 특혜받아 성장하려는 기업인도 있는 것이다. 그것을 잘한 일이라고 할 수는 없다. 그러나 중견 기업이 재벌로 성장하고, 재벌은 세계적 메이저 기업으로 발돋움하도록, 정치인과 관료들은 기업인이 기술 개발과 경영 혁신만으로도 꿈을 이룩할 수 있도록 만연된 반기업정서를 해소하고, 거미줄처럼 옥죄고 있는 법과 규정의 그물망을 대폭 풀어줘야 할 것이다.

쌍용차 노조의 공장 점거는 억지 금메달

파업 노조원 976명이 쌍용차 공장을 점거하고, 일하고 싶다는 직원 4,500명도 몰아냈다. 대신 집안 식구도 아닌 민노총 조합원들을 끌어들여 정치투쟁의 장을 만들고 사생결단 저항을 계속하고 있다. 정부에게는 민간 기업에다 공적 자금 내놓으라고 목청을 돋우고, 회사의 구조 조정은 거부하고 있다.

파산이 되면 쌍용차 소액 주주 2만9천 명이 소유한 주식이 휴짓조각이 될 판이고, 협력업체 직원 20만 명도 일자리를 잃을 판이다. 또 주변 상가에서 쌍용차로 인하여 먹고사는 사람들까지 못 살겠다고 아우성이다. 그런데 이에 아랑곳하지 않고 갈 데까지 가려 하고 있다.

중국 상하이차가 경영을 잘못했지 우리가 무엇을 잘못했느냐, 왜 우리가 길바닥에 나앉아야 하느냐는 항변도 일리야 있지만, 이는 아닌 것이다.

공장의 재산은 노조원의 것이 아니라 엄연한 회사 재물이며 주주의 것이다. 이처럼 내 것도 아닌 공장 시설물을 점거하고 공장 가동을 올 스톱시켜놓은 채 대외 신임도를 땅에 떨어트리는 농성 조합원의 행위는 회사를 살려야겠다는 일말의 양심이라도 있다면 할 수 없는 일이다. 겉은 정부가 개입하여 돈 내놓고 해결하라고 하지만, 사실은 어차피 잘리게 될 것, 회사가 망하더라도 챙길 것은 끝까지 챙긴다는 억지가 아니라면, 이렇게 40일 이상 생산 시설을 가동 못 하게 하여 회사가 파산의 길로 떨어지게 할 수는 없는 일이다.

엄연한 제삼자의 업무 방해임에도 경찰은 손 놓고 있다. 그것은 용산 참사 같은 불상사 때문에 혼난 경찰이 진압 과정에서 발생할 구설수에 휘말리지 않겠다는 것으로 보인다. 그러나 이는 경찰이 취할 태도가 아니다. 소수의 농성 조합원에 의해 다수의 직원과 협력업체, 그리고 주주가 피해를 보고 있는데 눈치만 살피고 있다면, 경찰의 직무를 스스로 포기하는 것이다. 진압하다 잘못될 수도 있다. 그렇다고 불법 점거가 잘못된 것임에도, 국민의 생명과 재산을 보호하고 질서를 유지해야 할 경찰이 손 놓고 있는 것은 회사의 파산을 음으로 도와주고 있는 것과 마찬가지다.

단추를 처음부터
잘못 낀 비정규직 대책

비정규직을 보호한다는 비정규직 보호법이 오히려 비정규직을 해고의 벼랑으로 내몰고 있다. 세상일은 유기적으로 얽혀 있어서, 순리대로 하지 않으면 엉뚱한 일이 생겨난다. 자연에도 양성이 있고 차이가 존재하듯, 일에도 고급 인력과 저급 인력, 전문성과 단순성으로 나뉜다. 시간제로, 단기 계약제로, 또는 용역을 주어서 이를 시킬 수 있고, 핵심 되는 일, 정교한 일은 특별한 우대를 하여 일을 시킬 수 있다.

그런데도 비정규직이라는 이름 때문에 차별받는 근로자가 되어 저임금과 해고의 불안을 느낀다면, 근로기준법으로 얼마든지 최저임금 이상 보장하고, 일정 기간 이상 근속 근로자에게는 즉시 해고를 방지하고, 해고되더라도 정규직같이 실업수당을 지급할 수 있게 하면 된다.

그럼에도 여야가 정치적 이해관계 때문에 2006년 11월 통과시킨 비정규직 보호법은 비정규직이라도 2년이 되면 정규직으로 전환하도록 강제하다 보니, 이번 같은 일이 생기게 된다. 근로 급여의 차이를 인정하지 않고 똑같이 하자는 것은 평등이란 탈을 쓴 정치권의 선심성 포퓰리즘의 결과이다.

일의 내용이 단순하거나 근태 관리가 어려운 일에 대해 계약직으로 일을 시켰는데, 이제부터 정규직으로 전환하여 일을 시키라 하면, 기업 활동의 기본인 경쟁의 자유를 제한하는 반기업 정책이 되는 것이다. 변화되는 기업 환경에 몸집을 줄이기 위해 핵심적인 업무 이외에는 아웃소싱, 용역 등으로 일반화되는 추세에 그나마 유지해온 비정규직 제도가 제한되고, 고비용 부담으로 해나가라면, 기업 경영이 위축될 수밖에 없다.

누가 정규직, 비정규직으로 구분했는지. 이름 때문에 차별성이 기정사실화되면, 오히려 비정규직 일자리까지 줄어드는 사태가 올 수 있다. 돈 줄 사람은 필요로 임금을 지급한다. 억지로 주게 되면 편법이 생기게 마련이다.

급료가 적고 신분보장이 되지 않아 비정규직 근로자들이 법에 보장된 차별 시정조치를 받으려고 정규직 노조에 가입하려 하면, 정규직 노조는 일자리를 위협받게 된다며 반대한다. 그것도 따지고 보면 목소리는 명분이지만, 하는 일은 실리에 따라 움직이기 때문이다.

9장

사회, 교육

형식에 얽매이다 보면
결국 이런 일이

우리가 살아가는 사회질서를 위해 만든 제도와 법이라는 형식은 사실이란 실체에 대한 허상이라고도 할 수 있다. 이러한 형식이 실제로 존재하는 사실을 지배하는 웃지 못할 세상이 되었다. 2007년 10월 11일 중앙 일간지의 토막기사 한 토막이 이를 입증한다. 형식이란 법이나 규정을 말한다. 통신비밀보호법에 의하면, 내가 상대방과 직접 대화하면서 몰래 녹음하면 이는 합법인데, 다른 사람을 통해 하거나 내가 없으면 불법이라고 한다.

아내의 불륜을 의심한 남편이 자기 집안 침실에 녹음기를 장착해서 결정적인 간통의 신음 소리까지 찾아냈건만, 통신비밀보호법에 의해 공개되지 않은 다른 사람들 사이의 녹음을 할 수 없다는 그놈의 법 때문에, 성교행위를 하면서 내는 신음소리가 있는데도 증거로 채택되지 못하고 결국 간통혐의가 무죄가 되었다고 한다. 당사자들이 녹음

된 음성이 자신들의 것이라고 인정했고 정황이 분명한데도, 불법을 통해 취득한 증거는 증거가 될 수 없다는 것이다. 그래서 당사자가 부인하면 사실이 사실이 아니게 된다는 것이다. 이는 불법이라는 형식 때문에 불법을 저지른 실체를 처벌하지 못하는 것이다. 이런 아이러니한 세상에 우리가 살고 있다.

순결을 지켜야 할 자기 아내가 외간남자와 밀폐된 공간에서 서로 교합하면서 나오는 신음소리의 결정적인 증거가 있어도, 아니 정황적 사실관계가 밝혀져도 불법을 통해 얻은 증거라 하여 처벌할 수 없는 게 우리의 법이다.

사실을 사실대로 밝혀내어 시비를 가려주고, 불법은 불법대로 처벌해야 할 텐데, 불법을 통해 얻은 증거라 하여 엄연한 사실을 사실로 인정치 않는다면, 이게 제대로 된 세상인가? 법이나 규정 등은 사실을 가리기 위한 형식이 되는 것이며, 실제 벌어진 일은 실체가 된다. 따지고 보면 법이라는 형식도 편리와 효율을 위해 만든 허상에 지나지 않는 것이다. 이에 비하여 사실은 실체가 있는 진실이라는 것이다.

따라서 형식은 시대에 따라 변할 수 있지만, 사실은 변할 수 없다는 것이다. 사실에 입각하여 진실을 규명해야지, 형식에 맞추어 가리다 보면, 언제가 형식이라는 만능 컴퓨터에 사실을 대보고 유죄, 무죄하면서 판사가 필요 없는 세상이 오면 어찌하겠는가?

이 노인을 어찌할꼬?

무면허 의료행위를 해온 장병두(92) 할아버지가 항소심에서도 집행유예 4년의 실형을 선고받았다. 병원에서 사형선고를 받은 암 환자들이 할아버지가 만든 신비한(?) 약으로 완치되었다. 그러니 전통의술을 인정하고 병을 낫게 한 할아버지를 처벌하면 안 된다고 법원 앞에서 시위하고 있는 사람들 중에는 대학교수, 탤런트, 정치인 등 사회적 저명인사들도 있다. 이들은 하나같이 할아버지가 의사면허는 없어도 현대의학이 포기한 사람들을 살린 것이니, 상은 못 주더라도 왜 전통의술을 처벌하느냐고 선처를 호소했다. 하지만 재판부의 입장은 단호하다. 비록 죽을 수밖에 없었던 암 환자를 살려낸 것이 사실이라 하더라도, 약의 성분이나 조제법을 공개하지 않고 검증되지 않은 약으로 개인적 이윤을 추구한 의료 행위를 묵과할 수 없다는 것이다.

솔로몬의 지혜를 빌릴 수 없지만, 재판부의 판결은 정당하고 당연한 것이라고 나는 본다. 생사를 눈앞에 둔 환자 입장에서는 지푸라기라도 잡는 심정으로 매달리게 되고, 그런 사람들에게 무상이 아닌 꽤 비싼 값을 받고 팔았다면, 그것이 불로장생약이라 하더라도 허용될 수 없다. 이는 인술이란 그 어떤 것보다 고귀한 생명을 다루는 분야이기에, 효과가 검증되지 않고 성분이 밝혀지지 않은 것을 사람에게 써서는 안 되는 것이다.

의료 불신이 만연된 사회에서 암에 걸린 사람들은 전문적인 교육을 받고 국가에서 주는 의사 면허증을 가진 의사보다, 면허는 없어도 암 걸린 사람을 살리는 장병두 할아버지에게 의지하고 싶어질 것이다.

그래도 사람을 다루는 의술이란 그 치유 행위가 과학적으로 검증되고 공개되어 인정받은 것으로만 한정되어야 한다.

예를 들어 길가에 흔한 돌멩이를 갖다 펄펄 끓이면 미네랄이 듬뿍 든 수용액을 만들 수 있다 치자. 이를 마셔보니 어떤 병에 효과가 있다고 해서, 그것을 약이라고 사람에게 돈 받고 팔면 안 된다는 것이다. 비록 그걸 먹고 암 덩어리가 없어졌다 해도, 그것이 용인되어서는 안 된다. 연대가 맞아 낫는 사람도 있지만, 오히려 몸을 망가뜨릴 수도 있기 때문이다. 이런 막무가내식 의료 행위가 판을 치면 사회적 혼란이 더욱 커진다.

그러나 이번 장병두 할아버지 사건을 계기로 서양의학이 반성해야 할 것은, 암만 걸렸다 하면 필요 없는 종양으로 생각하고 무조건 도려내야 한다고 판단하여 메스만 들이대는 것이다. 그런 무식하고 오만한 생각을 버려야 한다. 암이란 체질을 개선하고 면역력을 키워주면 주먹만 한 암 덩어리도 거짓말처럼 없어지는, 자체 치유력이 있는 오묘한 인체의 현상임을 알아야 한다.

서양의학 의사들이 암도 하나의 생명 현상으로서 필요로 생겨나며, 인체 구조도 세상 이치처럼 유기적인 관계임을 명심할 때, 암 수술 후 전이되어 결국 생명을 잃게 되는 일을 줄일 수 있을 것이다.

미국 사회에서는
돈이 있어야

미국 뉴욕 센트럴파크 인접 96번가 거리는 연평균 소득이 11만 달러가 넘는 데 반하여, 3km 떨어진 브롱크스 지역은 3만5,000 달러에 지나지 않는다. 빈부의 차이는 사는 지역과 피부 색깔에서 나타난다. 미국은 돈 없으면 아프지 말아야 한다. 의료보험 제도가 우리와는 판이하기 때문이다. 미국은 의료 서비스 제도를 하나의 상품으로 시장경제에 맡겨놓았기 때문이다. 따라서 소득이 없어 가입 못 한 의료보험 무가입자와 사실상 제대로 혜택받지 못하는 낮은 수준의 의료보험 가입자만 7,500만 명이나 된다고 한다.

치료 과정도 내용이 분리되고 체계화되어, 병원 이외에도 다수의 서비스 관련 업체들의 청구서까지 날아든다. 천문학적인 의료비와 이미 거대한 공룡이 되어버린 의료 조직의 규정 앞에 환자는 먹잇감이 될 뿐이다. 억울한 점이 있어 하소연하려 해도, 변호사 없이는 달걀로 바위 치기다. 그러면 변호사는 또 누구인가? 돈 없으면 노크조차 할 수 없는 그들에게 의사와 변호사는 다 똑같은 지옥의 사자인 것이다.

이러한 미국 사회를 빗댄 재미있는 일화가 있다. 한 시민이 야구장에서 경기를 보다가, 마침 옆자리에 앉았던 의사에게 목이 칼칼하고 감기 기운이 있는 것 같다고 했다. 그러자 의사는 집에 가서 오렌지 주스를 마시고 푹 쉬라고 했다. 그런데 얼마 후 진료 고지서가 날아들었다고 한다. 하도 억울하여 변호사에게 이를 상담하고 왔는데, 또 얼마 후에 법률 상담료가 청구되었다고 한다.

자본주의의 상징인 미국의 삶의 단면에는 이러한 비인간적인 면도 있다. 웬만하면 덮어가고 정으로 치부하는 한국 사회에 길들여진 사람들이 칼날 같은 사회구조 모르고 이민 갔다가 큰코다칠 수 있다.

버지니아 공대 참사
한 번 생각해보자

2007년 4월 16일(현지 시각) 버지니아 공과대학에서 끔찍한 참사가 일어났다. 왜 굳이 32명이 희생된 살인사건이라 하지 않고 참사라고 표현하는가? 그것은 살인은 살인이되, 불특정 다수를 맹목적으로 살해한 대형 살해사건이기 때문이다.

그것도 한국인의 피를 가진 이민 1.5세대 조승희라는 대학생에 의해 저질러졌다는 데 우리 한국인의 충격이 큰 것이다. 왜, 어떤 증오에 사로잡혀 아무 관계도 없는 사람들을 향하여 무차별적으로 총을 발사한 것인가? 정신착란 또는 정신이상? 아니면 성장 과정에서 비뚤어진 반항아적인 성격 탓? 아니면 피해의식에 사로잡혀 사회에 대한 불만 폭발? 도대체 어떤 이유로든 제대로 설명되지 않는 너무나 끔찍한 사건이다. 많은 전문가들이 그 범행 동기에 대해 설이 분분하나, 다른 각도로 한번 생각해볼 필요가 있다.

그것은 자신의 의지가 아니라 인간의 탈을 쓴 악령이 대신하여 저지른 것이 아닌가? 그래서 조승희도 흉악한 살인범이 아니라, 악령에 사로잡혀 몸을 빼앗긴 피해자가 혹시 아닌가? 아니? 21세기 달나라를 가는 시대에 무슨 생뚱맞은 헛소리냐고 반문할 사람이 많을 것이다. 그런 것은 미신이다. 미신이 아니라면 증명해보라고 말이다.

　그렇다면 증명 못 한다고, 아니라고 단정할 수 있을 것인가? 악령이란 나쁜 영혼을 말한다. 영혼이란 사람이 죽고 난 후의 혼백을 말하는 것이다. 사람이 죽으면 기운이 흩어지듯 혼백도 소멸해야 정상인데, 이것이 어떤 이유에서든지 뭉쳐 계속 나돌아다니면서, 사람을 아프게 하거나 정신을 잘못되게 하는 것, 그것이 악령이라 할 수 있다. 그래서 무당의 살풀이는 원혼을 달래주는 행위이고, 종교의 해원(解怨)도 억울하게 죽은 사람들의 한을 풀어준다는 사상이다.

　우리 인간은 입맛에 맞게 해석하고 정의 내리기를 좋아한다. 귀신에 대해서는 미신이고 터무니없고 허황된 것이라고 하면서도, 예수님의 부활은 믿음을 가지고 신뢰한다. 똑같이 자연법칙에 어긋나는 현상에 대해 한쪽은 미신으로 거짓이 되며, 한쪽은 신앙의 이름으로 진실이 된다.

　한이 맺혀 죽으면 저승에 가지 않고 이승을 떠도는 원귀가 된다는 이야기는 비단 '전설 따라 삼천리'에 나오는 레퍼토리만은 아니다.

　신대륙 아메리카는 우리 조상과 뿌리가 같은 우랄 알타이족 원시인들이 사냥감을 찾아, 시베리아를 지나 베링 해협을 건너 정착하여 살다가 원주민이 되었다는 것이 정설이다. 그런데 콜럼버스의 신대륙 발견 후 코쟁이 서양인들이 자유를 찾아 대서양을 건너게 되면서 원주민 인디언과의 충돌을 피할 수 없게 되었다. 그러면서 피비린내 나는 전쟁이 일어났다. 그리고 얼마나 많은 인디언들이 억울하게 살육을 당했을는지 능히 상상할 수 있다. 바로 그곳이 뉴잉글랜드로 불리는 지역으로서 버지니아 주가 바로 그곳에 있다.

어쩌면 대학 캠퍼스가 있던 그 자리가 수백 년 전 잔인하게 집단 살해된 인디언들의 원혼이 있던 자리였는지도 모른다. 원혼들이 맴돌던 영감에 의해 1962년 극작가 에드워드 올비의 '누가 버지니아 울프를 두려워하랴?'라는 작품이 세상에 나왔는지도 모른다. 그리하여 대학 캠퍼스에 있는 저택의 거실에서 죽음과 광란의 끔찍한 장면을 미리 소설과 영화로 보여준 것이 아닐까?

그러나 3차원 세계에서 원혼들이 보낸 이러한 메시지에 답도 없고 진혼제 하나 해주지 않으니, 조승희라는 순진한 청년의 영혼을 점령하여 역시 그 옛날 인디언들이 당했던 대로 대학 캠퍼스에서 잔인한 살육을 하지는 않았을까? 증거고 없고 확인도 불가능한 추론에 불과하지만, 그래도 정신분열증 어쩌고 하지 말고, 한번 심령학적인 관점에서 생각해보는 것도 무의미한 일은 아닐 것이다.

『워싱턴 포스트』지가 가족들이 사건 이전에 조승희를 심령 치료를 받게 하려 했는데 방학 때문에 못 했다고 보도한 것은 그만큼 조승희가 악령에 씌워 정신상태가 정상적이지 못했음을 확인해주는 것이다. 이제 우리도 산 사람만 위할 것이 아니라, 억울하게 죽은 원혼들을 위로하고 한을 풀어주는 너그러움도 가져보자. 그것을 미신이라고 코웃음 치지 말고 경건하게 우리 주변에 원혼들이 있는지 생각해보자. 종교를 통하든지 무속을 통하든지, 한 번쯤은 관심을 가져보는 것이 어떨까 생각해본다.

전자의 함정

아파트 화재로 사람이 숨진 이유가 전자키 때문에 탈출하지 못해서 라니, 참으로 어이가 없다. 열기에 의해 전자 작동이 되지 않아 문을 열 수가 없었다고 한다. 그래서 인명피해가 난 것은 오늘날 전자 만능 시대에 다시 한 번 생각해볼 일이다.

전자 장치는 이미 일상생활 전반에 완벽하게 구축되어 있다. 효율성은 다른 어떤 것보다 빠르고 대량으로, 그것도 한꺼번에 처리할 수 있다. 문자 메시지를 한 번에 수많은 사람에게 보낼 수 있고, 작은 칩 안에 수백 권의 서적에 해당하는 정보를 담을 수도 있다.

그러나 이러한 전자 만능의 시대에 오작동이나 전자가 갖는 구조적 결함에서 만능이 아닐 수 있는 사건이 종종 일어난다. 미국의 최신예 폭격기가 추락한 것도 습기에 전자장치가 고장 났기 때문이다. 일본 이지스 구축함이 목제 어선을 감지하지 못하고 충돌하여 어선이 침몰되고 인명피해가 난 것도 전자 장치의 한계 때문이다. 입력된 정보를 따라 앵무새처럼 말해주는 대로 운행할 수밖에 없는 내비게이션 은 때로는 지름길을 옆에 두고 한 바퀴 돌게 할 수 있는, 정말 기계 역할밖에 못 한다.

전파를 보내 되돌아오는 신호에 반응하든, 전위차를 이용하든, 또는 미세한 파동의 차이를 식별하여 on. off 하는 전자 방식이든 간에, 인간 생활을 편이하게 해주는 것은 틀림없다. 하지만 중요한 일에 는 전적으로 의존할 필요가 없을 것이다. 여분이 없고 중간이 없는, 그래서 인간미가 있을 수 없고, 마이너스와 플러스밖에 없는 전자의 시대에 사람만이 판단 내릴 수 있는 여지가 더 소중하기 때문이다.

막가는 세상

대통령은 통치권자 이전에 나라를 대표한다. 우리가 작은 모임에서도 회장을 선출하면, 그 회의 대표로서 대외적인 얼굴이 된다. 따라서 대통령이든 회장이든 선출되면 그 직무를 다할 수 있도록 예의를 갖추고 힘을 실어주는 것이 국민이나 회원의 도리다.

그러나 작금의 정치상을 보면 그렇지가 않다. 500만 표 이상의 압도적인 표차로 당선된 이명박 대통령에 대한 반대 측의 공세가 도를 지나친다. 『한겨레신문』, 『경향신문』 등 좌파적 신문들의 시사만평은 아무리 패러디한 것이라 해도, 독자에게 국민의 정서와 동떨어지는 탐욕스럽고 후안무치한 대통령으로 메시지를 전달한다.

아무리 언론 운운하며 표현의 자유를 부르짖는다 해도, 이건 아니다. 대구의 한 여성은 대통령 암살을 암시하는 야쿠자나 삼합회를 데려와 일을 내야겠다는 적대적인 광고를 인터넷에 올린 것으로 경찰 조사를 받았다고 한다. 이념이 다르고 정책이 다르다 하여 나라의 얼굴인 대통령을 사정없이 깎아내리는 반대 측의 이런 표현 방법은 이제 제자리로 돌아와야 한다. '쥐박이'라 하는 것은 표현의 자유를 넘어서는 의도적이고 치졸한 호칭이다. 아무리 내 맘에 들지 않는다 해도, 나라를 대표하고 책임지는 통치권자에게 막가는 표현은 옳지 않다. 왕조 시대에 사약을 받으면서도 군왕에 대한 예를 차리고 궁궐을 향해 절하면서, '지금 군왕께서 주변 간신배들의 감언에 잠깐 총기를 잃었기 때문이지, 언젠가는 나의 충심을 알아줄 것이다' 하고 스스로를 위로하면서 사약을 들이마신 선조들을 생각해보자. 그 시절을 바라는 것은 아니지만!

막가파 드라마

최근 TV 드라마도 막 나가야 시청률이 높아진다. KBS 일일연속극 〈너는 내 운명〉에서 시어머니, 생모 모두 백혈병이고, 두 사람 모두 새벽이와 골수가 일치한다. 확률의 법칙까지도 무시한 억지 구성이다. 최근 인기 절정의 〈꽃보다 남자〉는 제목부터가 여성 시청자를 겨냥한 드라마로서, 비현실적 소재와 자극적인 상황 설정으로 막가자는 드라마다. 불륜을 다루는 〈아내의 유혹〉은 엎치락뒤치락 작품 구성으로 비난이 높다.

시청률을 높일 수 있다면 별의별 상황 설정을 해도 괜찮은 것인지 작가에게 묻고 싶다. 남편은 아내 친구와 바람피운 후 임신한 아내를 죽이려 들고, 기사회생한 아내가 달라진 외모 때문에 아내인 줄 모르고 유혹에 빠져든다는 정상적이지 못한 상황 등 말이다.

시청자는 사회적 굴레에서 드러낼 수 없는 탐욕, 동물적 본능 등을 드라마를 통해 대리만족을 하게 된다. 또 작가는 그것을 노리고 막나가는 연출을 구성함으로써 시청률을 높여 방송사로부터 예쁨받고 수입도 올라가는 쾌재를 부르게 된다. 하지만 그것도 정도껏 해야 한다. 문제는 이러한 막가는 드라마가 비난받고 욕을 먹어도, 인간의 잠재적 본성을 자극함으로써 시청률이 높아진다는 사실이다.

이러한 자극에 길들여지다 보면, 시청자의 정서가 불의와 불륜에 무디고 더 큰 자극을 찾게 된다. 막가는 드라마의 최대 피해자는 웬만한 작품 소재에는 별 감흥을 느끼지 못하는 피폐해진 심성을 가진 시청자들이다.

한국 사회는
무엇이 문제인가?

우리 사회의 병리 현상을 요약하면, 한마디로 과정보다 결과를 중요시한다. 어떻게 되든지 목표를 달성하면 되는 것이요, 그 과정이야 어찌 되었든 생략하게 된다. 모로 가도 서울만 가면 되는 것이요, 개처럼 벌어 정승처럼 쓴다는 속담처럼, 한민족처럼 목표지향적인 민족도 없을 것이다. 그러니 모든 것이 급하다. 목표를 향해 달려가는 것 자체가 그 달리는 시간을 단축해야만 하는 것이다. 빨리빨리가 우리 민족의 성격이라면, 들쥐와 같이 떼 지어 몰리는 습성 또한 우리의 자화상인지도 모른다.

사탕을 빨아 먹기보다 깨트려 먹기 좋아하는 민족, 음미하면서 마시는 술은 너무 늦다고 폭탄주를 만들어 빨리 취하기를 원하는 민족, 보다 빠른 시간에 다리를 놓고 길을 내는 것을 자랑으로 생각하는 민족. 이처럼 모든 것이 빠른 것이 체질화되어 빨리빨리 문화를 만들어내고, 이들 전체가 어우러진 쏠림 문화, 그것이 우리의 현주소이다.

성실하게 돈을 벌어 차곡차곡 저축하기보다, 어떻게 하든 한꺼번에 움켜쥐려 한다. 과거 부동산 투기 광풍이 불었을 때 너도나도 이 대열에 끼지 못하면 부의 축적 대열에서 빠졌다. 주식시장이 벌겋게 달아오를 때 억억 하면서 억씩 벌었다는 분위기에 취해, 너도나도 쌈짓돈이며 장롱 속 깊이 넣어둔 돈마저 꺼내 주식투자에 열을 올렸다. 이에 모자랄세라 대출이고 사채고 돈이란 돈은 모두 갖다 퍼부으며 일확천금의 꿈을 그리던 소시민들. 그러나 항상 결과는 비참하기 이를 데 없는 것이었다.

한 사람의 스타를 위해서는 스타가 되지 못하는 999사람이 있어야 하는데, 우리는 너무 한 명의 스타에 매료되어 나머지는 보지 못한다. 우리의 이러한 결과지향주의는 이제 대박의 꿈으로 몸살을 앓고 있다. 아이디어 하나로 벤처가 되면 나도 돈방석에 앉을 수 있다는 환상에 너도나도 제2의 진승현을 꿈꾸고, 많은 사람들이 오늘도 정선 카지노에서 대박 횡재의 꿈을 꾸고 있다.

이런 축에 못 끼는 사람이라고 대박의 꿈을 버릴 것이냐? 오늘도 복권 사 들고 열심히 긁고 있는 것 역시 한국인의 수직적 의식구조에서 나온 한탕주의다. 올 증시 개미 투자자의 주식 손실이 100조에 이를 것이라는 기사는 자기 판단으로 장기적인 안목에서 하는 투자가 아니라, 쏠림 문화에 덩달아 뛰어든 투자라는 것을 말해준다.

교통사고,
다 이유가 있다

　우리나라 교통사고율이 세계 상위에 랭크된 것은 어제오늘의 일이 아니다. 1999년 한 해 발생한 교통사고가 27만 건이 넘고, 사망은 약 1만 명, 부상은 40여만 명에 이르며, 그로 인한 손실액이 8조 원이 넘는다는 통계수치를 듣노라면, 교통사고 왕국이라는 말이 실감 난다. 또 사고 시 차량의 안전성 때문에 인명피해가 적은 외국에 비해 우리는 인명피해가 턱없이 많다고 한다. 2000년 기준 사고 사망자 수가 자동차 1만 대 중 8.4명으로, 일본의 1.2명의 7배에 이른다고 한다. 바쁘고 바쁜 한국인의 성정과 법규를 지키지 않는 운전 관습, 조악한 도로 여건, 종이짝 같은 자동차 등, 모든 것이 어우러져 세계 최고 수준의 교통사고 발생률과 인명 손실률을 나타내고 있다.

　오산의 미군 비행장을 가보면, 차가 다니지 않는 한가한 허허벌판 교차로에 '우선멈춤' 교통 표지판이 하나 서 있다. 그런데 거기서 정지하는 차는 미군 차요, 그냥 가는 차는 한국인 차라는 말을 전해 들었다. '빨리빨리' 성정에 준법정신도 없으니, 교통사고에서는 결과가 항상 나쁘게 나타나는 것이다.

　운전하다 보면 생각해서 운전하기보다 습관적으로 운전하게 된다. 따라서 운전을 처음 배울 때부터 준법이 몸에 밴 운전 습관, 조급성을 배제한 여유 있는 편안한 운전 습관, 운전 중에는 오로지 전방을 주시하고 딴 짓거리를 하지 않는 습관, 급작스러운 상황에 대비하는 방어운전 습관이 필요하다. 또 초행길에 운전할 때는 미리 도로 조건을 숙지하여 길을 잃고 방황하는 일이 없어야 하겠다.

정부에서도 교통사고가 많이 나는 취약 지구는 시설개선에 투자하여 원천적인 요인을 없애야 한다. 여름철 물에 빠져 죽는 곳이 다반사로 일어나는 것은 속설처럼 물귀신이 잡아가는 것이 아니라 와류, 격류 등 물속 지형에 의한 수리적 거동으로 빚어진 인명손실이다. 이처럼 교통사고 역시 운전자의 과실만이 아니라 도로 및 시설 여건 미비가 중요한 요인임을 안다면, 앞으로 보다 적극적인 투자가 있어야 한다.

하여튼 성정이 급한 한국인의 성격으로 법규를 지키지 않고 운전하는 것이 교통사고의 중요한 요인이긴 하지만, 그렇다고 전적으로 운전자 책임만은 아니다. 시야가 미리 확보되지 않는 신호등, 중고품으로 대체되는 자동차 정비, 장애물에 가린 표지판, 받으면 넘어가는 형식적인 가드레일, 느닷없이 차선이 변경되는 진행로 등 수많은 미비한 교통 조건이 교통사고에 한 몫을 차지하고 있다.

까발려서는
안 될 결혼의 본질

사람이 가장 축복받을 인류지대사인 결혼이란 무엇인가? 사랑하기에, 또는 사랑하고자 결혼한다는 낭만적인 말도 있겠고, 성인이 되어 가정을 이루고 자식을 얻고자 결혼한다는 말도 있겠다. 얼마 전 결혼의 성립 이론으로서, 남자는 경제적인 것을 제공하고, 여자는 성을 제공하기 위해서 결혼한다고 하는 말을 대담 프로에서 듣게 되었다. 사실 너무나 당연하고 맞는 이야기이지만, 뭔가 속된 어감을 지울 수 없다. 세상에는 때로 감춰지고 숨어 있기에 아름다운 것이 있는데, 왜 이렇게 까발리는 것일까?

인간이 존재하기 위해서는 생존해야 한다. 생존이란 먹고사는 것과 종족 번식을 의미한다. 먹고사는 것은 경제를 의미하며, 종족을 보존하는 것은 성을 의미한다. 따라서 경제력을 가진 남성이 그 경제적인 것을 여성에게 주고, 남성은 여성이 가진 성을 얻게 되는 것이다. 이러한 이론은 진보적 여성들이 '여성의 성은 남성의 전유물이 아니라, 고귀한 여성의 신체적 조건일 뿐이다. 따라서 성이 상품화되거나 남성 욕구의 대상이 될 수는 없다'라고 이야기하게 한다.

옳은 말이지만 또 다른 이론도 있다. 여성이 성을 제공한다고 해서 그것이 결코 남성보다 비하되거나 낮게 대접받는 것은 아니다. 대지가 태양의 에너지를 받아 만물을 생화육성 하듯이, 여성이 남성의 정자를 받아 종족을 이어나가는 것은 그 어떠한 것보다 거룩한 생명 현상이요 존재 이유가 된다. 따라서 임신과 출산 그리고 양육이라는 소중한 사명을 수행하면서도, 남성보다 신체적 조건이 열세인 여성으로서 종족을 보존하려는 선천적인 일 때문에 경제적인 것을 남성으로부터 얻고 성을 제공하는 것이다.

그것은 높고 낮음의 문제가 아니라, 대등한 조화의 문제인 것이다. 그러나 경제력을 쥐고 있는 남성들에 의해 여성의 성이 도구화되고 남성 욕구의 대상이 된 것이 지난날의 문화적·사회적 관습이었다고 할 것이다.

이제 여성해방이라는 말처럼 남성과 똑같은 교육의 기회와 사회 전반에 이룩한 남녀평등 시대에 여성의 경제력 획득은 새로운 가치관을 요구하기에 이른다. 남편에게 의지하고 생활을 보장받는 대가로 성을 제공하는 결혼이 아니라, 경제력과 양육을 공동 분담하면서 살아가는 남녀평등의 시대에 사는 것처럼 보인다. 그러나 대다수 여성들은 여성의 본질이 자식을 낳고 기르는 데 있으며, 경제력은 남편에게 의지하고픈 심리가 있다고 볼 수 있다.

여성의 경제력 추구는 치열한 생존경쟁에서 남편의 부족분을 채울 수밖에 없는, 어디까지나 보완적인 일이지 주체적인 일은 아닌 것이다. 남성이 경제를 제공하고 여성이 성을 제공하면서 삶을 이루는 것이 비용·효용·계산의 원리에 맞는 합리적인 방법이라는 것이 이미 입증된 바 있다. 분업의 원리가 생산성이 높음은 상식에 속한다. 따라서 결혼이란 사랑의 결실도 아니요, 단순한 짝짓기도 더욱 아니다. 사회적 동물인 인간이 생존을 위해서 결합하게 되는 필요 교환인 것이다. 이런 점에서 결혼의 전제조건인 경제력과 성에 결함이 있다거나 능력이 모자랄 때, 원만한 결혼이 난망하게 된다. 우리 사회에서 일등 신랑감으로 불리는 박사, 의사, 판검사에 신부의 기준이 중졸 여공이 아니라 명문대 출신 여성이요, 재벌 회장 아들의 신붓감으로 미스코리아 출신들이 거론되는 것을 보면 이를 잘 말해준다.

여성의 성이 순결하지 못하면 필요 교환에서 불리하다. 불리함을 극복하려면 다른 무엇이 더 필요하다. 아마 배경이나 재물일 것이다. 결혼의 본질이 이러함에도 세상 사람들은 고상한 말로 포장하려 든다. 사실 그대로의 말은 너무 속되기 때문이다. 한국사람들은 돈과

성이라는 두 가지 욕구에 대해 티 내기를 싫어한다. 속으로는 가장 바라는 본질임에도 그것을 입 밖에 내는 것은 천박하게 보이기 때문이다. 그것은 나쁜 것이 아니다. 감춰지는 아름다움이 있다. 침이 입 안에 있을 때는 좋은 것이지만, 입 밖에 나오면 더러운 것이 되기 때문이다.

그런데도 요즈음 세상은 그것을 너무 까발린다. 방송에서까지 말이다. 경제를 제공하고 성을 얻는 것은 매춘도 마찬가지이다. 다만 그것이 노골적으로 상거래 형태로 거래되고 있기에 우리는 추하고 더럽게 생각하는 것이다. 결혼의 사실이 그렇다 하더라도 이를 드러내지 않는 것은, 까발리지 말아야 계산되지 않은 순수한 사랑도 있으며, 비록 가난해도 순수한 마음만 가지고 있으면 백마 타고 오는 왕자님을 맞이할 수 있기 때문이다.

결혼 중개와 인신매매

한국에서 남녀 성비에서 여성이 부족한 것도 아닌데, 장가 못 간 농촌 총각들이 부지기수다. 죽으면 죽었지 시골로는 시집가지 않겠다는 여성들의 풍조에서 생겨난 결과다. 필요는 발명의 어머니, 문제가 있으면 방법이 생긴다. 동남아 처녀들을 소개하고 수입을 챙기는 국제결혼 중개업소가 성행하기 시작했다. 반만년 역사에 단일민족이라고 노래 부르던 우리가 언제부터인가 다문화 국가임을 표방하기 시작했다.

그도 그럴 것이, 시골의 어느 마을에는 20%가 동남아 며느리들로 차 있다고 하니, 글로벌 시대에 다인종 국가로 이미 진입한 것이나 다름없다. 불가에서 부부 인연은 억겁의 인연이 있어야 한다고 했다. 따라서 배필은 내가 원해서 되는 것도 아니고, 내가 원하지 않는다고 해서 안 맺어지는 것도 아니다. 전생에 인연이 있어서 맺어지는 것이라고 지난 세대들은 알고 있었다.

그러나 이제 그게 아니다. 사진으로 고르고 맞선보고 택하는 것은 시시한 옛날 방법이다. 이제 동남아에 가서 수십 명의 아가씨를 줄지어 세워놓고, 얼굴이며 몸매를 더듬듯이 쳐다보고 상품 고르듯이 점찍으면 내 각시를 만들 수 있는 세상이 된 것이다. 전생의 인연으로 만나는 것이 아니라, 내가 돈을 지불하고 상품 사 오듯 색시를 사오는 것이다.

선택받는 여인들은 자유 결정권이 거의 없다. 팔려가는 입장에 더운밥, 찬밥 가릴 처지가 아니기 때문이다. 말이 국제결혼이지, 따지고 보면 사람을 사고파는 짝짓기로 전락한 면이 없지 않다. 이는 당사자가 좋아서 선택하는 것이 아니라, 가난에 찌든 부모와 동생들을 살리는 길이고, 지긋지긋한 고달픈 생활에서 탈피하는 길이기 때문이다. 그러려면 자신이 부자나라 한국에 가는 길밖에 없다고 한 동남아 여성의 현실이 이를 말해준다.

이렇게 베트남 등 동남아 아가씨를 데려오기 위해서 한국의 신랑도 돈을 지불해야 한다. 그 돈의 일부는 중개업자에게 돌아가고, 신부댁 가계에 조금 보탬이 될 것이다. 모든 일에 옥석이 있고 또한 마가 있듯이, 여기에 인신매매의 사악함도 끼게 될 것이다.

양귀비 같은 미인을 국제결혼 홍보 현수막에 내보내고, 총각뿐만 아니라 재혼도 가능하고 후불까지 된다는 것을 보면, 겉으로는 결혼 중개를 표방하나 실제는 성매매 알선을 가장한 사이비 결혼 중개도 혹여 없는지 조사해볼 일이다.

계속되는 가산점
논란 해결은 이렇게

헌재의 가산점 부여제도가 국민의 평등권에 위배된다는 위헌 판결은 일파만파 논란을 불러일으키더니 좀처럼 수그러들지 않고 있다. 헌재의 이러한 결정은 그 취지가 올바른 것임에도 원하든 원하지 않든 간에 남녀 성 대결로 몰아가고 있다. 정부·여당의 가산점 부여제도를 국가 봉사 경력 가점제로 바꾸어 계속 존속하려는 정부·여당의 발표는 일을 해결하기보다 더욱 꼬이게 하고 있다. 이는 여성단체의 반발을 보아서도 알 수 있다.

새천년의 새로운 시대를 맞이하여 슬기롭게 해결하지 못하고 논란이 계속되고 있음은 참으로 유감이다. 어디서부터 매듭을 풀어가야 할지 우리 모두 중지를 모아볼 때다. 사람은 살기 위해서 남녀가 역할 분담을 통해 일하도록 되어 있다. 그것이 조물주의 섭리이다.

사는 자체를 생존이라 한다. 생(生)은 먹고살기 위한 경제활동을 의미하며, 존(存)은 존재하기 위해 낳고 기름을 의미하기에 성(性)을 말한다. 따라서 남자들은 그 옛날부터 식량을 얻기 위하여 길을 나섰으며, 전투를 하기 위해 몸이 크고 튼튼했다. 여자들은 자식을 낳고 기르기 위하여 집에 머물러 있어야 했으며, 몸이 작고 약했다. 남자는 경제력을 제공하고 여자는 성을 제공하여 한 가정을 이루는 것이 일류지대사 결혼의 근본인 셈이다.

강한 필력은 단단한 강철의 펜촉이 아니라 부드러운 붓털에서 나오는 이치처럼, 부드럽고 작은 여성의 몸에 위대한 출산의 비밀이 숨어 있다. 그러나 경제력을 갖게 된 남성들에 의해 여성의 권익이 축소되고 핍박받았음은 엄연한 역사적 사실이다. 특히 가부장 제도의 유교 문화권에서 여성이 당해야 했던 불평등의 사례들은 21세기를 맞이한 지금에도 사회 곳곳에 존속하고 있다.

세계사를 보더라도 아득한 그 옛날 그리스 시대에는 여자를 물건같이 사고팔 수 있는 처지였다. 그러나 문명이 진화한 금세기에 들어서는 여성의 권익이 남자 이상으로 향상되었다. 그러나 기본적인 이치는 남자는 경제를 제공하고 여자는 성을 제공하는 것이다. 이 화합의 이치는 변할 수 없는 천지(天地)의 이치이다. 여학생이 대입 수능 만점의 영광을 얻었듯이, 여성이 남성보다 열등한 종족도 아니며, 일의 성격상 남성보다 단순노동을 한다 하여 노동력의 질이 떨어지는 것도 아니다.

전투에 있어 남성이 여성보다 월등한 체력을 갖추었듯이, 여성은 남성이 할 수 없는 섬세하고 부드러운 일을, 또는 끈기를 요구하는 일을 한다. 그런 일에서 여성이 우위에 있음은 기정사실이다.

이제 가산점 부여 제도를 반대하는 여성단체와 사람들은 조금은 관대해 보자. 남성이 군대 3년 동안 빡빡 기고 있을 때, 그 기간 공부를 열심히 하여 성적의 차이가 나온다면, 이 또한 불평등의 사례 아닌가? 우리는 흑인들이 심폐기능이 좋아 모든 스포츠에 우수한 성적이 나온다 하여 그들과의 경기에서 점수 가산이 있을 수 없는 것처럼, 이제 사회 곳곳에서 여성 역시 남성과의 경쟁에서 어떤 부분에서 핸디캡이 있다 하여 특혜를 받거나 불이익이 있어서는 안 된다. 이미 직업이 분화되고 다양화된 현대사회에서 여성들의 사회 진출이 많아짐은 긍정적인 사회 변천상이지만, 이는 어디까지 경제활동으로의 진출이지 경제활동의 주체는 아니다.

여성이 낳고 기르는 조물주의 섭리와 의무에 대해 사회보상책이 있듯이, 남성의 의무 또한 가산점으로 보상받는 보상책은 서로 형평에 맞는 일이다. 이는 남성이 시험 경쟁에서 뒤처질 수밖에 없는 3년의 군대 기간을 생각한 보상책은 당연한 것이다. 남성이 국방 의무를 수행하듯이, 여성도 낳고 기르는 소중한 섭리를 수행하기 위해서, 직장에서 출산과 육아의 보상이 있음은 가산점 제도와 같은 보장책이 아닌가? 취업 후 호봉합산 같은 사후 보상책은 본말이 전도된 경우이다. 왜냐하면, 공무원 임용시험에 소수점 차이로 떨어진 후 받게 될 보상책으로, 그것은 문제의 핵심이 아니기 때문이다.

이제 좀 슬기로워 보자. 대지가 만물을 생화 육성하고 모든 것을 그 품에 감싸 안듯이, 가산점 제도를 반대하는 여성들이여, 어머니의 너그러움처럼 조금은 관대해보자.

40대의 남성 사망률이 같은 여성에 비해 3배나 높고 수명이 10년 짧다는 남성들의 숙명적인 고충을 조금이라도 이해해보자. 그 길만이 현재 계속 일고 있는 가산점 논란에 마침표를 찍을 수 있는 유일한 해결책이다.

교육 체벌
어떻게 볼 것인가?

제자가 스승이 매를 들었다 하여 경찰에 고발하고, 선생은 아이들에 대한 체벌을 단념한 채 단지 지식 판매인으로 남길 바라는 오늘의 교육 풍토가 새천년에도 계속 이어져가고 있다. 말 안 듣는 아이들, 그리고 매를 들지 못하고 이성 교육, 민주 교육이라는 이름 아래 말로 사람 되기를 가르치는 방법이 과연 진정한 참교육을 시킬 수 있을까에 대한 이론이 분분하다. 교육적 체벌이 옳은가 그른가에 대한 견해는 전문가 사이에서도 팽팽히 맞서는 사안인지라, 섣불리 결론 내리기는 어렵다 하겠다.

현재 사회문제가 된 교육 체벌은 그 원칙에 있어 학부모나 교육계에서 인정하면서도, 그 방법에 있어 엄격한 룰(rule)에 의한 사랑의 매가 되어야 한다고 주장된다. 바로 그 점이 결코 이 문제가 해결되지 못할 사안이 아니라는 것을 확신할 수 있게 한다.

교육에 대한 『주역(周易)』의 언급은 산수몽(山水蒙) 괘에 잘 나타난다. 3천 년 이전 옛 성인의 교육 이론이 현재와 같은 다양성과 개성이 존중되는 민주사회에 그대로 적용되기에는 어떤 점에서 무리가 있겠지만, 사람은 원래 교육으로 사람답게 된다는 사실은 예나 지금이나 그 본질은 같다고 생각하기 때문이다. 사람은 자연 상태에 그대로 두면 동물과 다를 바 없다. 인간은 태어날 때 단지 사람으로 발전할 가능성만 가지고 태어난 존재일 뿐이다. 태어난 인간은 몽매(蒙昧)한 상태이며, 다양하게 만들어질 수 있는 재료일 뿐이다. 따라서 『주역』에서는 몽(蒙) 괘에서 다음과 같이 밝히고 있다.

첫째, 자발적인 교육을 강조하고 있다. 배우고 싶어 하는 동기를 부여해주는 것, 그리하여 타율적 교육이 아니라 스스로 배우고 싶어 하는 교육을 진정한 교육으로 삼았다.

둘째, 참교육은 제자와 스승 간에 믿음이 있어야 함을 강조했다. 신(信)이란 사회에서 가장 근본인 덕목으로, 믿음이야말로 교육의 본질이라 할 것이다.

셋째, 교육에는 형벌을 쓰라고 했다. 발몽이용형인(發蒙利用刑人)이라 하여, 어리석음을 깨우치는 데는 형벌을 엄하게 사용할 것을 말했다. 또한, 형벌의 목적은 규율을 바르게 하기 위함이며, 그 방법은 정당하고 짧게 하라고 했다. 오늘날 교육의 체벌에 엄격한 기준을 적용하고 공정히 시행할 것을 암시한 말이라 할 것이다. 교사 스스로 감정을 통제하지 못하고 휘두르는 매나 학생의 아픔을 진심으로 새기지 못하는 체벌은 그 목적이 아무리 정당하다 해도 교육적 효과를 얻지 못한다.

넷째, 교육적 환경을 중시했다. 굳이 맹모삼천(孟母三遷)을 말하지 않더라도, 배우는 자의 주변 환경이 얼마나 중요한지는 현재의 유해 환경 때문에 청소년의 탈선이 이루어지고 있음을 보면 알 것이다.

이러한 『주역』의 교육 이론은 현대와 같은 개성과 창의성을 존중하는 시대에 낡은 점이 없지 않다. 그러나 체벌하지 않고 학생 스스로 인격을 함양하고 지식을 얻도록 한다면, 얻는 것보다 잃는 것이 많으리라는 분석이다. 왜냐하면, 나무도 가지치기하고 다듬어주어야 아름다운 정원수로 자라갈 수 있듯이, 학생도 일정한 규범을 설정하고 이를 어기면 체벌해야 효과가 있다는 것이다. 이는 비단 성인들의 범법 행위에만 해당하는 것이 아니기 때문이다.

다시 말해 학생은 그 스스로 다듬어져 성장하기보다, 주변의 환경에 영향을 받아 인격체가 형성된다. 좋은 나무도 관리하지 않으면 멋대로 성장 정원수가 아닌 폐목이 될 수 있다. 그러므로 체벌할 것이냐 안 할 것이냐의 논쟁보다, 체벌을 어떤 기준을 가지고 어떻게 할 것인가를 논의해야 할 것이다.

소수의 선생이 다수의 학생을 통솔하고 교육의 효율성을 얻기 위해서 하는 체벌이 아니라, 학생 개개인의 인격 함양을 위해서, 또 사회 구성원의 일원으로 성장하고 사회적으로 필요한 덕목을 갖추도록 하는 최소한도의 체벌이 있어야 한다. 그럴 때 말썽이 되었던 일부 선생의 아주 막대한 폭력 체벌이 사라지게 될 것이다. 그것이 바로『주역』에서 이야기하는 몽(蒙) 괘의 진정한 체벌이며, 스승이 주는 사랑의 매인 것이다.

우, 하는 함정에
빠지지 말자

얼마 전 숙모가 아는 동생이 코스닥에 투자하라는데, 코스닥이 무엇이냐고 물어왔다. 숙부가 오랜 교직 생활 후 받은 퇴직금을 일부는 노후연금으로 넣고 일부가 남았는데, 주위에서 그렇게 갖고 있지 말고 지금 떼돈을 벌고 있는 코스닥 시장에서 주식을 사라고 부추긴다는 것이다. 숙모 입장에서 잘은 모르지만, 요즘 신문을 보고 있노라면 코스닥 열풍에 전염되지 않을 수 없을 정도로 코스닥, 코스닥 하니까 슬머시 마음이 동했던 모양이다.

코스닥 시장은 상장기업의 주식이 거래되는 증권거래소와 달리 장외시장으로, 정보화 시대에 불어닥친 인터넷, 벤처 바람이 아직 수익성이 입증되지 않는 상황에서 단지 성장성 하나로 개나 걸이나 주식이 높게 평가되는 열풍에 휩싸이고 있다고 한다. 새해 들어 지난 2월에는 코스닥의 거래대금이 형뻘인 증권거래소를 앞질렀다. 높게 형성된 주가 덕분에 코스닥 시장에 상장된 벤처기업 대주주들은 한국의 10대 그룹 총수들과 맞먹는 주식평가 금액을 갖게 되었다고 한다. 벤처라는 것은 모험을 의미하는 것으로, 성공하면 그만큼 큰 이익을 기대할 수 있으나 그 확률은 미미하다. 그것은 이미 선진국의 벤처기업 현황에서도 나타난다.

하나의 스타가 있기에는 스타가 되지 못한 수많은 지망생이 있어야 가능하다는 말처럼, 성공한 소수 벤처기업의 환상에 휩싸여, 사업성이 검증되지 못한 수많은 기업들이 소프트웨어, 인터넷 바람에, 또는 벤처 열풍에 주식이 과대평가되었을 때, 그 열풍이 지난 뒤 어떠한 결과가 오리라는 것은 충분히 상상할 수가 있다.

우리 한국인은 우, 하는 습성이 있다. 주관적 의식에 의해 행동하기보다, 주변의 상황에 편승하기 좋아한다. 원래가 조급한 성격을 가진 민족이다 보니, 진득하게 관찰할 여유가 없다. 부동산 열풍이 그랬고, 주식 열풍이 그랬다. 무엇이 좀 잘된다 하면 거리가 온통 그 업종으로 난립한다. 시식 코너가 그랬고, 치킨 센터가 그랬다. 맥주 회사들이 경쟁적으로 만든 그 무슨 하우스들도 지금은 찾기 어렵게 되었다.

한국은 지리학상 간(艮)방에 위치하고 있다. 그래서 청구의 나라라고 한다. 동방목(東方木)에 해당하여 봄에 양기를 머금고 쑥쑥 자라는 식물처럼 위로만 솟구친다. 가을의 결실보다 성장의 속도가 매우 빠르다. 그래서 높아지려고만 하고, 빨리빨리 하려고만 든다. 이러한 국민적 타성은 경제발전의 원동력이 된 강점도 있지만, 이처럼 우, 하는 습성을 나타내는 부작용도 있다. 어찌 우, 하는 습성뿐이랴. 풀뿌리 민주주의를 외쳐도 일인 지배하의 권력에 줄을 대려는 우리의 정치적 현실도 다 이러한 수직적 의식구조에 기인한 바 크다.

이제 수평적 의식으로 전환하자. 언제가 한국인은 들쥐와 같다는 실언으로 사과했던 미 사령관의 충정을 이해해보자. 거품은 꺼진다. 코스닥 시장에 투자하여 떼돈을 벌었다는 유혹에 현혹되지 말자. 코스닥 시장이 세계 주요 주식거래에서 단타 매매가 제일 높은 것으로 나타난 것은 주식 거래에서 투기 성향의 작전세력이 얼마나 판치고 있는가를 짐작할 수가 있게 하지 않는가? 연간 거래대금이 시가 총액의 11배에 달한다는 세계 최고의 영예는 세계 최악의 함정이 있음을 뜻한다는 사실을 명심해야 한다.

이미 높게 형성된 주식을 몽땅 팔아치우고 떠나는 사이비 벤처 기업인들이 수없이 나타나고 있다. 건전한 코스닥 시장의 육성을 위해 우리 한 발 뒤로 물러서 보자. 장난치는 소수의 투기꾼들에게 놀아나지 말고, 다수의 건전한 투자의 장이 되게 하자. 달아오른 코스닥 시장 식히는 것도 바로 우리 서민들 아닌가.

가족법 이대로 좋은가?

얼마 전 톱 탤런트 최진실 씨가 악성 댓글을 못 이겨 자살하여 온 국민에게 충격을 주었다. 고인에게는 두 아이가 있었는데, 전남편 조성민 씨와 이혼하고 새로운 가족법에 따라 성씨도 조가에서 최가로 바꾸었다고 한다. 문제는 아이들이 성씨까지 바꾸고 어머니의 새로운 생활을 따라 출발했건만, 어머니가 죽자 포기하고 떠났던 친부가 다시 양육권을 주장하는 사태가 온 데 있다. 만에 하나 법원에서 친부에게 양육권을 갖는 것으로 판결 나고 이어 성을 다시 바꾸는 상황까지 온다면, 조 씨가 최 씨가 되고 다시 조 씨가 되는 정말 웃기는 이야기가 된다. 이래저래 사람은 죽고 잊힐 만도 한데, 인터넷 카페에 계속해서 말들이 무성하다.

이혼하고 성씨까지 바꾸었지만, 친권을 행사하려는 목적이 고인이 남긴 50억대의 유산이라는 둥 온갖 설이 난무한다. 전남편 조성민 씨가 친권을 포기하고 이혼을 했다고 하지만, 조 씨라는 피까지 바꿀 수 있는 것이 아니기에, 현행 가족법에 대한 재개정이 필요하다고 본다. 부계 혈통을 인정하는 사회가 정당한 것인지, 아니면 양성 체제로 하는 것이 정당한 것인지, 즉답은 어렵다고 본다. 그렇더라도 다만 이혼한다고 하여 자녀들이 놀림감이 될까 봐 성을 바꿀 수 있도록 한

가족법은 분명 문제가 있다.

이번 미국 제44대 대통령에 당선된 버락 오바마는 케냐 출신의 부친 버락 오바마 시니어의 피를 받고 태어났다. 그러나 부모가 이혼함에 따라 어머니를 따라 재혼 아버지인 인도네시아의 롤로 소에토로와 함께 살았다. 그러다 다시 이혼하자 미국으로 왔다. 이런 복잡한 가계를 가졌어도 혈통을 이어받은 케냐의 오바마의 성을 계속 갖고 있었기에, 어머니의 두 번에 걸친 이혼에도 문제없는 사회생활을 할 수 있었던 것이다.

이처럼 아버지의 성씨를 따르는 미국법의 규정에 따라 계속 오바마의 성씨를 가졌다. 만약 우리나라의 가족법에서와 같이 오바마가 소메토로 성을 갖게 되었다면, 흑인들의 절대적 지지를 받지 못했을 것이다. 또한, 케냐가 그처럼 열광하고 축하했을까. 공연한 의구심을 갖게 된다. 부모가 이혼한다고 하여 성씨까지 자의적으로 바꾼다는 것은 자연법에도 맞지 않다. 매사 항상 원칙을 지켜야지, 일부 문제가 있다고 원칙까지 허무는 경우는 늘상 예기치 못한 결과를 초래하게 된다. 이번 최진실 씨의 자녀 문제가 어떻게 귀결될지 궁금하다.

허상은 진실이 되고,
그것 때문에 먹고사는 사람들

CEO 경영 교육에서도 콜럼버스 리더십이라는 주제가 나온다. 지구가 평평하다는 기존의 상식을 깨고, 지구는 둥글기 때문에 바다 건너

황금과 유황이 있으리라는 신념으로 모험 정신을 가지고 도전하여 신대륙을 발견했다는 콜럼버스는 경영학 리더십의 단골 메뉴다. 그러나 이는 서양 우월주의가 낳은 산물에 불과하다.

이러한 콜럼버스 신화는 미국 작가인 워싱턴 워빙이 1825년에 쓴 『크리스토퍼 콜럼버스의 삶과 항해』에서 콜럼버스는 지구를 구형설로 확신하는데, 그 당시 종교인과 관료들은 지구를 원판 모양으로 생각했던 것처럼 묘사된 것으로부터 영향받은 바 크다. 이처럼 작가들의 픽션에 의해 어떤 인물이 과장되거나, 또는 권력자들이 정치적 이유로 억울한 죽임을 당했어도 역적으로 낙인찍힌 일이 역사에 비일비재하다.

우리 전북에는 두 여인의 사당이 있다. 하나는 장수의 논개 사당이고, 다른 하나는 남원의 춘향 사당이다. 논개는 실존 인물이고 춘향은 가상 인물이다. 『춘향전』은 소설에 의해 가상의 인물이 실제화된 인물이다. 소설의 모델이 되었던 실제 인물은 얼굴이 박색이고, 금의환향한 이 도령과의 해후는커녕 지방 수령을 나 홀로 짝사랑만 하다가 간 비운의 여인이라고 알려져 있다. 그런데 소설에서는 절개와 기품을 가진 이상적인 여인으로 변신하게 된 것이다.

소설로 인하여 매년 개최되는 춘향제도 있고, 미스 춘향도 생긴다. 관광객이 찾아오고, 춘향 사당에서는 춘향이를 추모하는 제사도 지내고 있다. 춘향으로 인한 남원의 경제적 혜택은 상상 이상이다. 이처럼 허상이 진실이 되고, 많은 사람들이 그로 인해 먹고산다. 비단 콜럼버스 리더십을 가지고 우려먹는 스피치 강사나 춘향이 때문에 동동주파는 식당 주인만 그런 것이 아니다.

예수님이 말씀하신 "네 이웃을 내 몸같이 사랑하라."는 말씀은 그 당시 사회에서는 가히 혁명적 메시지였다. 평생 희생만 해야 하는 노예가 있고 권력자는 평민을 착취의 대상으로 여겼던 그 시대에, 사랑하라는 말씀은 인간의 근원적 심성을 움직이기에 충분했다.

노무현 전 대통령이 자살하자 그를 추모하는 물결이 노도와 같이 퍼져나갔다. 평소 그의 다듬어지지 않은 직설적 화법도 꾸밈없고 솔직한 기품의 언어로 바뀌어버렸다. 무능했던 대통령은 어디로 가고, 서민의 대통령, 기득권층에 맞선 용기의 대통령으로 탈바꿈했다. 어떻게 하든 그의 추모 열기를 정치적으로 이용하려는 정당 및 시민단체의 목소리가 계속되고 있다. 죽은 사람은 말이 없는데, 죽지 않은 사람들이 일을 만들어내고 있다.

이천 년 전 예수님의 죽음을 놓고 그의 제자들과 평소에 십자가에 못 박으라고 외쳤던 대중들의 마음에 예수님의 평등사상의 씨앗이 뿌려졌다. 예수님은 죽음에서 부활하게 되고, 인간이 아닌 하나님의 아들로 신격화되었다. 그것은 예수님이 만든 것이 아니라, 그의 죽음으로 빛나게 된 평등사상을 펼치게 될 사람들에 의해 후에 만들어진 것이다. 그분의 사상으로 인하여 생긴 믿음의 영역 때문에 얼마나 많은 사람들이 먹고사는지, 아마 가늠하기조차 어려울 것이다.

죽음이 분해되지 않고는 다시 생명의 고리 속에 들어올 수 없음에도, 예수님만은 생물학적인 판단의 한계를 떠난 신체적 부활로 별도의 종교라는 틀 속에서 엄연히 존재하고, 이젠 이를 부정할 수가 없게 되었다. 허상이라는 소설 속의 인물도 실제화되어 많은 사람들이 그것으로 인하여 먹고산다면, 허상은 실상과 같이 동전의 앞뒷면처럼 존재하는 것이다.

옛날에는 달동네,
지금은 고시원

고시원은 이름 그대로 사법시험을 준비하는 학생들의 공부방이다. 대표적인 곳이 신림동 고시원으로, 오로지 육법전서와 씨름만 하던 법률 지망생들이 지내던 곳이었다. 그러나 지금의 고시원은 그런 고시원이 아니다. 그렇게 된 지 이미 오래다. 하루 벌어 하루 먹고사는 고달픈 밑바닥 인생들이 피곤한 몸을 의지하는 공간이 되어버렸다.

예전에는 밑바닥 인생들이 사는 곳은 무허가촌인 달동네였다. 블록 벽체에 슬레이트를 올리고 연탄으로 난방했던 탓에 유난히도 일산화탄소 중독 사고가 빈번했다. 연탄가스로 아까운 목숨을 보내야 했던 곳. 동네의 공중 화장실이 있어 아침에 줄을 서서 기다려야 했고, 물지게로 물을 길어 날라 생활해야 하는 산 중턱에 마련된 달동네였다. 그러나 밤이 되면 저 아래 도심 속 불빛을 바라보면서 희망을 불태웠던 곳도 바로 달동네이다.

그런데 서울의 인구가 폭증하고 땅값이 뛰다 보니, 달동네에도 재개발이라는 이름 아래 고층 아파트가 올라서고, 쫓겨난 달동네 주인들은 고시원이라는 곳을 찾게 된 것이다.

이제는 예전처럼 학생들이 2평도 안 되는 공간에서 공부하지 않는다. 어차피 개천에서 용 나는 시대는 지났고 투자한 만큼 거둬들이는 세상이니, 에어컨이 있고 개인 욕실이 있는 쾌적한 원룸이라는 공간에서 사법시험을 준비해야 합격률이 높아진다고 한다. 그런 학생들의 생각에 아파트 못지않은 원룸이 학생들의 몫이 되었다. 그것도 로스쿨 제도가 도입됨에 따라 사법시험 고시생들은 역사의 뒤안길로 사라졌다.

고시원은 많은 학생들에게 혼자만의 공간을 마련해주기 위하여 다닥다닥 마련한 벌집 같은 곳이다. 창문도 없는 방이 부지기수이며, 방음도 안 되는 이곳에서 오로지 생존을 위해 몸을 누이는 막판 인생들이 산다. 이제 서울에서도 약 25만 명에 이르는 고달픈 삶의 인생들이 하루하루 벌어먹고 사는 잠자리로서 고시원이 명맥을 유지하고 있다고 한다. 사회에는 항상 어두운 그늘이 존재하기 마련이다. 우리는 그곳에서 열악한 삶을 살아가는 형제들이 있음을 잊지 말아야 하겠다.

미국산 소고기
이젠 먹어주자

MBC 〈PD 수첩〉의 방송 이후 서울광장을 뒤덮었던 촛불집회 광풍이 지나가고, 겨우겨우 어찌하여 미국산 소고기가 수입되었으나 국민의 관심 밖에 있다. 수입산 소고기 직판장들이 옛날 LA 갈비의 추억을 믿고 여기저기 매장을 개설했으나, 말 그대로 파리 날리고 있으며 좀처럼 경기가 살아나지 않고 있다. 그러나 한우의 수요는 갈수록 높아져, 육우 가격도 천정부지로 치솟고 있고, 덩달아 송아지 가격도 오르고 있다. 이러한 미국산 소고기가 맥을 못 추고 있는 것은 정부가 수입은 해주었으나, 미국산 소고기와 국내산 소고기와 품질을 차별화시킨 자의적인 정책에 기인한 바 크다.

원산지 표시제를 의무화하고 소고기 이력 추적제를 도입하여 소비 시장에서 수입 소고기와 분명하게 차등화시킨 데 따른 효과 때문이다. 유명 탤런트가 TV에서 '한우지존'을 외쳐대고, 일부에서는 미국 소고기를 광우병이 연상되는 소고기로 몰아간다면, 그리고 매장이나 식당마다 국내산 한우와 엄격하게 구분하여 제시한다면, 결과는 뻔하다.

얼마 전 보도에 의하면, 미국에서 판매되는 LED TV의 90%가 한국산 삼성 TV이고, 현대 기아차의 미국 내 시장점유 상승률이 일본을 앞질렀다고 한다. 우리의 낭자들이 미국에서 LPGA 등 많은 골프대회에서 우승하여 떼돈을 벌어들이고 있는데, 서로 상호 호혜 원칙에서 거래해야지, 미국산 소고기를 그렇게 박대하다가는 분명히 무역 마찰이 발생할 수 있다. 그리고 그 결과는 우리의 손해로 나타날 수 있다.

소를 키우다 보면 사료를 먹이고 분뇨가 발생한다. 그것도 땅덩어리가 작은 우리나라에서는 밀식 사육이 불가피하다. 밀식 사육을 하다 보면 수질오염이 발생하는 것 또한 피할 수 없는 현실이다.

현재 우리나라의 지하수 오염도가 갈수록 심화되고 있다. 특히 질산성 질소의 농도가 높아지고 있는 것으로 확인되고 있는데, 이는 가축의 밀식 사육으로 인한 영향도 크다고 볼 수 있다. 그럼에도 정부는 한우 유아독존이라고 한우 예찬론을 노래하고, 식당마다 국내산이라고 써 붙이게 하고, 광우병 노래했던 세력들은 지금도 미국산 소고기는 위험하다고 앙코르송을 하고 있다. 그러니 농민들이야 너도나도 한우 사육한다고 달려들어, 하루가 다르게 논밭이 축사로 변하고, 그래서 지하수는 더욱 오염이 된다. 그런 지하수에 의해 암 환자도 늘어날 것이다. 과연 이런 게 잘하는 것인지 생각해보아야 한다.

이제 미국산 소고기를 조금씩 먹어주자. 우리가 미국산 소고기를 먹어주어야 자동차도 떳떳이 팔 수 있고, 골프 챔피언 상금도 눈치 안 보이게 가져올 수 있는 것 아닌가?

10장

새만금

새만금의 전략적 추진을

말도 많고 시비도 많은 새만금 사업. 그러나 꼭 완공해야 할 전북의 꿈인데, 작금의 꼴을 보면 혹시 죽도 밥도 아닌 결과로 도민에게 실망만 안기지나 않을지 걱정이 앞선다. 법원의 조정 권고안을 거부했더니, 토지 용도를 변경하든지, 아니면 사업 취소를 하라고 으름장을 놓는다. 이는 앞으로 새만금 문제에 어정쩡하게 대응하기보다, 치밀하고 적극적인 대응전략을 해야 할 필요성을 일깨워준다.

따라서 이제 농지조성이라는 옷을 벗어 던지고 정정당당하게 우리의 속내를 드러낼 때가 되었다. 새만금이 단순한 전북 발전이 아니라, 국가 경쟁력에 새만금이 가져다줄 가공할 만한 부가 이익을 경제 원리로, 또는 사변적 논리로 제시할 필요가 있다.

부산에 집중된 수출항 구조를 탈피, 이제 균형발전 차원에서 새만금에 거점을 마련함으로써 국내 운송 물류비를 절감하고, 최적의 대중국 수출 전진기지로 삼아야 한다. 이를 받쳐줄 대안으로 새만금을 중국의 선전 특구 같은 해외투자지역으로 만들어볼 수도 있다. 그동안 줄기차게 주장해온 환경단체의 해수 유통은 궁극적으로 완공 단계의 방조제를 어떻게 해서라도 못 막게 하려는 전술적 대안이다. 예상되는 공사 중지 가처분 등은 모두가 그들이 세심하게 수립한 전략에 의해서 나오고 있다. 그렇다면 우리도 이에 대응할 전략을 세워야 한다. 갯벌을 살린다는 명분으로 공사를 중단시켜 국민 혈세가 낭비되었다면, 이를 걸어 손해배상도 청구할 법한데 이를 하지 못했고, 사업 보상을 받고서도 피해 운운 하며 반대하는데도 적법한 대응 한 번 없었다.

이처럼 소극적인 대응이 오늘의 결과를 초래한 것이다. 아무리 동북아 물류니 전북 발전이니 해봐도, 중앙정부나 이웃에서 지금까지 어떻게 해왔는지 돌이켜 생각해보면 이제 적극적 전략이 필요하다. 이번 직도 미 공군사격장 파문을 봐도 바로 알 수 있다.

이웃 전남에서는 무안에 국제공항을 만들고 나면 광주 공군기지를 새만금으로 옮기고 그곳에 원대한 도심발전 프로젝트를 꾀하려는 이야기가 흘러나온다. 직도가 사격장이 되고 군 비행장과 부대가 새만금에 오면, 이는 죽 쒀서 개 좋은 일 시키는 것이 된다.

이렇듯 세상만사 내 희망만 가지고 되는 것은 아니니, 이제 언저리에서 구호만 외쳐서도 안 된다. 전북을 위해 싸움에서 이길 수 있는 장수와 전략이 필요하다. 그런데도 내부 개발에 전북도는 미래지향적인 계획보다 어설픈 계획안만 내놓고 있다. 과거는 복합 산업단지가 전북도의 새만금 개발방향이었다면, 지금은 국제관광과 생태환경이 결합한 관광 레저형 기업도시로 추진하는 새만금 복합 관광기업 도시가 수면에 떠올랐다. 그러나 이는 환경단체의 환경 파괴라는 새만금 개발에 대한 타협적인 절충안으로서, 동북아 물류 중심기지를 내심 바라는 도민의 기대에 미치지 못하는 계획안이다. 왜냐하면, 이미 이웃 전남 해남에선 동북아 관광 허브를 꿈꾸고 서남해안 복합 레저 도시를 추진하고 있는데, 누가 봐도 전라도 지역의 중복 투자요, 전남에 밀릴 수밖에 없는 휴양관광 레저 도시를 생각하고 있는 것이다. 이에 대한 전면적인 재검토가 필요하다.

따라서 레저 관광보다 새만금이 보다 실질적 전북 발전을 이루고 동북아 중심축이 될 수 있도록 하는 전략적 개발안이 필요하다. 즉 새만금 개발은 지방정부 차원의 개발보다 국가 차원의 개발이 필요하다. 이를 위해 한국판 뉴딜정책으로서 경제특구로 새만금이 개발되도록 온 힘을 모아야 한다.

미국이 대공황 때 실업률을 줄이고 성장 동력을 얻기 위해 테네시를 개발했듯이, 새만금의 광활한 토지를 이용해 외국 유수의 기업, 공장이 들어설 수 있는 수출 경제개발 특구를 국가가 한국판 뉴딜정책으로 개발해보자는 것이다. 비자가 없어도 입국할 수 있고 관세가 면제되는 경제특구로 새만금이 지정되고 개발되면, 새만금 신항은 저절로 개발될 것이다. 저렴한 용지 공급과 지정학적인 조건이야말로 새만금이 중국의 푸둥, 유럽의 암스테르담이 될 수 있는 조건이다.

따라서 현재 한국에 산업 공동화가 가속화되는 우리의 경제 현실에서 외국 투자기업을 끌어들일 수 있는 경제 돌파구를 여는 미래지향적이고 전략적인 개발 방안을 우리가 마련하여 정치권과 중앙정부를 설득시켜야 한다. 그래야 환경단체의 발목잡기나 이웃의 다 된 밥에

코 빠뜨리려는 숨은 계략에서도 벗어날 수 있다.

새만금 이대로는 안 된다

어렵사리 지켜온 새만금이 개발에 들어서자 흡사 설계도 없는 건축을 하고 있다. 새만금 사업의 사업마다 사업 주체가 달라 비효율과 고비용의 문제가 있고 중복 투자가 발생할 수 있다. 국무총리 산하의 새만금위원회는 새만금 개발을 국가 발전의 전략적 방법으로 접근하지 못하고 있다.

따라서 새만금위원회를 대통령 직속의 새만금 특별청으로 승격하여, 현 새만금 군산경제자유구역청을 흡수하고, 부처별로 추진하는 각종 새만금 사업에 대해 미래지향적이고 체계적인 개발 계획을 수립하여 시행하는 것이 바람직하다.

현재 정부의 새만금위원회와 재정경제부, 국토해양부, 농림식품부, 지식경제부, 문화관광부, 전라북도, 농어촌공사 등이 얽혀 제각기 사업을 추진하다 보니, 용인의 난개발이 될 가능성이 크다. 지자체는 관할구역으로 대립하고, 정부는 천문학적 환경 기초시설 투자를 했건만, 수질은 더욱 악화되고 있다. 그러니 이제는 금강도 모자라 섬진강, 용담댐 물을 희석수로 끌어다 쓴다는 궁색한 아이디어만 내고 있다.

산업단지, 관광단지, 영동단지, 심지어는 축산단지가 구상되니, 4천억 원 넘게 어민들 보상이 끝났는데도 내해 어선 이전 하나 해결 못하고 밑그림이 없다. 우선 196개 단체에 가경작을 허용하고 700 hr 규모의 대형 농업회사를 설립한다 하니, 정부가 30/70으로 토지 변경을 바꾼 것이 대통령의 진짜 소리인지 궁금하다. 새만금을 대한민국 국가발전 전략 차원으로 설계해야 하는데, 넓은 땅덩이에 각 부처와 이익집단들이 어쩔 줄 몰라 찢어 발리기를 하니, 전제적인 설계도도 없고 단일화된 사령탑도 없다. 새만금에 33km 방조제가 있으니 국제 해양관광 레저 도시로 개발하면 사람이 몰려올 것이고, 10조 4천억을 들여 산업단지 560만 평을 개발하면 평당 50만 원이라도 분양받으려는 업체가 줄을 설 것으로 생각하면 순진한 발상이다. 제 돈들이 아니니 전체적인 그림은 어떻게 되든 말든, 우선 개발 대열에 너도나도 공사 파일 박으면 일단 기득권 대열에 합류하는 것이다.

그러나 이래서는 안 된다. 새만금에 일개 부처의 욕심이 반영되어서는 안 되고, 지역 이익에 의해 첫출발이 이루어져서도 안 된다. 새만금을 글로벌 시대를 대비하는 한국의 거점지역으로 삼아, 현재의 경제 불황을 돌파하는 한국판 뉴딜정책을 시작해야 한다. 미국이 대공황을 극복하고자 테네시를 개발했듯이, 또한 중국의 선전, 푸둥 지구가 개혁개방의 상징으로 중국 발전의 견인차가 되었듯이, 한국도 국가의 장기발전 전략의 일환으로 새만금 전 지역을 국제 투자지구로 만들어 동북아의 허브 기지 역할을 할 수 있도록 해야 한다.

이는 세계의 향후 경제 질서가 블록화 추세로 가는 데 절대 필요한 필수이기 때문이다. 관세가 없고 무비자로 출입할 수 있는 국제 자유무역 지구로 지정하고, 천혜의 양항 조건을 가진 새만금에 신항을 개발하고 국제공항까지 마련한 후, 풍부한 간척 토지를 저렴하게 장기 임대하게 되면, 세계의 유수 기업들이 중국·일본·극동을 겨냥한 동북아 시장진출 거점으로 새만금에 둥지를 틀고자 너도나도 달려올 것이다.

전남의 서남해안 개발사업(S 프로젝트)이 9,000만 평의 해양관광 레저 도시 개발인데 관광을 기치로 중복으로 투자할 필요는 없다. 이웃에 줄 것은 주고, 단순한 전북 발전이 아니라 국가 경쟁력에 새만금이 가져다줄 가공할 부가이익을 경제 원리 또는 사변적 논리로 정부와 이웃에게 설명하고 제시할 필요가 있다. 부산에 집중된 수출항 구조를 탈피하고 이제 균형발전 차원에서 새만금에 거점을 마련해야 한다. 서울, 부산, 새만금의 삼각 구조를 가진 국내 운송구조를 가져야 물류비를 절감하고 최적의 대중국 수출 전진기지가 될 수 있다. 이는 비효율적인 부산, 광양의 투톱 체제를 개선하는 효과가 있다. 새만금을 확실하게 성공시킬 수 있는 것은 새만금 전 지역을 중국의 선전 같은 해외투자 지역으로 만들고 군산, 김제, 전주를 배후 지원도시로 개발하는 것이다. 이것이 미래지향적인 개발 전략이요 지역균형 발전이며, 전북의 발전이 되는 것이다.

도올 김용옥의 새만금 반대에 대한 반론

해방 이후 국보로 불렸던 양주동 박사 이래 한국을 대표하는 천재 지식인으로 도올 김용옥을 인정하는 데 한국인 대다수가 주저하지 않는다. 그의 사통팔달한 해박한 지식도 수준급이지만, 열정과 함께 쏟아내는 달변 역시 타의 추종을 불허한다. 이런 분께서 얼마 전 『문화일보』에 '새만금 이제라도 멈춰라'는 글을 실었다. 그 글은 파장을 불러일으키고 있다. 이는 새만금에 대한 그동안의 찬반 논란에서 순차 개발을 통해 계속 추진하는 것으로 정부가 최종 확정하여, 이제 방조제 마무리 공사가 순조롭게 되어가는 이 시점에 또다시 분란을 일으켜 소모적인 국론 분열로 연결될 수 있다. 도올의 글은 기자 개인의 글이 아니라 신문사의 견해이다. 또한, 도올 개인의 것이 될 수 없는 것은 도올의 지식이나 명망이 이미 공인의 위치에 있기 때문이다. 또한, 이것이 환경단체의 세 확산에 이용될 수 있기에 이를 경고하고자 하는 것이다.

위대한 역사는 작은 소수가 창조해내듯, 또한 불행한 역사 역시 작은 소수들의 아집에 의해서 국민들만 고통받는다. 그런 시대가 어디 한두 번이었던가? 따라서 사회 지도층 인사나 지식인들은 생각과 언행에 보다 신중해야 하고, 나무보다 숲을 보는 안목이 절대 필요하다. 그런 점에서 도올의 글이 새만금에 대한 오해와 편향된 시각에 의해 쓰인 글이라고 지적하지 않을 수 없는 것은 지식의 한계를 염려하기 때문이다. 그런데도 인간은 지(知)에 의지해서 자기 판단만을 옳다고 하는 굴레에서 벗어나지 못하는 속성이 있기에 더욱 그렇다. 따라서 도올의 글을 읽은 국민에게 올바른 판단과 객관화된 시각을 주기 위해 반론을 제기하고자 한다.

도올은 21세기는 생물학의 패러다임 시대라 하여 물리학과 생물학을 서로 다른 개념으로 보고 이를 대립시키는 오만함을 나타냈다. 도올이 불교의 일귀만법(一歸萬法)이나 장자의 만물일체론(萬物一體論)을 모를 리 없을 것이다. 자연현상을 과학적으로 밝혀놓은 것이 물리학이요, 그 자연현상에서 존재하는 생물들의 관계를 놓은 것이 생물학이다. 이 또한 뿌리가 같은 서로 다른 영역일 뿐 대립하는 것이 아니다. 그런데도 이를 대립 개념으로 교묘히 이용했다.

즉 박정희의 '잘살아보세'라는 구호를 물리학적 진보 사관으로 보고 환경을 생물학적 유기 사관으로 하여, 생물을 물리에 대한 차별성으로 구별하여, 21세기는 생물학적 패러다임의 시대라고 했다. 그래서 개발보다는 보존, 발전보다는 화해를 우대했다. 그러나 이는 부분만 강조하고 전체를 외면한 것이며, 하나만 알고 둘은 모르는 것이다. 왜냐하면, 모든 만물은 변하고 변하지 않는 것은 하나도 없다는 자연 이치 때문이다.

따라서 도올에게 묻고 싶다. 가난한 국민적 빈곤에서 탈피하고자 했던 새마을운동을 물리적 팽창주의로 매도하면 현재 환경을 빙자한 개발의 발목잡기가 미래를 준비 못 한 국민 불행으로 부메랑이 되어올 땐 어찌할 것인가? 그래서 도올은 새만금을 반대하는 데 국민이 현혹될 생물과 물리를 이용할 것이 아니라, 아주 쉽게 개발과 보존의 문제로 말해줘야 한다.

이는 새만금이 이 시대 이 나라의 미래에 대한 국가 이익이 되는가로 결정해야 할, 방향과 선택의 문제이지, 물리와 생물의 관계는 전혀 아니기 때문이다. 따라서 변화하는 세상의 이치를 알고 있을 분께서 생물은 생명이며, 생명은 환경으로 이어지는 이 고상한 공식을 왜 여기에 적용하는지, 그 저의를 의심하지 않을 수 없다. 개미와 베짱이 우화에서 개미 또한 왜 놀고 싶지 않을까만, 놀기 좋은 여름 또한 짧기에 겨울을 대비해 일을 하는 것이다. 모름지기 가정의 아버지나 회사의 경영자, 그리고 국가의 위정자는 모두 오늘보다 내일을, 부분보다 전체를 생각하고 결정을 내려야 한다.

그런 점에서 우리가 오천 년 역사에 보릿고개 넘긴 지 얼마 되었다고, 굳이 아프리카의 기아 참상을 들먹이지 않더라도, 삼팔선 너머 동포들이 지금도 배고픔에 헤맨다는데, 말이라고 다 해서는 안 된다는 것이다. 현재 북한의 핵 개발로 세계가 놀라고 있으며, 중동 석유로 시발된 미국, 이라크의 전쟁에서 힘의 논리를 뻔히 보고, 국가 간 미래의 불확실성이 세계 곳곳에 있는데도, 이제는 배부르니 개발은 악이요 보존은 선이라며 새만금을 매도하고 있다. 하지만 그것은 환경론자의 목소리는 될지언정 변화의 이치를 알고 있을 지성인의 태도는 아니다. 즉 환경이 클로즈업되는 이 시대에야 일시적 인기를 얻을지 몰라도, 백성을 현혹한 죄로 후세에 비판을 면할 수 없게 된다.

해방 후 혼란기의 극심한 좌우대립에서 이 나라의 많은 지식인이 공산주의의 매혹에 빠져든 일이 있다. 농업생산이 그 시대의 주된 산업으로서 농지의 소유 여부에 따라 빈부 격차가 심했고, 노동자 역시 자본가의 착취 대상으로 보았다. 그랬기에 이러한 모든 현상을 사회적 모순으로 보고 이를 해결하기 위해 마르크스 레닌주의를 선택하여 세상을 바꾸는 환상에 빠져들었다. 시대가 흐른 지금 세계의 공산주의는 몰락하고 그 나라 대부분에 자본주의 경쟁 원리가 도입됐다. 또한, 마지막 남은 북한 역시 이를 시도하기에 이르렀다. 자본주의를 바탕으로 시장 원리를 도입하여 성장한 서구 민주주의 국가들은 성장한 부를 바탕으로 이제 적극적인 사회주의 정책을 시행하고 있다. 이처럼 자본주의와 사회주의는 서로 대립이 아닌 상호 보완적 관계임을 인류는 한 세기에 수많은 피를 흘린 다음 알게 되었다.

물과 불은 그 작용에 있어 대립이 아니라, 서로를 이롭게 하는 수화기제(水火旣濟)가 될 수 있다. 그렇듯이 개발과 보존은 서로 양립하는 것이 아니라, 서로 상보 관계에 있는 것이다. 그런데도 환경을 개발보다 우위에 둔 대립 개념으로 보고, 개발은 무조건 환경파괴라고 낙인찍으려는 도올의 기사는 분명 잘못된 것이다.

도올은 새만금을 반대하는 이유를 설명하면서, 펄은 태극의 시작이요, 강 하구는 자궁이라 했다. 『주역(周易)』에 '태극(太極)은 천인지(天人地)가 상합한 일원체(一元體)'라고 하듯, 형이상학적인 개념임을 누구보다 잘 아실 분께서 자연현상 중의 하나인 갯벌을 태극과 연결시킨 기막힌 발상은 오만한 지식의 패러독스이다.

강 하구를 막은 것을 똥구멍을 막는 것으로 비유하여 죽음을 연상시켰다. 그렇다면 어찌 금강, 영산강, 낙동강 하굿둑 파괴운동을 전개하지 않았는지 궁금할 뿐이다. 정부가 하굿둑을 건설할 때 순기능과 역기능을 생각하지 않는 것은 아니다. 그러나 농업용수 확보, 염해 방지, 해안 저지대 침수 방지 등 혜택의 순기능이 손실의 역기능보다 월등히 많기에 건설한 것이다. 인간을 위해 자연을 이용하는 것은 인간 생존의 가장 중요한 핵심이 된다. 다만 그 도가 지나쳐 자연법칙인 자정 능력이나 인간이 감당할 처리 기술을 넘어설 때 우리에게 해악이 될 수도 있음을 우리가 더 잘 알고 있다.

적어도 새만금은 이에 해당하지 않는다. 1년 넘게 진행해온 민관 공동 조사단의 활동에서 이미 밝혀진 바다. 도올은 새만금 추진의 속내를 농업기반 공사의 조직 이기주의로 보았으며, 방조제를 건설하면 갯벌이 필연적으로 생명체의 무덤으로 전락할 것이라고 예견했다. 따라서 그 결과를 제2의 시화호로 규정지었다. 지식인이야 논리의 연금술사요 짜맞추기의 천재라서, 근거 없고 사리에 맞지 않아도 책임은 없고 얼마든지 논리적으로 빠져나갈 수 있는 특권을 가졌을 것이다. 그리해도 누가 무어라 하겠는가?

그러나 양심을 가슴에 안고 대답해라. 매년 개발로 훼손되고 사라지는 천문학적 농지에 대해 일정 농지를 보전하려는 것은 국가의 최소한의 안보적 식량 확보를 위한 것이다. 이를 위해 시작된 새만금 사업을 농업기반 공사와 업자와의 불순한 유착관계로 비하하면, 이는 본질을 왜곡한 말장난 아니고 무엇인가?

또한, 방조제 건설로 1억2600만 평이 시쳇더미화할 것이라고 엄포를 놓았는데, 이것은 자연현상의 기본 ABC를 모르는 헛소리가 아닌가? 갯벌이 호수로 바뀌는 상태, 즉 서식환경이 바뀌면 생물 종의 교체가 필연적으로 일어난다. 갯벌 생물인 조개류 등은 멸종할 것이나, 대신 민물고기류 등 다양한 생물 종이 번식하게 될 것이다.

물새떼 대신 오리떼들이 호수에 장관을 이룰 것이고, 방조제 너머 새로운 갯벌이 형성될 것이다. 큰 것을 얻으려면 작은 것을 버려야 하는 것. 작은 손실에 집착하여 이를 큰 손실이라고 요란을 떠는 것을 우리는 침소봉대(針小棒大)라 부른다. 왜 새만금을 시화호와 비교하는가? 별다른 유입 하천이 없이 반월 시화공단의 오·폐수가 호소에 직접 쏟아지는 갇힌 호수와 달리, 길이가 52km에 이르고 넓은 유역 조건은 습지와 저류지 등을 만들 수 있는 뛰어난 자연정화 여건을 갖춘 강이다. 어찌 시화호와 비교하는 악담을 하는가?

그들은 반대라는 목적을 위해서 삼인성호(三人成虎 : 사람 셋이 없는 호랑이를 만들어낸다는 뜻. 즉 거짓이라도 같은 말을 여럿이 되풀이하면 진실같이 된다는 뜻)를 서슴없이 하는 것이다. 다음 우리나라에서 1년에 사라지는 농지가 새만금의 간척 면적과 비슷하다. 1년에 사라지는 농지만 훼손 안 시키면 새만금은 필요 없다는 상식 밖의 논리를 펴고 있다. 국민이 먹고 살려면 산업 활동을 해야 하는데, 그 농지는 어떻게 확보할 것인가?

새만금의 개발 동기는 전북 발전이란 정치적 이유보다 개발로 사라지는 농지로 인해 경작 면적이 줄어들기 때문에 최소의 안정적 농지를 유지하고자 하여 출발한 것이다. 따라서 건설비용도 개발농지에 부과한 농지 조성비를 그 재원으로 한 것이다. 일정 농지를 갖는 것은 안보적 식량 때문이다. 최소의 식량 자급은 그 무엇보다 중요하다. 현재의 식량 자급률 30%는 어떠한 경우에도 유지되어야 한다. 왜냐하면, 변화하는 국제정세 속에서도 우리가 하루 세 끼 가운데 한 끼를 자급해야 혹 닥쳐올 세계의 식량 파동에서 살아남을 수 있다. 폭락과 폭등은 수요와 공급에 따라 언제든 변할 수 있다. 쌀이 남아돈다고 호들갑 떨지 말자. 언제까지 옥수수와 밀가루가 안정적으로 수입되고, 세계의 쌀 소비가 늘지 않고 줄 거로 생각할 것인가?

새만금을 건설하여 쌀이 생산되기에는 30년이 넘게 걸린다. 쌀이 수입되고 시중 쌀값이 낮아 생산성이 없으며, 화훼를 할 수 있고 약용식물을 재배하거나 초지를 조성할 수 있다. 중요한 것은 전국의 많은 농지가 개발로 훼손될 때, 어디엔가는 안보적 식량 농지가 유지되어야 한다는 것이다. 될 수 있는 대로 국내에 이를 확보해야 하고, 그 것이 여의치 않으면 해외에서라도 필요 농지를 확보해야 한다. 새만금 이후에도 그 정책은 지속되어야 한다.

유럽 물류 중심 국가이며 간척의 대명사인 네덜란드는 해수면 아래 드넓은 화훼단지에서 꽃 수출로 년 300억 달러를 벌어들인다. 하지만 만에 하나 식량 파동이 일어나면 그들은 그 땅에 신속히 밀을 재배할 수 있을 것이다. 우리가 그때 가서 농지를 개발하고자 할 때는 이미 늦어진다. 먹는 것의 절박성은 속담에도 있다. '남자는 사흘 굶어 담 넘지 않을 수 없고, 여자는 치마 올리지 않을 수 없다'는 뜻을 모른다면 아마 이솝의 베짱이처럼 현실만을 즐기다 낭패를 볼 것이다. 도올이 주장하는 생물학적 패러다임의 21세기에서도 뺏고 뺏기지 않으려는 국가 간의 처절한 경쟁이 계속되고 있으며, 지금도 빈곤과 전쟁의 위협 속에 인류가 신음하고 있다.

무지한 촌로가 아닌 다음에야 이 나라 지식인들의 내일을 생각지 못한 무책임한 언행은 이제 자제되어야 한다. 오늘보다 내일을, 부분보다 전체를 보는 진정한 유기적 사고의 패러다임이 필요하다.

새만금의 발목잡기 이제는 그만하자. 새 정부의 새만금 신구상 기획단을 겨냥, 방조제 중단을 목적으로 한 실현성 없는 바다 도시 안을 미화하고, 원불교인들에게 동참을 유도하여 종교의 순수성을 오염시키며, 전북 도민끼리의 이간질을 획책하는 도올이야말로 민족에 큰 죄를 짓고 있음을 자각해야 한다.

이제 새만금에 대한 논란을 그만하자. 새만금이 혹 닥쳐올 미래의 식량 파동에 1억2천만 평의 농경지가 은행에 저축한 적금통장처럼 효자 노릇하게 되고, 대통령 당선인이 구상하는 동북아 중심국가 건설에 새만금이 국내 다른 어떤 지역보다 중화권 경제의 관문으로 자리매김할 지리적 여건의 천혜 조건을 가지고 있음을 인식하자. 따라서이 땅의 국민들은 새만금이 향후 민족의 발전을 기약해주고 나라에축복된 장소가 될 수 있음을 늘 감사드리자.

죽 쑤어 개 줄 수는 없다

죽이란 환자가 먹는 음식이다. 영양적 가치가 있어야 하고, 소화가잘되도록 정성 들여 끓여야 한다. 이렇게 공들여 만든 음식을 환자에게 먹이지 못하고 개가 먹어버린다면, 아까운 것은 고사하고라도 환자의 생명이 위태해질 수 있다.

새만금을 두고 벌어지는 작금의 상황이 이와 흡사하다는 건 틀린말이 아니다. 한때 풍요를 구가했던 전북이 정부의 개발 과정에서 소외되어 현재 전국 최하위의 낙후지역이 되었다. 사람으로 치면 환자나 다름없다. 그래서 도민의 염원을 담아 전북 발전과 동북아 물류허브 꿈을 꾸고 추진했던 사업이 바로 새만금 사업이다. 환경단체의집요한 발목잡기에서도 쓰러지지 않고 천신만고 끝에 방조제 일부만남겨놓고 마지막 힘겨루기를 하는 판에, 생뚱맞게 새만금 지구 내에군 공항 이전을 연구 중이라는 윤광웅 국방부 장관의 발언은 일파만파 커지고 있다.

이는 광주 상무 지구에 있는 민군 공용의 광주공항의 공군기지를 염두에 둔 것으로, 무안 국제공항이 준공되는 2007년 이후에 자연적으로 남게 되면서, 광주시 발전의 걸림돌이 되는 공군 기지를 어디에든지 옮겨야 하는 광주 전남의 입장을 대변한 것이라 하겠다. 설상가상으로 새만금에서 그리 멀리 떨어지지 않은 직도에 매향리 미군 사격장의 대체 훈련장으로 검토되고 있는 것으로 알려졌다. 동북아 물류 전진기지와 관광 레저 도시 등 전북도의 장밋빛 청사진이 결국 빛 좋은 개살구가 될 가능성이 높아졌다.

왜 우리 전북은 마냥 전남이란 이웃 형제에게 항상 차별적인 위치에서 전전긍긍해야만 하는가? 그 예전 광주의 의제 허백련 선생께서 자주 우리 고장에 와서 화회를 열어 그림판 수익으로 연진 회관을 지었다는 말이 시사하듯, 우리는 항상 이웃인 전남에 물심양면 모든 것을 아끼지 않았다.

그것뿐이랴. 민주화 과정에서 뒤질세라 힘을 모았으며, 선거에서도 김대중 선생에게 몰표를 몰아주었다. 하지만 지금은 또다시 지역이기주의의 희생물로 전락하고 있다.

전남에서 의욕적으로 추진하는 복합 관광 레저 도시, 일명 J 프로젝트 때문에, 또는 광양의 전략적 물류 항 개발 때문에 새만금이 더 힘들어졌다고 주장하고 싶지는 않다. 그러나 그동안 새만금에 대해서 동정하기는커녕 쪽박을 깨려 한 사람들이 새만금에 대한 내부 개발 논의가 진행되자 군 공항 이전 속내를 드러냈다. 이것은 전북도민을 지금까지 그랬던 것처럼 항상 물컹한 아래로 보았기 때문이다.

새만금은 전북의 유일한 희망이다. 농지로 개발되었지만, 앞으로는 무한한 가능성이 있는 곳이다. 그래서 전임 유종근 지사가 새만금 용도가 농지인지 아닌지를 밝히라는 한나라당 방문단 추궁에도 복합 산업단지 속내를 감추지 못했던 것처럼, 새만금에 전북의 모든 미래가 걸려 있다고 해도 과언이 아니다. 그런데도 우리 의지와 무관하게 군 군항 이전이나 사격장 대체 용지로 직도를 이용하겠다는 현실이 서서히 다가오고 있다.

이제 전북도민 모두 정신 바짝 차려야 한다. 애써 만든 음식을 뺏기거나 코 빠뜨리게 해서는 절대로 안 된다. 새만금의 내부 개발은 전북인의 꿈을 모아 실현해야 한다. 정치적 술수나 어떠한 지역이기주의 희생물이 될 수는 더욱 없다.

새만금에 대한 예언

조선 명조 때 풍수지리학자이자 예언자인 남사고 선생은 한반도의 모습이 마치 앞발로 만주를 희롱하듯 앉아 있는 호랑이를 닮았다고 했다. 이 호랑이의 아랫부분, 필경 수호랑이라면 낭심이요, 암호랑이라면 자궁에 해당하는 부분이 바로 새만금 지구이다.

일찍이 계화산에 올랐던 한 기인은 고군산열도를 가리키면서, 멀지 않아 그곳이 뭍으로 변할 것이라는 예언을 했다고 전해진다. 또 비안도는 기러기 섬이 아니라, 비행기가 오르내리는 장면을 보게 되는 곳이 될 거라는 전언도 있다. 한반도 호랑이의 하초에 힘이 가득 찰 때, 그놈은 아시아 대륙을 향해서 비로소 몸을 일으킬 것이라고 했다.

예언은 예언대로 존재 이유가 있는 것. 종교의 믿음처럼 예언을 신뢰하고 따라서, 새만금 간척지를 개발하고 잘 가꾸어 우리 후손에게 남겨주는 것이 미래를 위한 우리들의 소임이다. 결코, 환경 파괴도 아니고 갯벌 파괴도 아니다. 그것은 한 자연환경에서 다른 자연환경으로 변화하는 현상일 뿐이다. 새만금의 지리적 위치는 서울과 부산의 삼각 대치점에 있어서, 개발될 경우 국가가 균형적이고 안정적일 것이라는 구도를 나타내고 있다.

이제 새만금의 논쟁은 접어두고, 인간과 환경이 함께 공존하는 지속 가능한 발전하는 길을 모색해야 한다. 더 이상 새만금 사업을 두고 소모적인 논쟁은 없어야 한다. 전 국민의 의지를 모아서 자연과 인간이 함께 공존하는 새만금 사업이 되도록 빌어보자.

새만금이 위태하다

새만금이 위태롭다. 200만 전북도민의 꿈과 미래가 있는 새만금 간척사업이 도민의 여망과 달리 그 사업 추진이 매우 불투명하다. 환경단체의 반대에 부딪혀 민관 공동 조사단이 출범하고 1년여 넘게 활동한 후, 우여곡절 끝에 보고서가 정부에 제출되었다. 그 후 9월에 발표된다던 정부 방침이 11월로 넘어왔고, 잘못되어 해를 넘길 것 같은 우려가 있다.

얼마 전 대통령이 군산 자유무역 기공식에 왔을 때 수행 장관이 새만금의 중단 없는 건설을 공언했다. 또 국회 농림해양수산위원회의 여야 국회의원들이 국정감사가 끝난 후 만장일치로 지지 결의안을 발표하여 혹시나 하는 도민의 불안 심리를 안도케 했다.

한편 10월 4일 농공학회의 새만금 토론회에서는 환경단체의 추천으로 그동안 반대 측에 섰던 홍옥희 수질분과위원이 새만금은 우리가 시간을 갖고 노력하면 수질을 개선할 수 있으며, 구조상 모든 조건이 시화호와는 근본적으로 달라 영산호와 비교해야 한다고 양심선언 같은 발표를 했다. 그로써 그동안 수질 절대 불가만 외치던 그들의 논리가 허구임도 밝혀졌다.

그러나 그럴수록 반대 측의 조직적이고 여론의 세몰이는 치밀하고 더욱 거세져 온다. 전주 객사 앞에서 1달 농성에 조계사의 33일 농성, 종교계와 노동계는 물론 일부 농민단체까지 끌어들여 반대를 확산시켜 나가고 있다. 새만금의 문제 시발이 되었던 수질 문제가 해결될 수 있어도, 수천억 원의 보상금이 지급되었어도, 갯벌이 농지보다 중요하다고 어민의 생존권만을 고집하는 일방통행식 반대만 일삼고 있다.

더욱 심각한 것은 여론을 주도할 수 있는 중앙의 주요 언론들이 새만금에 대해 비판적 태도를 보이고 있다는 점이다. 조사단 반대 측 위원들의 기자회견은 매번 비중 있게 취급해주고, 시위 현장은 사진으로 크게 클로즈업해주면서 전북도민을 대표하는 도·시군의회 의장단의 국회 기자회견이나 전문가들의 농공학회 토론회 등은 아예 묵살해버린다. 모 방송 심야 토론의 경우, 주제를 '새만금 계속되어야 하는가?'로 하여, 이 사업이 문제가 있어 중단할 수밖에 없는 쪽으로 포커스를 맞추었다. 프로 진행에서 전화 의견을 찬반 평등하게 운영하기보다, 반대 측에 시간과 인원을 더 배려함으로써 객관성과 공정성을 상실했다.

초록은 동색인가? 비판과 견제의 기능이 같다 하여 중앙의 언론들이 환경단체에 더 무게를 실어주고 있어 여론을 오도케 할 수 있다. 작금의 사태가 개발은 악이고 보존은 선이라는 등식에 물들어가고 있어서 사업을 더욱 어렵게 한다.

협소한 국토에 산지가 70%, 인구는 포화치로 늘어가는데, 식량 자급률이 30%에 미치지 못하는 현실적 상황에서 농지의 가치는 그 무엇보다 중요하다. 도로와 주택용지, 산업단지에 이르기까지 필요한 토지 수요는 해마다 늘어간다. 그런데 가용 토지는 한정되어 있어 농지가 잠식되고, 이로 인해 기초 식량 확보가 어려워진다면, 그 어떤 것보다 위험하다. 우리가 석유 한 방울 안 나는데 식량이 부족하면 큰일이다.

예로부터 농도를 자부해온 전북의 미래가 새만금에 달려 있다. 새만금이 건설되면 대 중국의 거점이 될 수 있는 천혜의 새만금 신항으로, 진정한 동서화합의 길이 새롭게 열리게 된다. 새로이 포항과 군산을 잇는 고속도로가 건설되고 새만금 신항에 연결된다면, 그동안 동해안 공업지대의 공산품이 수출을 위해 이용하는 현재 포화 상태의 부산항 선적 적체가 해소된다. 또 물류비용이 대폭 절감됨으로써 산업경제에도 크게 이바지하게 된다.

이처럼 안보적 식량선을 유지하고 환서해권의 도약이 될 수 있는 새만금은 어떤 일이 있어도 반드시 건설되어야 한다. 따라서 현재 환경단체의 반대 세몰이에 사업이 중단된다면, 이는 국가적 재앙이요, 전북의 미래가 꺾이고 자존심이 무너지는 일이다. 안일하게 마음을 놓을 수 없다. 100만 서명운동으로 끝난 게 아니다. 그들의 반대가 거세

질수록, 언론이 편파보도를 할수록, 정부가 계속 결정을 지지부진 미루고 있을 때 하나 된 새만금의 열망을 강력한 도민의 의지로 보여주자. 문제 시발이 되었던 새만금호의 수질 개선을 충분히 극복할 수 있는 자신감과 함께 말이다.

새만금은 전북의 유토피아

말도 많고 여론도 분분했던 새만금 간척사업이 민관 공동 조사단 구성 제의라는 유종근 지사의 물꼬 트기로 일단 냉각기를 갖게 되었다. 그동안 개발론의 도 당국과 보존론의 환경단체 간의 소모적인 논쟁을 일단 수면 밑으로 둔 것이다. 그러나 사실은 정중동의 상태로서 새로운 일전불사의 시기가 다가옴을 유추해 짐작할 수 있다. 야당과 일부 중앙 부처의 시각이 그리 곱지 않은 듯하며, 환경단체에서 일관되게 백지화를 주장하기 때문이다.

현재 새만금에 대한 지역 정서는 한목소리를 내지 못하고 있으며, 국민회의 전북 출신 국회의원들은 한결같이 중단 없는 사업의 추진을 강조하고 있지만, 이의 실현 여부는 아직 미지수다. 즉 지사가 약속한 공동 조사단 조사 결과가 어떻게 나오느냐에 따라 방향을 달리할 수 있기 때문이다.

환경문제 해결을 위해 내린 지사의 용단을 서로 아전인수 격으로 해석하는 것이 못내 불안하다. 따라서 도민의 입장은 양쪽 주장의 당위성보다 진정 전북을 위한 것이 무엇인가에 있다. 1억2천만 평의 국토를 확장하고, 그 안에 복합 산업단지를 개발하여 새만금 신항과 연계하여 환서해권의 중심 지역으로 만들려는 개발론도 옳고, 서해안 최고의 갯벌을 가진 천혜의 자연을 보전하고 새만금호가 제2의 시화호가 되는 것을 막으려는 환경단체의 입장도 다 옳을 수 있다. 다만 그것이 현재보다 미래를 위하는 것인가, 그리고 전북도민의 꿈과 희망이 실현되는 방향인가가 관건이라고 할 것이다.

개발과 환경을 조화시킬 수 있는 것은 간척지 전체가 환경친화적인 농업지구로 만들어질 때 가능하리라 생각한다. 환경단체가 우려하는 새만금호의 수질 문제는 크게 만경·동진강의 오염된 물의 유입과 새만금호에 인접한 7개 시군의 비점 오염원에 대한 대책이 전무하기 때문이다. 그것은 환경기초 시설만 늘린다고 되는 것이 아니라, 지금까지의 치수에 치중한 하천 호수 관리를 환경친화적이고 생태 기능이 유지되는 쪽으로 바꾸어야 되는 것이다. 이는 곧 환경농업이 정착될 때 가능하기 때문이다.

방조제의 건설로 빚어질 수 있는 해양 생태환경의 변화는 개발된 간척지가 농업화할 때 자연 복원력에 의해 극복된다는 것을 선진국의 예로 알 수 있다. 전북인 약속의 땅, 새만금 간척지가 환경오염의 굴레에서 벗어나고 도민의 희망이 실현되는 길은 환경친화적인 농업밖에 없다. 농업 하면 생산성이 열악하여 주민과 소득과 거리가 있어 보이지만, 과학·생명·환경 농업으로 전환할 때, 어느 산업보다 환경과 조화하면서 주민의 소득과 연결되는 경쟁력 있는 산업임에 틀림없다. 새만금호가 제2의 시화호가 될 수는 없다.

또한, 도민의 미래가 걸려 있는 간척사업이 환경오염의 우려 때문에 백지화된다는 것은 더욱 있을 수 없다. 해수면 아래의 간척지에서 풍차를 돌리고 형형색색의 튤립이 꽃 피는 넓은 벌에 관광객이 찾아오는 네덜란드의 풍요 농업을 우리 전북에서도 이뤄보자. 따라서 어떠한 일이 있어도 백지화할 수 없는 것이 전 도민의 열망이요, 새 시대를 여는 역사의 필연이다.

새만금이 가져다준 선물

2백만 도민의 꿈이며 전북 발전의 모태가 될 새만금 사업이 환경단체의 반대에 밀려 중단 위기에서 가까스로 정부의 사업 재개 결정으로 소생한 지 1년을 바라보는 지난 4월 초, 군산시 옥도면 소재 비안도 앞바다에서 그물을 걷어 올리는 어부의 손에 비취색 영롱한 고려청자 다수가 발견되어 세상을 깜짝 놀라게 했다. 정부에서는 즉각 해군의 지원 아래 합동 조사단을 편성하여 발굴조사를 했다.

양각연판문통형큰잔등 수백 점을 인양하고 수천 점이 무더기로 매장되었음이 발굴조사 중간발표로 확인되었다. 인양된 도자기들은 이제껏 다른 곳에서 나온 도자기와 다르게 원형 그대로 잘 보존되어 있었다. 고려 시대의 청자 생산지로 전남 강진과 함께 2대 도요지로 알려진 부안군 요천리 가마터에서 제작된 것으로 알려져, 그 의미가 문화사적으로 매우 크다고 한다. 그것은 예전 전남 신안 앞바다에서 대규모로 건져 올린 도자기가 중국 무역선이 난파되어 나온 중국 도자기인 데 반해, 이번 비안도 해저 유물은 순수한 국내 생산 도자기로서 그 가치가 매우 높기 때문이다.

이처럼 소중한 문화유물이 완벽에 가까운 형태로 세상에 모습을 드러냈다. 한국 도예사 연구에도 큰 전기를 마련해줄 비안도 해저 유물은 거저 나온 것이 아니다. 이는 새만금 방조제 건설로 얻어진 행운이다. 새만금 추진협의회 임원 모두가 그 기쁨을 도민과 함께 나누고자 한다. 이는 서해안이 조석간만의 차가 심하고 계속해서 토사가 쌓이는 갯벌 생성 지역이라, 그 옛날 비안도 앞바다에 도자기를 싣고 송악으로 가던 배가 암초에 가라앉고, 이어서 펄에 계속 쌓였다. 그래서 영원히 묻혀버릴 뻔한 우리 선조의 보물들이 새만금 방조제 건설로, 밀물 때 들어온 바닷물이 썰물 때 아직 막지 않은 가력도 배수관문 위쪽 1호 방조제와 2호 방조제 사이로 빠져나가면서 좁은 수로를 형성하여 물살이 세지는데, 그 앞에 쌓여 있었던 것이다.

이후 펄이 벗겨지면서 8백 년 만에 찬연히 모습을 드러냈다. 이 어찌 하늘이 내린 새만금의 축복이 아닐 수 있겠는가? 전북에 안겨준 조상의 선물이라 할 것이다. 이제 최고의 고려청자 생산지로 우리 고장 부안이 재조명되어야 함은 물론, 새만금 방조제 준공으로 도래할 전북의 서해안 관광 시대에 대비해야 한다. 우리는 앞으로 새만금에서 인양된 보물들을 전시하고 보관할 고려청자 유물 전시관을 건설하고, 이를 수려한 변산반도 국립공원과 육지가 될 고군산열도, 그리고 군산에서 고창까지 잇는 전북 서해안 관광 벨트를 조성하여 관광 전북의 새 지평을 열어야 한다. 또한, 현재 기획 중인 풍력발전 단지와 관광 조망대를 건설하여, 그냥 스치고 지나가는 관광이 아니라, 우리 고장의 전통문화를 체험하고 즐기면서 주민 소득과 연결되는 볼

거리, 먹거리, 놀 거리의 생산적인 관광이 되도록 해야 할 것이다.

이는 향후 조성될 간척지의 첨단 화훼농업이 관광으로 연결될 때, 그 파급 효과가 매우 높다고 생각한다. 낙후 전북의 명예를 떨쳐버리고자 어려움 속에서도 힘 모아 추진한 새만금 사업에, 지성이면 감천이라, 뜻하지 않은 국보급 고려청자 수천 점을 덤으로 안겨준 일이야말로 전북 발전의 청신호이며 도민의 행운이다.

국가 경쟁력이
바로 도시 경쟁력

산업의 발달은 농경사회에서 산업사회로 이어져 정보사회로 이어간다. 따라서 정보사회의 집합체는 도시에서 이루어진다. 도시 경쟁력이 바로 국가 경쟁력이 되는 사회이다. 현대의 도시 산업구조는 제조업 관련 일자리보다 금융·정보 기술(IT) 및 서비스 산업이 주를 이룬다. 이러한 도시화는 돈과 사람을 끌어들이는 빅뱅의 역할을 수행하며, 문화·관광·쇼핑 및 교육의 도시 브랜드를 형성해 나간다.

그러한 도시가 가능하기 위해서는 행정 중심으로 물류 및 교통의 요충지역이거나 배후에 산업단지가 있으면 가능하다. 허허벌판에 금융·정보 도시를 만든다 하여 되는 것이 아니기 때문이다. 따라서 새만금은 중국의 톈진과 상하이를 연결하는 삼각형의 한쪽 점이다. 이는 지정학상 동북아 교통의 합류점이 되며, 중국의 성장에 함께하려는 세계의 기업들을 끌어들일 수 있는 대중국 전진기지로서의 가능성을 갖고 있다.

또한, 내적으로는 한국의 양대 중심축인 서울과 부산의 삼각선 상에 있는 교통의 요충지역으로서, 서울과 부산에 집중된 산업구조를 새만금에 삼각 구도의 교통망으로 연결함으로써, 진정한 국토의 균형 발전과 국가 경쟁력에 기여하게 될 것이다.

새만금 전체를 외국인이 투자할 수 있는 경제 자유지역으로 만들어, 중국과 같이 공장 부지를 저리에 50년 장기 임대해서, 세계의 제조 및 물류 산업을 유치시키고, 이에 관련된 SOC로 새만금 신항과 국제공항을 건설하여 세계를 향한 동북아의 허브로 만들어줘야 한다. 새만금의 관문인 고군산 열도에 신항 건설과 함께 금융 및 정보도시 기능의 국제도시를 건설하고, 새만금 내부가 외국인의 자유투자 지역이 되었을 때 글로벌을 향한 대한민국의 국가 경쟁력이 새만금을 통해 비약적으로 발전하게 될 것이다.

새만금 신항,
동북아 중심 항으로

이번에 정부는 21세기 동북아 항만물류 중심국으로의 도약을 위한 항만정책 평가 보고회에서 2011년까지 총 34조 5천억 원을 투자하는 항만개발 계획을 확정 발표했다. 그러나 자세히 살펴보면 전북도민이 염원하는 서해안 시대에 역행하고, 국토의 균형 있는 개발 계획과 장기적 비전이 없어 문제를 제기하지 않을 수 없다.

온 도민이 염원하고 추진했던 새만금 사업이 도민에게 혜택을 주고 전북 발전의 원동력이 되게 하기 위해서는 새만금 신항 개발이 필수적이다. 그런데 정부의 구상은 생색내기에 불과하다. 왜냐하면, 새만금 신항에 대해서는 사업 연도까지 6,829억 원을 들여 3선석 규모의 항구를 개발하는 데 반하여, 전남 광양항에 대해서는 같은 시기에 총 4조 6천억 원을 투자하여 명실공히 동북아 물류 중심 항으로 개발하겠다고 했기 때문이다.

이처럼 투자 규모에서 게임이 되지 않을 정도로 전남에 대해 우세한 사업계획을 편성한 것은 앞으로 그 지역을 동북아의 핵심 지역으로 자리매김하겠다는 것이다. 그러면 전북은 앞으로도 계속 보조적인 위치로 전락할 수밖에 없다.

그동안 정부가 낙후 전북에 대해 새만금 사업을 시행하면서 서해안 시대의 중심으로, 또는 동북아 거점지역으로 육성하겠다고 하여 도민은 기대했었다. 그런데 이를 실현해줄 새만금 신항은 투자 규모를 보더라도 국제 무역항으로의 도약은 물 건너간 것이 아닌가 생각된다. 현재 국내의 수출입항의 기능은 인천과 부산이 거의 독점하고 있다. 이러한 경부 간 양대 축의 구조가 물류비용이 늘어나고 고속도로의 화물 적체현상이 심화되는 등 수출 경쟁력을 약화시키는 요인이 되고 있다.

따라서 중국의 WTO 가입 후 도래할 서해안의 대중국 전진기지로 인천, 부산의 삼각형 중간 위치에 있는 새만금 신항이 동북아 물류 중심 항으로 개발되어야 한다. 이는 국토의 균형 있는 개발 계획에 꼭 맞는 것이다. 매년 토사 준설에 수십억을 쏟아 부으면서도 수로 개척에 애를 먹고 있는 군산의 태생적 한계를 극복하고, 이번 서해안 고속도로의 개통으로 가능한 수도권 수출 물동량을 담당하고, 직선거리는 가까우면서도 현재 물류가 적은 전북, 경북 간 고속도로 건설 타당성을 위해서라도 반드시 필요하다.

이렇게도 명백한 투자의 효율성이 있는데도 거리가 먼 남해안 쪽의 광양항에 집중 투자, 여기를 동북아 물류 중심 항으로 만들겠다는 정부의 계획에 전적으로 반대한다. 국제 무역항으로 물류 중심 항이 되었을 때 가져다주는 부가가치는 비단 홍콩이나 싱가포르의 예를 들지 않더라도, 천문학적인 혜택이 그 지역에 떨어진다. 21세기 환태평양 시대에 전북 발전의 실질적 시금석이 될 새만금 신항에 대해 정치권은 물론 온 도민이 힘을 합하여 인천, 부산과 함께하는 대한민국의 3대 무역항구로 개발되도록 해야 한다.

앞으로 새만금 방조제가 완공되면, 고군산열도가 가진 천연 방파제와 토사가 쌓이지 않는 수심 수십 미터의 양항 조건이 이를 실현케 해줄 수 있다. 과거 농경시대에 부유했으나 개발독재 시대 공업화 과정에서 뒤떨어져 낙후의 멍에를 갖게 된 전북이 이제 서해안 시대의 중심이 되기 위해서는, 새만금 신항의 동북아 물류 중심 항 개발이 절대 필수적이다. 다 함께 노력하자.

새만금과
동서 고속도로

전북도가 건교부에 요청한 무주 대구 간 고속도로가 경제성이 없다는 이유로 정책에 반영되지 않고 미뤄졌다. 그러나 도는 계속해서 이 사업 추진을 건의할 것이라 한다. 그만큼 무주 대구 간 고속도로는 소백산맥에 막힌 영호남의 교류를 촉진하고, 개발이 뒤처진 동부 산악권의 발전에 크게 기여할 수 있기 때문이다.

얼마 전 대전 무주 간 고속도로가 개통되어 무주 군민의 대전 생활권이 빠르게 진행될 수 있으리라는 전망에서, 그 시기를 늦출 수 없다. 과거 전북에 속했으면서도 교통이 불편하여, 지역적으로 가까운 대전 쪽에 생활이 연계되고, 이러한 원인이 정치적으로 이용되어 급기야는 금산을 충남에 뺏기는 가슴 아픈 전례가 있었기에 더욱 그렇다.

무주는 삼국시대의 나제통문이 상징하듯, 영남에 대한 호남의 관문 역할을 해왔다. 동계 올림픽 유치 후보자로서 동서 간 도로가 필요한데, 이는 영호남의 지역감정을 허무는 실질적인 경제도로가 될 수 있다. 이처럼 무주는 화합의 길을 잇고 전주 및 서해권과 생활교류를 촉진할 수 있도록 빠르고 안전한 도로망 건설이 시급하다. 그런데도 경제성을 이유로 계속 미루면, 교통의 편리함으로 인해 대전권 생활화는 더욱 가속하게 될 것 같다. 따라서 필자는 이 문제를 새만금과 연계하여 풀어보고자 한다.

새만금 방조제가 건설되면 고군산열도의 육지화가 이루어져 천혜의 항구가 덤으로 생길 수 있다. 섬으로 이루어진 자연 방파제와 깊은 수심은 수십만 톤의 선박이 접안할 수 있는 국제 무역항으로 개발할 수 있게 된다.

대 중국의 전진기지로서, 동북아의 해양 물류기지로서 발돋움할 수 있는 새만금 신항이 개발되면, 자연히 무주 대구 간 고속도로 건설이 타당성을 얻게 된다. 이는 포항, 울산의 공업지대가 건설될 고속도로를 통해 전주, 군산을 잇고, 이를 새만금 신항과 연결하여 현재 영남의 수출입 물동량 적체 해소에 크게 기여할 수 있기 때문이다. 전북의 농산물이 손쉽게 영남인의 식탁에 오를 수 있고, 그쪽의 공산품은 수출하기 위해 혼잡한 부산 도심을 통과하지 않고도, 며칠을 기다려야 선적할 수 있는 시간과 비용을 대폭 절감할 수 있는 진정한 영호남의 혈맥이 되기 때문이다.

새만금 신항은 현재 천문학적인 돈을 쏟아 붓고 있는 부산 가덕도 신항보다 더 대중국 수출기지로 가치가 있다. 장기적인 안목에서 군산의 대체 항구로 개발되어야 하기 때문이다. 금강 하굿둑 건설 이후에도 매년 60cm 이상 쌓이는 토사를 준설하기 위해 올해에도 50억 원을 책정하여 수로 개척에 안간힘을 다하는 군산항의 태생적 한계를 극복하기 위해서도 새만금 신항은 반드시 필요하다.

이처럼 민족과 국가 발전의 초석이 될 새만금 간척사업이 수질오염을 빙자한 환경단체의 반대에 발목이 붙잡혀 계속 진통을 겪고 있음은 심히 불행한 일이 아닐 수 없다. 작년 민관 공동 조사단의 활동 종료 후에 발표한다던 정부의 새만금 건설에 대한 최종 입장 표명은 계속 미뤄지고 있다. 어떻게 되려는지 아직도 결정된 바 없으나, 환경부를 위시한 일부 부처의 부정적 의견 개진으로 도민의 희망이며 염원인 새만금 사업이 계속 나락으로 떨어져 가고 있는 것 같아 우울한 마음 금할 수 없다.

정책이란 국가의 백년대계를 생각하는 미래지향적인 것이어야 한다. 환경단체의 위상 강화에 이용되고 있는 반대의 세몰이에 희생될 수 없는 것이다. 아무쪼록 그동안 교통이 불편하여 교류가 적고, 그래서 더욱 심화된 영호남의 지역감정이 새만금 신항을 통한 영호남 고속도로 건설로 해소되고 낙후된 전북 발전의 도약대가 되길 진심으로 빌어본다.

한·중 해저터널은 새만금에서

얼마 전 김문수 경기지사가 평택과 중국 산둥을 연결하는 한중 해저터널을 추진하겠다고 하여 누리꾼들의 찬반 토론을 불러일으켰다. 앞으로 통일되면 북한을 통해서 얼마든지 중국을 갈 수 있는데, 굳이 실현성 없는 구상을 발표하는 저의가 무엇이냐는 등의 반대가 있었다. 그 반면에 세계의 경제 중심지가 되어가는 중국과 직통으로 물류가 오가야 한국이 동북아 중심 유통 기지가 될 수 있고, 그러기 위해서 철도가 서해를 가로질러야 한다는 이유 있는 찬성도 있다. 아직은 구상 단계인지라 찬반이 그 정도이지만, 본격적으로 추진되면 경부 대운하보다 더 큰 국가적 이슈가 될 것이 분명하다.

총 길이 375㎞에 건설 기간 20~30년이 소요되고 100조 원 이상이

들어가는 세계 최장의 해저 터널 공사를 아무리 잘나가는 지자체라 하더라도, 상호 국가 합의가 전제되는 사업이기에 이를 추진하려 한다면, 국가적 프로젝트로 할 수밖에 없다. 따라서 계획을 세우고 추진하는 기관은 정부에서 주도해야 한다. 그렇다면 그 출발점은 경기도가 의도한 평택이 아니라, 국민적 합의를 끌어낼 위치가 선정되어야 한다. 따라서 필자는 한중 해저터널에 한국의 출발점을 새만금으로 추천하고, 새만금이 가진 탁월한 지정학적 가치를 제시하고자 한다.

새만금이 출발점이 되어야 한다는 근거는 한국과 일본의 한일 해저터널과 함께 추진해야 폭발적인 시너지 효과가 있다는 데서 출발한다. 이러한 한중, 한일의 해저터널이 서로 연결되는 구도야말로 한국이 한중, 한일의 교류 중심에서 중일 교류의 가교 역할까지 할 수 있게 한다. 그래서 실질적인 동북아 중심 물류기지로 자리매김할 수 있다. 이는 한·중·일 동북아의 지정학적 위치가 유라시아 대륙과 아메리카 대륙의 관문 역할을 할 수 있다는 점에서 더욱 그렇다. 해저터널이라면 우선 생각나는 것이 영국과 프랑스의 도버해협을 잇는 총연장 50.5㎞ 영·불 해저터널이다.

영국은 도버해협이 있었기에 역사적으로 대륙의 침략으로부터 비교적 안전했다. 따라서 터널을 추진한 쪽은 항상 프랑스였다. 이에 반하여 일본은 대륙과의 터널을 반대로 추진하는 쪽이 된다.

일본 규슈 지방의 샤가 현에서 부산을 잇는 한일 해저터널을 처음 구상한 것은 식민지 한국을 발판삼아 중국 대륙으로 대동아공영권 야욕을 불태우던 1940년대이다. 그러나 전쟁에서 일본이 패망하여 무산되고, 세월이 흘러 글로벌 시대가 되더니, 이제 대한해협에다 침략의 터널이 아닌, 사람과 물류가 오갈 경제 혈맥을 잇자고 일본이 다시 추진한다고 한다. 지난 15일 일본 국회의원들이 한일 해저터널을 실현하자고 하는 발기인 모임이 있었다. 이에 질세라 한국에서도 경기도가 우리는 한중 해저터널을 추진하겠다고 발표하고 나섰다.

해저터널은 기술적으로 아무런 장애가 없다는 것이 입증되어가고 있다. 따라서 한중 해저터널도 충분히 완성시킬 수 있다는 것이 건설 기술계의 자신감이다.

문제는 경제성이다. 일본의 규수와 중국의 산둥반도를 직선으로 연결하는 중간 기착지에 1억2천만 평의 광활한 용지를 공급할 수 있는 땅이 있는 곳, 서울과 부산의 북구 삼각점에 위치하여 균형 발전의 선택과 집중이 이루어져야 하는 곳, 그래서 그곳에 세계의 기업이 몰려오고 물류 유통의 집결지가 될 수밖에 없는 최적의 이점이 있는 곳, 바로 대한민국의 미래가 있는 새만금이야말로 한중 해저터널의 출발점이 되어야 한다.

천문학적 비용이 들어가는 해저터널의 성공은 물류와 여객이 확보되어야 하는 법. 따라서 한중 해저터널만 추진해서도 안 된다. 일본에서 한일 해저터널을 추진한다 하니 한·중·일 삼국이 같이 힘을 합쳐 한중, 한일 해저터널을 새만금을 통해 함께 완성해야 한다. 그렇게 될 때 대한민국은 동북아 물류 중심 국가로 자연스럽게 진입하게 될 것이다.

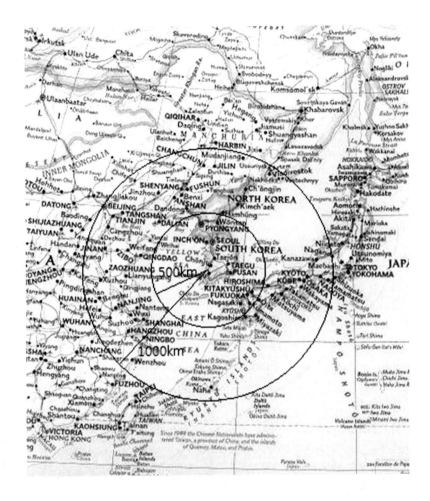

11장

지난 글로 마무리하며

새 시대를 위하여

우리는 지금 좌절과 실망, 그리고 벼랑 끝에서 사회적 위기를 느끼면서 하루하루 살고 있다. 5월 들어 계속 이어지는 시국 관련 시위는 시민 생활의 불편은 물론 노동쟁의에까지 미쳐, 우리 사회가 어떻게 될 것인가 불안감을 가중시키고 있다. 그동안 관행처럼 면역되어왔던 학생과 경찰의 공방은 급기야 강경대 군의 죽음과 이어진 분신자살, 그리고 계속되는 정권 규탄 시위… 이 모두가 사회 전반에 퍼져 있는 불신과 도덕성의 위기와 함께 이 사회에 파멸이 올 수 있다는 위기감에 가득 차 있다.

무엇이 우리 사회를 이렇게 만들었는가? 현 시국을 총체적으로 난국이라 일컫는다. 이 말의 뜻은 정치, 경제, 사회 모든 분야가 엉망이란 뜻이다. 어디서부터 매듭을 풀어야 할지 난감하여, 정부 당국의 수습책보다 시민의 제 몫 낮추기와 새로운 정신개혁 운동이 필요한 때이다. 모든 결과에는 과정이 있고, 과정 이전엔 원인이 있다. 결과에 대한 수습은 대증요법이지 결코 근본 해결이 아니다.

원인 제거를 하지 않으면 결국 미봉책에 지나지 않는다. 이번 명지대 강경대 군의 죽음만 하더라도, 사건 이전에 학내 문제가 있었다. 학내 문제란 다름 아닌 등록금 문제였다. 등록금 문제는 이사장의 "내가 어떻게 만든 학교인데 내 마음대로 못 해? 너희들이 왜 간섭해?" 하는 소유와 권리를 동일시하는, 지금까지는 당연했던 낡은 생각 때문에 발생했다. 사학재단의 경영이란 돈을 벌기 위한 것이 아니라, 훌륭한 인재를 만들어내는 투자와 봉사이다. 그런 정신이 없다면 학내 문제는 계속 생길 것이고, 제2의 강경대 군 사건이 또 터질 것이다. 그것은 지금까지의 수직적 사회구도에서 수평적 사회로 관료주의 시대에서 시민사회로, 중앙 집권화에서 지방의 분권화로 이행되는 전환기의 진통이요 아픔이다. 그래서 재단 측이나 학생이나 새로운 의식의 전환이 필요한 것이다.

정부의 범죄와의 전쟁 선포 이후 줄어들기는커녕 더욱 대담하고 흉폭해지는 사건들이 끊임없이 일어나고 있다. 죽기 아니면 살기 식의 막가는 범죄에 강력한 처벌보다 더 중요한 것은, 범죄의 토양이 될 수 있는 우리 사회의 '어떻게 사느냐'가 아니라 '무엇 때문에 사느냐'하는 삶에 관한 인식의 전환이 필요하다는 것이다. 멀쩡한 음식도 습도와 온도가 맞으면 바로 부패해가듯, 우리 사회가 범죄가 많은 것은 그만큼 부패한 사회이기 때문이다.

그러면 위기라 불리는 우리 사회에 무엇이 필요한가? 그것은 시대에 맞는 새로운 사회지도 이념이 있어야 하고, 삶에 있어서 도덕률을 최우선으로 생각하는 인생관, 그리고 우리 모두 한배에 탄 공동체 인식의 사명감이 국민 의식 속에 자리 잡아야 한다는 것이다. 그럴 때 극복될 수 있다. 바꾸어 말해, 사회가 어지러우면 개혁을 해야 하고, 그 개혁은 시민의 사회운동이 있어야 성공할 수 있다. 지금 우리 사회는 만연된 배금주의와 한국인의 조급성이 한탕주의를 만들었고, 군사 문화의 씨앗인 목적을 위해선 수단 방법이야 아무래도 괜찮다는 결과 위주의 생각으로 완전히 물들어 있다. 민주화를 부르짖으면서 과정을 무시해버리는 자기모순을 으레 범하곤 한다.

민주주의는 과정이지 결과가 아니다. 정의를 위한다고, 민주를 위한다고 불법을 하는 혼돈의 시대에 학생들은 빠져 있다. 60년대 월남에서 피 흘리고 70년대 중동에서 땀 흘려 앞만 보고 열심히 뛰어온 우리 국민이 땅값 폭등으로 생긴 소득의 재분배에 실패하고, 갑자기 늘어난 졸부들의 흥청망청에 근로 의욕을 잃고 말았다. 뒤질세라 너도 나도 한탕 대열에 끼지 못하면 낙오자가 되는 세상이 되었다.

지난 과거 정권의 부도덕성은 개인의 이기주의, 사회의 집단주의와 얽혀 지금까지 지탱해온 윤리관의 붕괴를 가져왔다. 난세를 살기 위해선 양심과 약속 따윈 헌신짝처럼 버리는 사회가 되었다. 이러한 정신의 황폐화는 인구의 도시 집중과 물가 불안으로 살기 어려워질 때, 사회 한쪽에서 무슨 짓이든 못 하겠느냐는 사람들이 생겨나게 한다. 땀 흘려 일해도 희망이 보이지 않을 땐, 좌절과 분노 둘 중의 하나를 선택하게 되는 것이다.

현실이 이러할 때 난국을 풀어갈 수 있는 새로운 정신운동과 함께할 사회개혁은 무엇인가? 그것은 교육 토지의 2개 개혁과 합리주의의 생활화이다. 교육이란 국가의 백년대계다. 제일 중요한 것은 인간을 되게 하는 인간 교육이 되어야 한다.

민주주의의 기본인 질서와 규범을 지키고, 결과보다 과정을 중시하는 습관을 익히며, 사람 된 도리를 알게 하는 전인교육이 어렸을 때부터 이루어져야 한다. 그러나 현실은 승자가 되기 위한 입시교육에 치우쳐, 인간성 상실과 오늘의 청소년 문제를 낳고 있다.

인간성 상실이 우리 사회에 미치는 영향을 생각할 때 교육은 우선 전인교육으로 인간을 만들고, 적성교육으로 소질을 개발한 다음, 전문교육으로 사회 일꾼을 만드는 3단계 교육으로 바뀌어야 한다. 여기에는 교육자의 자율성과 피교육자의 자발성, 교육이 되기 위한 교육 환경 개선이 매우 중요하다.

다음은 토지의 공개념 확대로 개혁의 효과를 높여야 한다. 토지 공개념이 후퇴하고, 그로 인한 부익부 빈익빈 현상이 없어지지 않으면, 없는 계층의 좌절과 위화감은 깊어진다. 그래서 범죄를 사회 모순에서 정당화시키려는 위험한 생각을 하게 된다. 토지가 투기 대상이 되고 재물의 축적 수단이 될 때, 이 사회는 절대 개혁되지 않는다. 좁은 국토에 태반이 산악이요 가용 토지는 얼마 안 되는데, 5%도 안 되는 소수가 전체 토지의 65%를 독점하는 불균형이 국민 전체의 주거환경에 끼치는 해악을 생각할 때, 앞으로 토지의 소유 개념을 점유 개념으로 바꿀 필요가 있다고 본다.

점유 개념이란 토지 권리를 제한하는 것이 아니라, 땅의 이용에서 다른 재산권과 달리, 전체의 이익을 개인의 이익보다 상위 개념으로 두는 사회적 성격을 갖는 것을 말한다.

우리 국민들은 본시 이보다 정에 기울며, 수평사고보다 수직사고에

익숙해져 있다. 합리적으로 일을 처리하기보다 음성적으로 해결하려 했고, 보편성의 원칙보다 청탁이나 압력 쪽으로 기웃거렸다. 이런 일들이 부정을 싹트게 하고 불신 사회를 만든 것이다. 정치부패는 국민 쪽으로 흘러내리는 오염이었으며, 사회 전반에 퍼진 배금주의와 흑백 논리는 사회문제의 근원이 되었다. 김을 맬 시기에 김을 매지 않으면 농사를 망치듯, 변화되는 사회에서 개혁하지 않으면 사회가 어지러워지는 것이다.

개혁의 주체는 정부 당국이지만, 그것을 뒷받침해주는 것은 시민의 사회운동이다. 우리 사회의 빈부 격차, 노사분규, 지역갈등, 농업붕괴, 환경오염, 주택, 교육, 교통, 범죄에 이르기까지, 정부가 개혁 의지를 펼 수 있도록 시민과 더불어 사는 공동체의 인식 전환이 전환기적 새 시대에 절실히 필요하다 하겠다.

에필로그 1

한 세기를 마감하고 한 세기를 열어가는 것 자체가 희망과 설렘일진대, 그것이 천 년 주기와 맞아떨어져 새천년의 출발점이 되어갈 때, 그 벅찬 감동과 기대는 지구인 모두의 기념비적인 일에 틀림없다. 그러나 이러한 천 년의 전환점의 시대에 희망보다 절망, 꿈보다 무력함에 많은 인류가 방황하고 있다면, 그것은 새 시대를 여는 길목이 아니요, 말세의 시작이리라. 교통·통신 수단의 발달과 컴퓨터의 대중화는 이제 세계가 남이 아니요, 지구촌 한 가족의 시대에 접어들게 했다.

그렇건만 세계 곳곳에 지진, 기아, 폭력 등으로 인류가 고통받고 있으며, 개인이나 집단 또는 국가 간의 갈등도 더욱 증폭되고 있다.

우리가 사는 대한민국 또한 미래를 확신하는 푸른 꿈보다, 어딘가 불안하고 회색빛 너울처럼 암울한 기운을 떨쳐버릴 수 없는 것이 비단 소수의 우려만은 아닐 것이다. 무너지는 학교 교육, 만연된 부패 과정보다 결과를 우선시하는 우리 사회가 이대로는 새천년을 준비할 수 없다. 공자가 죽어야 나라가 산다, 아니 공자가 나와야 나라가 다시 선다 하고, 지식인 사이에서 유교 문화에 대한 비판과 순기능을 놓고 평가가 상반되는 이념의 혼돈 시대에 빠져 있다. 지금까지 이 사회를 지탱해온 유교의 사회지도 이념이 붕괴하고 이에 대처하는 새로운 윤리규범이 정립되지 않은 과도기적 시대에 우리는 살고 있다.

충효를 기본으로 하는 수직적 의식구조에서 자유와 평등을 마음껏 구가하는 수평적 시대로 변했음에도 제도는 바뀌지 않았다. 이 시대에 걸맞은 윤리규범이 없다 보니 많은 사회적 문제가 도출된다. 가부장적 제도 아래 억눌렸던 여성의 인권이 신장되는 것에 머물지 않고, 성의 방종으로 풀리고 있다. 다양한 사회에 인간의 다양성을 찾아 전문교육을 하여 사회가 필요한 인재를 만들기보다, 획일적 입시교육의 틀 속에 대다수 학생들을 몰아넣어, 방황하고 무너지는 학교 교육의 현실이 되고 말았다.

의술의 발달로 곳곳에 만연하던 전염병을 퇴치하여 인간의 수명을 세기 전보다 20여 년 이상 연장시켰지만, 암·고혈압·심장병 등 성인병으로 고통받고 죽어가는 사람이 배중하고 있다. 사회복지가 늘어갈수록 행복의 만족도는 오히려 떨어지고 사회가 포학해지는 시대이다.

자살률이 궁핍할 때보다 갈수록 늘어나고, 이혼율이 결혼의 절반으로 육박하는 사회에 우리는 살고 있다. 인간이 할 수 있는 상당 부분을 기계가 대신하는데도, 시간의 여유를 만끽하고 느긋하기보다 시에서 분으로, 다시 초를 다투는 촌각을 다투는 바쁜 시대에 살고 있다.

이처럼 새천년을 여는 길목에서 갖는 희망과 설렘이 우리가 안고 있는 사회적 문제로 희석되어간다면 안타까운 일이 아닐 수 없다. 이제 기존의 이념과 윤리 체계가 변화하는 사회 속에 그 빛을 잃어갈 때, 그 어떠한 방향 제시가 필요하지 않나 생각해본다.

비록 아는 것이 많지 않고, 알아도 참되게 아는 것보다 그릇되게 아는 것이 많은 내가 새천년의 길목에서 생각을 펼쳐 보이는 데 대해 많은 이해를 바랄 뿐이다.

에필로그 2

모든 것은 변한다. 변하지 않는 것은 아무것도 없다. '변한다'는 그 말 자체만 변하지 않는다는 『주역』의 가르침을 오늘 되새기면서 나는 이 글을 쓰지 않을 수 없다.

천생아재필유용(天生我在必有用)이라. 하늘이 나를 세상에 내려보낼 때는 다 쓰기 위해서 내려보낸다고 했다. 나무로 태어났다면 아름드리 재목으로 대들보가 되는 것도 쓰임이요, 불쏘시개로 전락한 나무도 역시 쓰임이다. 그렇다면 이 세상 어디를 돌아봐도 쓸모없는 생명이란 하나도 없다. 나름대로 존귀하고, 생태계의 한 일원으로 존재할 가치가 있는 것이다.

하물며 사람으로 태어나서 어찌 이 사회에 쓰임이 없겠는가? 누구나 타고난 재능과 꿈을 가지고 제 쓰임의 역할을 한다면, 개인도 사회도 축복이 될 것이다. 그러나 분수에 맞지 않게 욕심을 부려 본인을 망치고 사회에 해가 되는 경우도 많다.

그러면 나는 어떠한가? 아버지 일찍 보내고 가정이 기울어 학업이 중단되어 지식도 없는 데다, 세상살이 어려운데 지혜까지 갖추지 못했으니, 그저 남 시키는 대로 일하고 먹고살 팔자다. 그런데 어찌해서 욕심이 맥아지 까지 차올라 이름 석 자 내놓고 싶어 이렇게 글을 쓰겠다고 당돌하게 펜을 들었을까. 이 어찌 두려움이 없으랴. 그러나 새천년을 맞이하여 새 시대를 여는 변환의 길목에서 더불어 같이 변하고자 하는 내 생각을 정말 전하지 않을 수 없었다.

적어도 나의 생각하는 바가 같은 이 시대의 사람들에게 작은 위안과 동감을 얻을 수 있다면, 더 바랄 나위 없는 보람일 것이다. 욕심을 부린다면, 우리 모두가 한 세기를 마감하는 것이 아니라, 새로운 새천년을 여는 시간의 길목에서 변해야 살고 변해야 이길 수 있기에 감히 이 글을 쓰고자 하는 것이다. 만물은 왜 변하는가? 변하는 것 자체가 곧 생명이기 때문이다. 변하지 않는다면 그것은 죽음이요, 암흑이라 할 것이다. 봄이 오면 우리는 옷을 가벼이 입고, 겨울이 오면 옷을 두터이 입는다. 기온이 변화함에 따라 적응하기 위하여 옷을 바꿔 입는 것이다.

자연 자체도 변하고, 사회도 변하고, 윤리도 변한다. 변하는 그 시간만 다를 뿐이다. 따라서 제도와 규범도 변하게 된다. 한쪽이 변하는데 다른 한쪽은 변하지 않는다면 삐걱거리게 된다. 서로 화합이 되지 않고 마찰만 있을 뿐이다. 변화하는데 같이 보조를 맞추는 것을 개선이라 한다. 개선해야 할 때 하지 않으면 괴리가 생긴다. 이 틈을 메꾸어주지 않으면 개혁의 필요성이 생기게 된다. 이때 변화하지 않는 쪽이 보수가 되고, 변화하려는 쪽은 진보가 된다. 그래서 개혁을 하려 할 때는 항상 마찰이 있게 마련이다. 마찰은 정당하다. 변화하지 않아도 될 때 먼저 변하면 변하는 쪽에 대해 변하지 않는 쪽이 공격을 하게 되고, 변해야 하는데도 변하지 않는다면 변하는 쪽이 공격의 정당성을 갖게 된다. 이러한 시기의 타이밍을 중용이라 해도 좋다. 나는 지금도 변했어야 하는데도 변하지 않은 제도 때문에 짜증이 나고 있다.

내가 가지고 있는 자동차는 실물가 200만 원도 안 되는데 시가 1,000여만 원이 훨씬 넘는 차들보다 세금을 5배나 더 내고, 기름값도 그들보다 5배 이상 비싸다. 내용으로 승용과 승합의 구분이 사라진 변화에 제도가 변하지 않기 때문에 겪는 불평등이다. 전산화 시대, 신용사회 시대에 들어섰는데도 구멍가게 장사에 필요했던 어음제도가 폐지되지 않고, 이를 악용한 자들에 의해 영세 상공인들의 눈물을 자아내고 있다. 제도권 금융에서 자금을 조달하여 사업하고 보증기관, 공제조합이 있는데도, 어음이 부도나면 손실은 납품업체에게 그대로 돌아온다. 분양이 안 되고 판매가 안 되어 사업이 무너지면, 그 손실을 사업주가 아닌 납품 협력업체가 떠안게 된다는 이야기다. 신용정착 사회의 여건이 만들어졌는데도 제도가 변하지 않아 생기는 현실이다.

어디 이뿐인가? 한쪽에서는 북한과 금강산 관광과 경제협력의 교류를 진행하면서, 다른 한쪽에서는 북한을 반국가 단체로 규정한 국가보안법과 이를 폐지하려는 운동이 갈등을 낳아 대비된다. 수십 년 내려온 입시교육이 변하지 않아 무너진 오늘의 교육 실상이 청소년을 멍들게 하고 있다. 수직적 사회에서 수평적 사회로 변했는데도 교육이 변하지 않아 생기는 아픔이다.

첨단의료 시대에 전 국민 의료보험 혜택을 받으면서도 얼마나 많은 암 환자들이 죽어가고 있는지. 그 원인을 밝히지 못해 이들을 구하지 못하고 있다. 먹는 것이 바뀌고 사는 환경이 바뀌었는데, 몸의 적응력이 같이 바뀌지 못한 업보라 해도 좋을 것이다.

이를 과학적으로 설명하면 환경오염에 의해 물이 죽어가고 음기 시대에 산성화되어 가는데, 이를 극복할 양생법을 하지 않아 피가 탁해졌기 때문이라 한다. 지금 한국 여성들의 자궁근종 환자가 급속히 늘어 지나가는 여성 3명 중 1명이 환자라고 한다. 양기 시대에서 음기 시대로 세상의 기운이 변했는데도, 양의 기운을 선택하고 생활하지 않는 업보로 고통받고 있는 것이다. 우리가 사는 사회의 법률과 규범만 바뀌는 것이 아니다.

가치관과 상식도 변한다. 뉴 밀레니엄 새천년이 다가온다. 20세기가 가는 것이 아니라, 1,000년의 시대가 끝나가고 있다. 서력기원 이후 두 번의 천 년을 보내고 새로운 천 년이 시작됨을 의미한다. 천 년이 오고 가는 길목에서 천 년을 보내고 새천년을 맞이하는 시간적·역사적 전환기에 우리는 서 있다.

의식이 변해야 하고 새로운 사고가 필요한 시대이다. 그것은 1,000

이라는 숫자가 바뀌는 데 따른 인간의 인위적인 의례가 아니라, 1년에 사시가 있듯이 지구의 자전과 공전 속에 빚어지는 지구의 주기 변화가 있다. 그 변화는 새로운 사회, 새로운 이념, 새로운 제도를 요구하고, 그 시대 속에 있는 우리 인간들도 변해야 한다.

신통치 않은 글재주 때문에 표현력도 부족하고 문장력도 두렵다. 또 한편으로 전문성도 없어 수치에 착오가 있을 것이 뻔한데도, 무슨 배짱으로 이러한 글을 쓰게 되었는지 독자 제위 여러분의 용서를 빌 뿐이다.

새천년을 맞이하여 우리가 무엇이 바뀌고 어떻게 변해야 하는지 두서없는 글을 한 번 펼쳐본다. 다시 한 번 널리 이해하고 성원을 바랄 뿐이다.